DEVELOPMENT
OF QUALITY COURSES

精品课程开发

基于建构主义、五星教学、结构化研讨与复盘萃取

张海 陆萍 安石 ◎ 著

中华工商联合出版社

图书在版编目（CIP）数据

精品课程开发/张海，陆萍，安石著.--北京：
中华工商联合出版社，2024.4
ISBN 978-7-5158-3925-7

Ⅰ.①精⋯ Ⅱ.①张⋯②陆⋯③安⋯ Ⅲ.①企业管理-职工培训-课程建设 Ⅳ.①F272.921

中国国家版本馆CIP数据核字（2024）第062509号

精品课程开发

作　　者：	张　海　陆　萍　安　石
出品人：	刘　刚
责任编辑：	吴建新　林　立
装帧设计：	张合涛
责任审读：	付德华
责任印制：	陈德松
出版发行：	中华工商联合出版社有限责任公司
印　　刷：	三河市宏盛印务有限公司
版　　次：	2025年1月第1版
印　　次：	2025年1月第1次印刷
开　　本：	710mm×1000 mm　1/16
字　　数：	282千字
印　　张：	19
书　　号：	ISBN 978-7-5158-3925-7
定　　价：	78.00元

服务热线：010-58301130-0（前台）
销售热线：010-58302977（网店部）
　　　　　010-58302166（门店部）
　　　　　010-58302837（馆配部、新媒体部）　工商联版图书
　　　　　010-58302813（团购部）　　　　　　版权所有　盗版必究
地址邮编：北京市西城区西环广场A座
　　　　　19-20层，100044　　　　　　　　凡本社图书出现印装质量问题，
　　　　　www.chgslcbs.cn　　　　　　　　请与印务部联系。
投稿热线：010-58302907（总编室）
投稿邮箱：1621239583@qq.com　　　　　　联系电话：010-58302915

序　言

30年来，TTT（呈现技巧）培训高歌猛进，企业内部培训师发展如火如荼，但时至今日，培训师尤其是企业内部培训师的发展遇到了重大瓶颈——如何从呈现技巧走向内容设计，也就是提升自身的经验萃取、教学设计与课程开发能力。

一、当前企业内部培训师主要遇到的困境

1. 招式用老，繁华落尽

TTT非常讲究培训师的礼仪、风范与控场，例如外在的着装、内在的精气神、紧张克服、节奏把控，以及"身手步看听说心"等方面的技巧。经过这么多年的轮训，可以说呈现技巧已经非常普及了，在培训活动中也得到了极为广泛的应用。那么问题来了，曾经被奉为"神技"的呈现技巧现在已经变得司空见惯、乏善可陈了。剥开技巧的外衣，人们不禁要追问：企业培训的初心究竟是什么？是内训师个人技巧的施展，还是聚焦解决问题或面向真实任务？不忘初心方得始终，追根溯源得窥上境。呈现技巧是术，培训师要想突破发展瓶颈，更上一层楼，就需要学习和掌握更高级的知识（如教学设计原理），具备更高阶的技术（经验萃取、案例编写、练习设计等课程开发技术）。

2. 无源之水，入不敷出

企业需要内部培训师分享自己的优秀经验，担负起"传道、授业、解惑"的职责。然而，内训师自身的优秀经验和所擅长的课程都是非常有限的，常年地往外输出，却很少有机会向内输入，长此以往已成无源之水，入不敷出，难以为继。我认为培训师应在三个方面吸纳新知。一是岗位专业知识的

深度和宽度。这需要大量阅读相关专业书籍，吸收他人的优秀经验，化为己用，不断扩展和提升自己的认知结构。二是案例复盘与经验萃取技术。运用这两项技术才能吸纳内外部其他专家的优秀经验，充实自己，自身则从单纯的知识播撒机转变成优秀经验的转换器。只要经验不绝，养料不断，就能拥有源头活水，源远流长。三是教学设计专业知识与课程开发先进技术。再优秀的经验材料也需要教学设计来裁剪塑形，以方便学员最大化吸收。教学设计为道，课程开发为术，以道驭术，以术载道，道术结合方能得心应手。

3. 大道无踪，上境无门

作为培训师要想在培训的道路上登临绝顶，就需要找到正确的门径，但是入门难，难于上青天。绝大多数培训师都未能真正迈入教学设计的大道之门，这个门径究竟有多难找呢？它隐身在教学设计、认知心理学、脑神经科学、哲学等众多学科的字里行间中，藏匿于桑代克、布鲁纳、皮亚杰、梅耶、布卢姆、加涅、安德森、乔纳森、维果茨基、梅里尔、皮连生、何克抗、盛群力、张祖忻、乌美娜等众多大师的著作和言语中。常人要精研以上大师的著作，从浩如烟海的文牍中找到教学设计之道，若无名师指导，非十年以上之功不可。

有鉴于此，我于2021年12月起意写作本书，期间经历疫情反复、培训工作受阻等诸多不顺，至2023年1月才又重启写作。本书的使命就是帮助培训师扫清发展道路上的障碍，打通向上进阶之道。朱熹有诗云："半亩方塘一鉴开，天光云影共徘徊。问渠那得清如许？为有源头活水来。"诗的含义是：半亩大的方形池塘像一面镜子一样打开，天光、云影在水面上闪耀浮动。要问池塘里的水为何这样清澈呢？是因为有永不枯竭的源头源源不断地为它输送活水。企业内训师是一个相对封闭的群体，在设计理论、教学内容和开发技术等方面亟待注入源头活水，积蓄力量，攀登上境，重新焕发新生和活力。

二、本书能为广大培训师朋友提供的帮助

1. 在教学设计方面，介绍大师们的观点和主张，为理论注入源头活水

牛顿说："如果说我看得比谁更远些，那是因为我站在巨人的肩膀上。"

开发课程要做到专业,就需要系统学习知识学、教学内容分类、教学目标分类、教学策略、教学设计、建构主义学习理论、认知心理学、脑神经科学等诸多理论知识,全面提升自己课程开发方面的知识储备与知识结构(认知结构)。那么,对于当下想要进阶的培训师来说,哪些大师的书籍必须看,哪些专家的理论必须学,哪些又可看可不看,可学可不学呢?根据我十多年的经验,我认为以下内容须熟知:

(1)知识分类与教学内容分类。知识分类维度有很多,其中以形式为标准的知识分类,尤其是本书对知识分类和教学内容分类的主张必须熟知,本书第四章对此进行了详细阐述。

(2)教学目标的分类与分级。教学目标的分类与分级至关重要,直接关系到课程教学内容安排、教学策略的设计和效果评价的标准,其中豪恩斯坦与本书对教育目标分级的主张必须熟知,本书第五章对此进行了详细阐述。

(3)大脑的结构与功能。学习是认知结构同化和顺应新知以达至认知平衡的过程,在此过程中,大脑担负着思考与信息加工的重任。因此,知晓大脑的主要结构与功能,以及在信息加工过程中,各个脑区所起的作用就显得尤为重要。本书第六章阐述大脑的结构与功能,包括认知脑、情感脑、行为脑和神经元四个部分,需要重点关注各个大脑组织在学习过程中的作用。

(4)学习理论与建构主义。学习理论包括行为主义、认知主义和建构主义三大分类,代表了人类研究学习过程的不同历史阶段。从行为主义、认知主义到建构主义是学习理论扬弃的过程,建构主义主张:创设适当的学习情境,通过社会协商的途径,在同伴对话中学习,从而实现对新知的意义建构,这是目前最符合学习本质规律的理论。本书第七章对此有详细阐述。

(5)教学策略与五星教学模式。如果说教学设计对应的是整个课程,那么教学策略对应的则是一个单元或一个知识点。教学策略是由一系列教学事件组成,如加涅九大教学事件、梅里尔五星教学模式、支架式教学策略、抛锚式教学策略、随机进入式教学策略等。其中五星教学模式(聚焦问题、激活旧知、示证新知、应用新知、融会贯通)集合了11种主要教学模式之长处，兼收了认知主义和建构主义两大学习理论之优点，简明而有效，易懂而实用，堪称教学策略发展的巅峰。梅里尔更是力图以五星教学打造"效率高、效果好、参与度大"的3E课堂。本书第八章对此有详细阐述。

2.在教学内容方面，教授经验复盘与萃取技术，为内容注入源头活水

俗语说："巧妇难为无米之炊。"当教学内容逐渐枯竭后，课程开发将难以持续，培训师不能仅靠自身的知识储备长期从事培训工作，否则必将慢慢丧失其价值，更遑论百尺竿头更进一步。要不断地扩展自身的知识储备，就必须从他人那里吸收专业知识和优秀经验，这就需要用到复盘与萃取技术。

复盘是针对事件的，萃取是针对个人的，经验主要分为决策经验和方法经验，前者与原则、动机、方向、选择、战略等相关，后者与流程、步骤、技巧、行为、动作等相关。无论是复盘还是萃取，都能得到这两类经验，但通常情况下复盘的概念比萃取的概念更大，当梳理事件脉络的时候用复盘技术，当要挖掘事件中个体经验的时候就需要用萃取技术。

孔子云："工欲善其事，必先利其器。"这两项挖掘优秀经验的神兵利器，将极大地帮助培训师拓展其教学内容的宽度、深度、高度和生命周期。本书第十一章对此有重点阐述。

3.在课程开发方面，展示五步流程与工具模型，为技术注入源头活水

陆游曾言："纸上得来终觉浅，绝知此事要躬行。"在懂得了教学设计原理、复盘萃取技术后，要想真正进阶上境，还需要付诸实践，并在课程开发实践中运用原理、技术，增强理解，加深认知。第九章至第十三章这五章本质上是运用原理、技术开发课程的五步流程，简称"课程开发五步法"。

第九章明确课程定位。首先要从组织需要的宏观层面考量课程开发的目的，以确保课程开发工作本身的价值；其次根据开发目的选定课程开发的主题，主题必须为实现目的服务，不可偏离；然后确定培训对象，培训对象应与主题密切相关，并大致在同一个最近发展区，若最近发展区差异太大，则无法保证大部分学员理解教学内容；最后设定教学目标，教学目标也称课堂表现性目标，须满足ABCD法则。

第十章搭建内容框架。内容框架就是课程的内容结构，一般来说只要

是结构就要符合金字塔原理,这是为什么呢?因为内容结构化更加符合大脑认知加工的偏好。另外,结构以其严谨的形式来约束内容,保证内容上的规范性与价值度。

第十一章挖掘优秀经验。挖掘优秀经验作为教学内容,以支持课程教学内容的深度与价值。经验挖掘的方法分为复盘和萃取两种,前者对事,后者对人。复盘使用的是GRAI模型(目标、结果、分析、总结),萃取使用的是MPAT模型(思维、流程、行动、工具)。

第十二章设计教学活动。教学活动是根据教学内容(知识、技能或态度)选择最佳的教学策略(在梅里尔首要教学原理提出之后,五星教学模式成为公认首选的教学策略),匹配合适的教学方法(讲解、演示、案例研讨、情景模拟、角色扮演、实操、点评反馈、辅导等),运用相应的教学工具(文字案例、视频案例、扑克牌、记分牌、大白纸等),在一定的时间内完成教学任务,达成教学目标的教学过程。因此,设计教学活动就是教学设计工作的主要内容,不仅要针对知识、技能、态度等不同教学内容采用相应的教学策略,还要在教学方法中引入先进的结构化研讨工具,如MeWeUs、团队共创、世界咖啡等。本章是五星教学模式相关原理在课程开发实践中的具体应用。

第十三章制作教辅材料。教辅材料包括:①课程说明,包括课程定位、内容大纲、经验萃取表、教学内容和教学大纲,其中教学大纲是教学活动的详细安排,也是教学活动的设计成果,起着指导教学的重要作用,是课程说明的核心文件;②教学案例,贯穿教学活动的始终,能够用于聚焦问题、激活旧知、示证新知、应用新知等各个环节,甚至有"无案例不教学"的说法;③练习材料,应用新知的必备法宝,分为测试题目、案例分析、角色扮演、操作练习和实操等,目的在于通过练习增强对知识的理解和技能的掌握;④演示PPT,承载课程关键要点和主要内容的课件,有别于工作报告和演讲,培训课件要求图文并茂、图多字少、以图译文、意义相关,同时减少一切影响注意力的非必要装饰和页面动画;⑤学员手册,方便学员预知部分教学内容及记录课堂笔记的学习手册,一般是将演示PPT的关键文字信息留出空白,非关键文字信息保留。

"欲穷千里目，更上一层楼。"想要看到课程开发之上那壮美辽阔的风景，就需要博览群书，交叉对比，归纳总结，如此方能"集百家之长，成一家之言"。一方面要多读书，读好书；另一方面还要通过实践来验证。孟子曰："尽信书，则不如无书。"实践是检验真理的唯一标准。只有做到知行合一，才能在实践中不断精进，最终得窥上境，成功进阶。

　　最后，祝愿广大培训师朋友在教学设计与课程开发的大道上，越走越远，越攀越高。

张海

2024年2月16日于上海

目 录

导入篇——透过现象看本质

第一章　一般课程存在的问题……………………………………003
第二章　优秀课程的五大要素……………………………………007

原理篇——掌握原理通大道

第三章　知识分类与教学内容分类………………………………015
　　第一节　知识的分类……………………………………………015
　　第二节　教学内容的分类………………………………………020
第四章　教育目标的分类与分级…………………………………028
第五章　脑的结构与功能…………………………………………043
　　第一节　麦克莱恩的"三脑假说"……………………………043
　　第二节　大脑的结构与功能……………………………………046
第六章　学习理论…………………………………………………065
　　第一节　行为主义学习理论……………………………………065
　　第二节　认知主义学习理论……………………………………067
　　第三节　建构主义学习理论……………………………………070
　　第四节　三大学习理论比较……………………………………081

第七章　教学策略 084
第一节　教学模式、教学策略、教学方法的概念 084
第二节　主要教学策略 087
第三节　五星教学模式 096
第四节　处方性教学策略 106

开发篇——运用之妙在一心

第八章　明定位——明确课程定位 111
第一节　分析开发需求 111
第二节　确定课程主题 118
第三节　选定培训对象 121
第四节　设定教学目标 124
本章作业任务 135

第九章　搭框架——搭建内容框架 139
第一节　金字塔原理 139
第二节　规划内容大纲 144
第三节　大纲标题美化 154
本章作业任务 159

第十章　挖内容——挖掘优秀经验 160
第一节　教学内容的要求 160
第二节　学习的循环与螺旋 166
第三节　教学内容的来源 173
第四节　教学内容的整理 190
本章作业任务 191

第十一章　谋设计——设计教学活动 192
第一节　五星教学的深层解构 192
第二节　不同内容的教学原理 199
第三节　常用教学方法 201

目 录

  第四节 结构化研讨工具 ················ 209
  第五节 五星教学活动设计实例 ············ 241
  第六节 课程教学大纲设计 ················ 259
  本章作业任务 ························ 265

第十二章 做教材——开发教辅材料 ············ 266
  第一节 教学案例 ···················· 267
  第二节 练习材料 ···················· 271
  第三节 演示PPT ···················· 273
  第四节 学员手册 ···················· 286
  本章作业任务 ························ 288

参考文献 ································ 289

导入篇

——透过现象看本质

作为企业内训师或业务专家，开发一门课程最大的障碍是不懂得教学原理，凭着本能、一腔热情或从别处学到的一招半式就撸起袖子盲目干，干得热火朝天，开发了一门又一门"实际效用不大的课程"。这种情况在企业内部是一种常态，究其原因有二：一是教学设计作为一门学科博大精深，没有十年左右的钻研，企业内部讲师和业务专家实难在此领域有深刻的理解，更遑论在课程开发实践中加以科学的应用；二是极少有教学设计专家将复杂的教学设计理论结合中国企业当前课程开发实际需求进行转化、简化和本土化。一方面非专业人士没有时间长期深入研究，无法得窥教学设计的无上大道；另一方面专业人士难以做到化繁为简，为非专业人士开辟出一条通往大道的康庄坦途。本书第一章旨在通过反面和正面授课案例将企业内训课程中存在的真实问题揭示出来，并加以对比剖析，帮助大家聚焦真实问题，引发深度思考，为后续开发精品课程奠定坚实基础。

第一章　一般课程存在的问题

老师站在前面讲解，学员坐在下面倾听，这是从幼儿园到大学已经印刻到我们脑海深处的学习场景，到了企业以后我们仍然对这种学习方式习以为常，毫不惊诧，但这真的是理所当然的吗？在回答这个问题之前，我们先看一段企业培训的场景。

在某公司的一间培训教室里，学员分为五组，教室的前面站着一位中年男士，正是本次培训课程《个人形象六要素》的主讲王老师，投影幕布上显示着PPT的页面，左上方是"个人形象六要素"较大的粗体标题，正文内容分左右排版，左边是几行文字，右边放了一张图片，图片里面是身着职业装的一男一女，文字内容如下：

第一，仪容。仪容指的就是我们的外观。

第二，表情。表情可以传达人的思想，可以说是人的第二语言。

第三，举止动作。人的举止动作在个人形象构成中也很重要。

第四，服饰。观人除了外貌外就是服饰打扮了。

第五，谈吐。与人交往必不可少就是交谈，一个好的谈吐会给人一个好的印象。

第六，待人接物。待人接物表现在与人的实际接触中，影响着他人今后要不要继续与你交往。

此刻，王老师正温声细语地按照六要素的顺序逐一讲解，只见他戴着一副黑框眼镜，上身穿白衬衫，下身着牛仔裤，左手持话筒，右手拿翻页笔。一边讲，一边扭转身体用翻页笔在PPT上指点，时不时扶一下镜框。只听他所讲解的内容如下：

1.仪容。仪容指的就是我们的外观。其中外观重点是我们的头部和手部，因为其他部位有衣服的遮掩我们看不到。关于头部，首先鼻毛不能过长，不能有头屑，男士头发不要太长。而手部要保持干净清洁，指甲要注意定期修剪，不能过长。在人际交往中，每个人的仪容都会引起交往对象的特别关注，并将影响到他人对自己的整体评价。一个好的外观形象会让别人对我们有一个好的印象与看法。

2. 表情：表情可以传达人的思想，可以说是人的第二语言。在人际交往中，表情要真实自然，不要做作；表情要友善，不要有敌意；友善是一种自信，也是教养。表情要良性互动，双方平等沟通。

3. 举止动作：人的举止动作在个人形象构成中也很重要。在与人交往中，行为举止要有风度，风度就是优雅的举止。优雅的举止实际上是在充满了自信的、有良好文化内涵的基础上的一种习惯的、自然的举止动作。举止要文明，尤其是在大庭广众之下，我们必须要树立个体代表集体这样一个理念。简而言之，举止要优雅规范，正所谓站有站相、坐有坐相。

4. 服饰：观人除了外貌外就是服饰打扮了。服饰也是影响个人形象的重要因素。在日常交往中，服饰最关键的一个问题，就是要选择搭配到位。第一，要适合你的身份，适合你的地位。第二，要把不同的服装搭配在一起，要给人和谐的美感。

5. 谈吐：好的谈吐会给人好的印象。与人交往必不可少就是交谈，交谈时有三个注意事项。第一，压低声量。打电话和谈话时声音过大会显得没有修养，而说话的声音低一点有两个好处，一是符合规范，二是比较悦耳动听。第二，慎选内容。言为心声，你所讨论的问题，首先是你的所思所想，要知道该谈什么不该谈什么。第三，礼貌用语。在人际交往中谈吐时礼貌用语的使用也是很重要的，我以礼待人，则人以礼待我。

6. 待人接物：待人接物影响着他人今后要不要继续与你交往。它有三个基本原则：第一，诚信守诺；第二，遵纪守法；第三，遵约守时。诚信乃立德之本，守法乃立命之本，守时乃立事之本。

我经常在课程开发的课堂上播放这段培训视频，并请大家分组讨论其中存在哪些问题。我收集到大家反馈最多的问题有以下六个方面：

一是穿着不正式；

二是眼神没交流；

三是手上小动作；

四是声音太平淡；

五是身体左右晃；

六是PPT字太多。

从以上反馈可以看出，大家基本上是从呈现技巧的层面进行了评价，而没有触及底层逻辑，即教学设计层面。为什么会这样呢？一方面大家对教学设计并不精通，无法透过现象看到本质；另一方面长期以来授课技巧的培训让大家自然而然地将目光聚焦在讲师的呈现上。

那么，以上培训视频究竟存在哪些更深层次的问题呢？

第一，教学方法单一。从头至尾只用了讲解这一种方法，而讲解是所有教学方法中最常用，也是最枯燥的教学方法。在本案例中，使用演示、示范等教学方法效果更好，即使老师着装不规范，也可以邀请学员做示范。

第二，教学策略单一。只是完整使用了呈现新知这一教学事件，示证新知教学事件使用不够完全，示证新知需要刻画细节，除了描述要详尽细致以外，还需要运用举例子（正例、反例、伪例）、打比方、作比较等手法来诠释和论证。例如，在讲解仪容和服饰的时候，可以找几位学员来举例子。针对每一个知识点的完整教学策略包括五个教学事件：聚焦问题、激活旧知、论证新知（含呈现新知和示证新知）、应用练习和融会贯通。

第三，没有使用案例。整个课程教学内容没有一个案例，案例常常被用于聚焦问题、激活旧知和应用练习。比如，可以找一个反面案例，让大家指出哪些地方有损其个人形象，由此引导大家分组研讨什么是良好的个人形象；在本节结束的时候，再次给出案例，请大家运用个人形象六要素的知识，指出哪些地方合乎要求，哪些地方不合要求。

第四，没有创设情境。知识和技能只有放在具体的情境中才容易理解，脱离情境就变成抽象的概念、原理或流程。创设情境就要给出知识运用的具体场景、场合、环境、时机等条件要素，在不同的条件下知识的运用也有所不同，即所谓"情境化处理策略"，如此一来就能让学员深刻理解知识，达到灵活运用的目的。

第五，没有应用练习。练习的目的是帮助学员运用知识，并在应用中进一步加深对知识的理解和领悟。练习在教学过程中的重要性如何强调都不为过，练习的作用体现在两个方面：一是将他认知转化成个人认知的过程中起到建构作用；二是将个人认知转化成技能的过程中起到催化作用。

第六，没有教学互动。互动就是对话，就是观点的碰撞与思维的交流。古之贤者如孔子、苏格拉底都是通过对话的方式，或以思辨，或以事实来引导他人找寻智慧和真理。从发言对象的角度看，对话可分为师生对话、学员对话；从对话范围的角度看，又可分为两两对话、组内对话和全班对话；从对话形式的角度来看，对话可以分为提问抢答、小组讨论、案例研讨、课堂练习、点评反馈、辅导等。

第二章　优秀课程的五大要素

优秀的课程必然有其内在特征和外在表现。开发一门课程最大的挑战是如何在设计阶段保证课堂培训达成表现性目标预期的结果。培训的目的就是让学员在认知、行为和情感这三方面发生变化，一切教学活动都要围绕这些变化进行。为此，我们可以从五个方面评价课程是否优秀，即目标、内容、过程、形式、结果。

一、目标

康德说："没有目标而生活，恰如没有罗盘而航行。"有目标的人生叫旅行，而没有目标的人生叫流浪。一个人有什么样的目标，就有什么样的人生，可见目标的重要性。

一门课程必须有明确的课堂教学目标，也就是学员的表现性目标。课堂教学目标是对课程教学内容的宏观规划，是对教学形式的无形约束，是对培训结果的评价标准。也就是说，课程开发人员要根据教学目标对课程教学内容和教学方法进行筛选，对培训结果进行评价。课堂教学目标包含认知、动作、情感三个方面，需要设定清楚课堂上学员在这三个方面能够发生什么改变。

在实践中我们发现，如果课程目标不清晰，课程教学内容很容易成为知识点的堆砌，更有甚者连一些与课程主题不太相关的游戏、活动、故事、段子也会充塞其中。这样的课程虽然学习体验很好，但是课堂上学员该发生的改变却没有发生。评价一门课程的优劣绝不仅仅是学习体验，更重要的是教学目标是否达成。

二、内容

内容的确定需要考虑课堂教学目标和学员对象，内容为目标服务，围绕目标进行取舍，什么需要、什么不需要，什么是重点、什么是次重点都以目标为依据。

内容要有结构。章、节、单元、知识点、技能点需要遵循金字塔原理进行搭建。垂直方向以上统下，以下证上；水平方向归类分组，并列递进。金字塔结构是课程教学内容的形式逻辑，目的在于以形式约束内容，也就是以金字塔结构这一形式来保证课程教学内容逻辑的合理性。

内容要有价值。内容价值不是来自现成的规章制度、业务流程，而是来自在执行规章制度和实施业务流程过程中获得的经验和启示，并将之复盘或萃取出来形成个体知识。

内容要有关联。内容要与学员有紧密的关联性，不是老师想讲什么就讲什么，也不是老师能讲什么就讲什么，而是要从组织需要学员学什么、学员应该学什么、学员想要学什么三个角度加以考量。

如果课堂上老师讲得眉飞色舞、唾沫横飞，学员听得无精打采、昏昏欲睡，那就要赶紧审视一下内容是否出了问题。也许老师觉得所讲的内容"价值巨大、至关重要"，而学员却认为"雕虫小技，不过尔尔"。

三、过程

对于教学过程，老师一定要知晓如何设计才能最大限度地调动学员参与学习活动，让学员能够积极思考，深度思考，主动参与研讨，充分发表观点，努力完成每个阶段的练习和作业。教学过程设计中，重要的不是老师讲了什么，而是学员在某个环节应该发生的改变发生了没有，如果发生了则目标达成，反之则目标未达成。

这就需要老师明白大脑思维规律、认知加工过程和教学设计原理，明白学员课堂上的收获都是自己大脑思考的结果，是思维意识主动建构外来知识材料的产物。因此，要通过一定的教学过程逐步激发学员大脑反应，激活学员思维。

教学过程就是教学内容按照先后顺序展开的过程，要想调动学员更多的大脑脑区参与学习活动，就必须要使用符合大脑思维规律的教学策略。例如，首先提出实际工作中的问题来吸引学员兴趣；其次组织学员讨论碰撞观点，激活旧有的认知；接着老师运用事实材料阐释和论证新知；然后根据新知的不同类型实施相应的练习，促进对知识的理解、应用和迁移；最后引导大家运用新知解释现象，解决问题，进而总结提炼形而上的规律、模型，以达到融会贯通的目的。

四、形式

古希腊大哲学家亚里士多德提出了著名的"四因说"，他认为事物的出现所必需的条件都被称为原因，在任何过程都起作用的四种原因包括：①质料因，事物就是由质料因构成的；②形式因，事物身上所体现出来的模式或结构；③动力因，推动事物发生运动变化的原因；④目的因，事物演化的最终形态和终极目的。其中的质料因与形式因就是我们通常所理解的内容与形式。

那么，课程的形式是什么？答案是教学活动，深入探究不难发现教学活动的内核是教学方法，因此，可以将教学形式与教学方法基本等同起来。教学内容需要与之匹配的教学方法，反之，教学方法要为教学内容服务，并与之匹配。什么时候该提问，什么时候该小组讨论，什么时候该案例教学，什么时候该情景演练，都要视内容的类型、主次、深浅、难易而定，目的在于让学员在课堂上获得良好的学习体验。同时，好的内容配上好的形式才能保证学员大脑脑区被最大限度地激活，从而进入深度思考和积极对话的学习状态。大脑脑区被激活得越多，学员学习过程中形成的印象就越深刻，学习体验就越好，从大脑神经学的角度来看，学习的本质就是大脑内部建立新的、有意义的命题网络，进而从物理上改变大脑神经元之间的联结。有句话说得好，学习的结果不仅是大脑认知、思维和记忆等意识层面的改变，也是大脑神经元系统物理结构等物质层面的改变，因此，"学习让人改变"这句话并非虚言而是真理。

五、结果

培训的结果就是要达成课堂教学目标，也就是要在认知、动作和情感三大领域让学员发生改变。如果是知识类和智慧技能类的教学内容，只需要在认知领域发生改变；如果是操作技能类教学内容，就需要在认知和动作两个领域发生改变；如果是态度类教学内容，那就要在认知、动作和情感三大领域都发生改变。

那么，如何让改变发生，产生我们想要的培训结果呢？首先是老师讲解和演示，但这只对学员的认知和情感改变起作用，对动作改变几乎无用。除了老师讲解和演示之外，真正能让改变发生的是练习和实操。

课堂测验能够帮助学员回忆和提取新知，增进对新知的理解；案例分析能够帮助学员运用新知；操作练习能够帮助学员习得动作技能；情景演练和角色扮演分别能够帮助学员理解和运用智慧技能；情感经历分享能够引发学员情感共鸣，激活情感系统，进而附着或产生新的情感。

以上就是优秀课程的五大要素，在开发课程和实施培训的过程中要整合好目标、内容、过程、形式、结果五大要素，就要不断地审问：在这个单元，学员的改变有没有发生？学员表现性目标有没有达成？每一位老师都可以对照这五大要素，结合自己的课程，回答以下几个问题：

第一个问题关于目标。

课程目标是否清晰分类、准确描述，是否可以在课堂上达成？

第二个问题关于内容。

课程教学内容是否有深度和价值，结构是否合理，是否精确满足目标的需要，满足学员发生改变的需要？

第三个问题关于过程。

课程过程是否有教学策略的设计，是否能够激发学习动机，逐步激活学员大脑参与学习活动？

第四个问题关于形式。

每项教学内容是否都匹配了适合的教学方法，是否能够促进学员大脑深度思考，并创造良好的学习过程体验？

第五个问题关于结果。

是否为学员认知、动作、情感的改变准备了练习活动，练习是否恰当和足够，是否能够促成培训结果的产生？

原理篇

——掌握原理通大道

开发课程最大的困难不在于内容，而在于过程和形式，过程代表教学策略，形式代表教学方法，这两者的底层思维是教学设计原理。我们将"教学"这件事划分为道、法、术、器四个层面：器是教学工具，例如记分卡牌、沙盘、多媒体素材、教学案例、练习材料等；术是授课技巧，包括表达、控场、职业风范、教学活动实施、时间管理、目标管理等；法是教学设计，包含知识分类、教学内容分类、教育目标分类与分层、学习理论、学习策略、教学理论、教学策略和教学方法等；道是教育心理学、认知心理学和脑神经科学，包括大脑结构与功能、认知加工过程、知觉与注意、意识与记忆、表征与表象、语言与思维等。

　　很多讲课程开发和授课技巧的老师都知道五星教学，但也仅限于知道而已，既不清楚其本质上属于教学策略，更不懂得其底层逻辑和使用方法。也有一小部分老师听说过布卢姆教育目标分类学，但是对究竟如何分类与分层则知之甚少，这里我要透露一个秘密：教学目标是教学设计专业人士与非专业人士的分水岭，只有真正搞懂了教学目标的意义，才算一只脚迈进了教学设计的门槛。

第三章 知识分类与教学内容分类

第一节 知识的分类

一、哲学领域对知识的分类

亚里士多德从知识的内容角度分类：纯粹理性、实践理性和技艺。

罗素从知识的来源角度分类：直接经验（通过实践活动直接得到的知识）、间接经验（从他人那里继承的知识）、内省经验（"悟"出的知识，近于智慧）。

迈克尔·波兰尼从知识所具有的性质角度分类：显性知识、隐性知识。

大卫·休谟提出了"两种知识"的理论：观念的关系、实际的事实。第一种知识是指几何、代数、三角等科学，这种知识奠基于直觉的确定性和论证的确定性，他们是不依赖于经验的，因而是普遍必然的、明晰的。第二种知识关系到人们周围的事实，他们是依赖于经验的，因而是偶然的、不确定的。

伊曼努尔·康德借鉴了休谟的"两种知识"的理论，提出了"三种知识"的理论。第一种知识称作"经验知识"，即通过感觉经验才可能获得的知识；第二种知识称作"先天知识"，也就是独立于一切感官印象，绝对不依赖一切经验而产生的知识，例如时间、空间、形式逻辑等；第三种知识称作"先验知识"，特指这样一种先天知识，是有关经验知识得以成为可能的条件的知识，是以先天知识为研究对象的先天知识，先验的知识一定是先天知识，先天的知识不一定是先验的知识。先天知识不一定涉及有关对象的经验知识（如形式逻辑，只管形式的正确，不管真假问题），先验知识一定要涉及有关对象的经验知识（涉及内容，即知识的真假）。

二、经济领域对知识的分类

1996年,联合国经济合作与发展组织(OECD)在《以知识为基础的经济》报告中,将知识分为四种类型:

一是知道是什么的知识,即知事(Know-what),指关于客观事实的知识;

二是知道为什么的知识,即知因(Know-why),指自然规律和原理方面的知识;

三是知道怎么做的知识,即知窍(Know-how),指技术诀窍、技能和能力方面的知识;

四是知道是谁的知识,即知人(Know-who),指知道何人具有何种知识和能力的知识,涉及社会关系等方面。

如果把四类知识比作高僧的一串佛珠,单个珠子就是What,串联珠子的绳子就是Why,把珠子串起来就是How,高僧就是那个Who。

三、教育领域对知识的分类

1.本杰明·布卢姆将知识分为三类

1956年本杰明·布卢姆正式出版了《教育目标分类学:认知领域》,将认知领域划分为六种水平——知识、领会、应用、分析、综合和评价。其中将知识分为三大类:

(1)具体的知识。包括术语的知识、具体事实的知识。

(2)处理具体事务的方法和手段的知识。包括惯例的知识、趋势和后果的知识、分类和类别的知识、准则的知识、方法论的知识。

(3)某一领域中普遍和抽象的知识。包括原理和概括的知识、理论和结构的知识。

2.洛林·安德森将知识分为四类

2001年洛林·安德森出版了《学习、教学和评估的分类学:布卢姆教育目标分类学》的修订版,将认知领域的学习归纳为四类知识:

(1)事实性知识——学习者在掌握某一学科或解决问题时必须知道的

基本要素，包含：①术语的知识；②具体细节与要素的知识。

（2）概念性知识——某个整体结构中发挥共同作用的各个基本要素之间的关系。包含：①类别与分类的知识；②原理与概括的知识；③理论、模式与结构的知识。

（3）程序性知识——如何做事的知识、探究的方法、运用技能的准则，以及算法、技巧和方法的知识，包含：①具体学科技能和算法的知识；②具体学科技巧和方法的知识；③确定何时运用适当程序的知识。

（4）元认知知识——关于一般的认知知识和自我认知的知识。包含：①策略的知识；②关于认知任务的知识，包括适当的情境性和条件性知识；③自我的知识。

陈洪澜老师在《知识分类与知识资源认识论》一书的第六章，按照知识的效用、研究对象、知识属性、知识形态、事物运动形式、思维特征、自然现象与社会现象、知识研究方法、知识的内在联系、学科发展的趋势10个方面，对知识进行了细致的分类。其中，按知识属性可分为事实性知识、概念性知识、程序性知识和元认知知识，这与安德森的分类一致；按知识形态可分为言传知识和意会知识，又把言传知识称为显性知识，把不能脱离认知主体的思维智慧，即意会知识称之为隐性知识。

学习设计专家朱春雷老师在《知识密码》一书中从知识的核心属性与非核心属性的角度，用一张表格对知识进行了分类，如表1所示。

表1 知识分类

维度		二分/多分
核心属性	实用价值	技术知识、理论知识、休闲知识
	形式	信息、概念、原理、工具/方法
	显性状态	显性知识、隐性知识、默会知识
	成熟度	病构、中构、良构
	发生源	先验、经验
非核心属性	研究领域	物理/化学、生产/营销……
	获取方法	书本承袭、实践亲和、猜想
	思维特征	记忆、想象、判断
	所有权	公共知识、企业知识、个体知识
	……	……

四、心理学领域对知识的分类

1. 美国著名的认知心理学家约翰·安德森将知识分为两类

（1）陈述性知识：也叫"描述性知识"，它是个人有意识地提取线索，因而能够直接加以回忆和陈述的知识。主要用来说明事物的性质、特征和状态，用于区别和辨别事物。这类知识是回答事物是什么、为什么等问题的言语信息方面的知识。这种知识具有静态的性质。比如：学生通过学习知道中国的首都是北京、圆的半径是圆的直径的一半、中国古代的封建社会持续时间较长等知识。

（2）程序性知识：也叫"操作性知识"，是个人没有有意识地提取线索，因而其存在只能借助某种作业形式间接推测的知识。这类知识主要用来解决做什么和怎么做的问题。这种知识具有动态的性质。安德森认为动作技能、智慧技能和认知策略等实质上均属于程序性知识。比如电器的操作顺序、舞蹈的操作流程、解题的步骤、学会怎么利用三角形和长方形的面积公式运算梯形的面积等。

陈述性知识的获得常常是学习程序性知识的基础，程序性知识的获得又为获取新的陈述性知识提供了可靠保证；陈述性知识的获得与程序性知识的获得是学习过程中两个连续的阶段。

2. 美国当代著名教育心理学家理查德·梅耶将知识分为三类

（1）陈述性知识：相当于安德森所言的陈述性知识。

（2）程序性知识：包括智慧技能和动作技能等一般性的程序性知识。

（3）策略性知识：与程序性知识相似但又存在区别。策略性知识是关于如何学习和如何思维的知识，即个体运用陈述性知识和程序性知识去学习、记忆、解决问题的一般方法和技巧。

五、本书对知识分类的看法

本书探讨知识分类的目的是为下一节澄清教学内容的概念奠定基础，本书主张的知识分类要结合我们课程开发与授课的实践经验，还要契合当前国内企业开发课程的实际情况。因此，以上不同领域知识分类只能作为参考。

我认为要区分两个知识的概念，一个知识概念是广义的知识，其中包括陈述性知识和程序性知识。另一个知识概念是狭义的知识，仅指陈述性知识。为什么呢？因为程序性知识是可以转换为技能的，狭义的知识与技能相对应。本书对知识分类的主张与约翰·安德森的知识分类一致，同时也吸收了华东师大皮连生教授和浙大盛群力教授两位老师的观点。

一是陈述性知识。陈述性知识是用于回答"是什么""为什么"的知识，包含事实性知识、概念性知识、原理性知识。陈述性知识以命题和命题网络（也称作语义网络）的方式编码和贮存。

二是程序性知识。程序性知识是用于回答"怎么办"的知识，也叫作流程性知识，主要涉及程序、规则、步骤等，这三个词的基本含义是一致的。其中，"程序"是指做事情的基本套路，"步骤"是指做事情的先后顺序，"规则"是指做事情的基本要求。"如何做的知识"还有许多不同的名称，如算法、章程、方案、措施、道路、路线、解法等。程序性知识以产生式规则和产生式规则系统的方式编码和贮存。

表2 两类知识的区别

知识类型		定义	示例
陈述性知识	事实性知识	描述"是什么""有什么"的知识，包含事实、成分等	我国34个省级行政区的名称
	概念性知识	抽象概括的、有组织的结构化知识，涉及分类、定义与释义的知识	马斯洛需求层次理论的含义
	原理性知识	描述"为什么"的知识，涉及原理原因、本质规律、定理定律、公式规则等，说明概念之间的关联性	营销技巧中的心理学原理
程序性知识	流程性知识	描述"如何做"的知识，涉及如何做事的一套程序或步骤	项目复盘的步骤

流程性知识要回答如何做的问题，概念性知识回答做什么的问题，而

原理性知识则要回答为什么要这么做。流程性知识是一套做事的步骤，强调的重点是如何做，而原理性知识则强调概念之间的关系，重点是在一定的关系中理解某一概念或原理。运用流程性知识可以获得概念性知识和原理性知识，而对概念性知识和原理性知识的理解则是程序性知识运用的前提条件。

美国著名教学设计理论家罗米索斯基将知识分为四个类别：事实、程序、概念和原理。每一种类型又可以具体细分出若干子类，并形成知识结构的循环圈，本书对知识分类的主张与其观点相似，如图1所示。

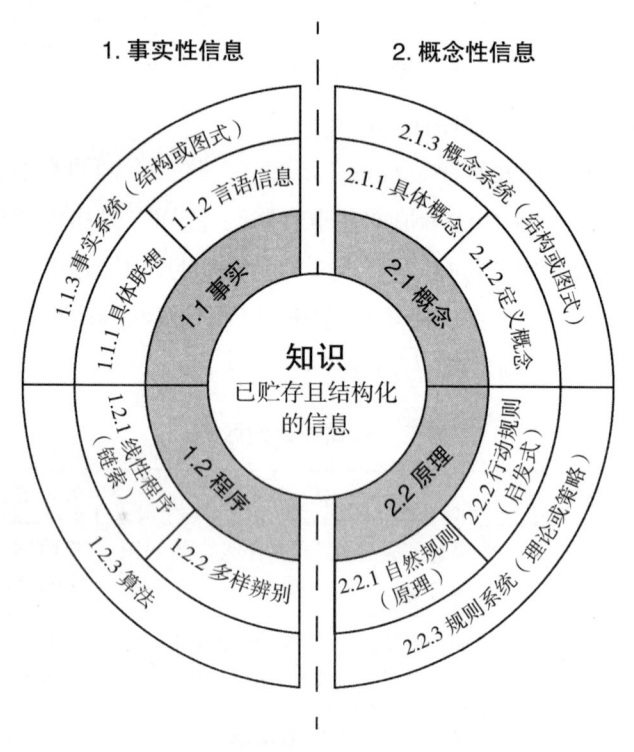

图1 罗米索斯基知识的分类

第二节 教学内容的分类

有人认为知识分类就是教学内容分类，但我不这样认为，课堂教学绝对不仅仅只教知识，还有技能和态度，后两者都是实实在在的教学内容，而非知识的另类表现形式。例如，一个人从知晓打乒乓球的流程和规则，到能够熟练地与人对打，这是一个从知识学习到技能习得的转化过程，也是从认知到行为的外化过程。再比如，一个人从小被要求背诵爱国主义精神的内涵，到成年后树立起坚定的爱国主义信念，这是一个从知识学习到态度养成的过程，也是为认知一点点附着情感的过程。

一、梅里尔对教学内容的分类

有关教学内容的分类我查阅了加涅、迪克、安德森、梅里尔等人的著作，发现"教学内容"这一专业术语首先是梅里尔在《首要教学原理》一书的第三章提出的，并进行了详细论述。梅里尔对教学内容的定义是：要教的东西；来自某些受关注领域的成分技能。那什么是成分技能呢？梅里尔在书中解释道："知识即我们所知道的东西，技能即我们怎么应用自己所知道的东西，这两者之间是有区别的。绝大多数教学内容都可以看成是一些基本的知识与技能之组合。本书使用'技能'一词来统指知识与技能的组合。一种成分技能是知识与技能的组合，这是解决复杂问题或者完成复杂任务所必需的。"梅里尔将教学内容分成了五类，如表3所示。

表3 教学内容的分类

教学内容		一般信息	细节刻画
言语信息	是什么	事实、联系	无
	有什么	名称、描述	这一成分在一个特定整体中的相对定位
概念	哪一类	定义——界定类别的一组属性	具体实例——说明类别属性的具体正例和反例
程序	如何做	步骤与顺序	刻画具体例子的程序
过程/原理	发生了什么	条件与后果	刻画具体例子的过程

为什么要这样分类呢？梅里尔解释道："多年来我一直与学科专家共同研发教材，我发现他们通常认为诸如概念、程序以及过程之类的词语，含糊不清且让人困惑。因此我和同事们开始使用本书选择的这些术语，使之与读者的沟通更为顺畅。在描述教学内容时使用这些术语更容易理解对于一个特定的成分技能，在沟通时使用这些术语将更为清晰地表达其本质。"

梅里尔对教学内容的分类是一个创举，但我们在借鉴和使用的时候需要结合我国教育界和企业界的实际情况进行考量：

第一，对成分技能的理解不容易。国内企业一直以来是将知识和技能分开对待的，正如梅里尔自己所言"这两者是有区别的"，那么将知识与技能相组合形成一种成分技能，这种做法现在看来有些超越常规，这要求我们要学习一种新的算法规则，然后再运用这种算法规则来处理数据。对于企业中广大非专业课程开发人员而言，在理解和运用上都有相当的难度。

第二，缺少针对态度的教学内容。布卢姆、安德森、豪恩斯坦等有情感领域的教学目标，加涅有态度方面的学习结果，既然有这方面的教学目标和学习结果，那就一定有这方面的教学内容，只不过没有明确指出来而已。

二、加涅对学习结果的分类

一般总是将加涅的学习结果分类与布卢姆的教育目标分类相提并论，进行比较，并得出了两者的相同点和不同点。

相同点是：三个主类领域是一致的。加涅提出的学习结果分类理论，将学习结果分为认知（言语信息、智慧技能、认知策略）、动作技能和态度三个方面。而布卢姆将教学目标分为认知学习领域、动作技能学习领域和情感领域三个方面。这两个分类理论的三个主类领域是一致的，只是言辞表达上的不同。

不同点是：分类的依据与理论不同。布卢姆分类法基于生物分类学，以学生的外显行为作为教学目标分类的基点。加涅分类法则基于信息传播理论与建构主义理论，从他的"联结—认知"学习理论出发，以能力和倾向作为教育目标分类的基点。

针对以上两个点，我有不同的看法。

第一，将言语信息、智慧技能和认知策略与认知等同起来欠妥。在《教学设计原理（第五版修订版）》一书中，加涅对言语信息的解释是"一种我们能够'陈述'的知识，它是'知道什么'或'陈述性知识'"。对于智慧技能的解释是"我们利用符号做事，例如把事物划分成不同的类别、应用规则与原理及解决问题。学习智慧技能意味着获得做某事的性能。一般来说，这类学习被称为程序性知识"。加涅将言语信息与陈述性知识、智慧技能与程序性知识基本等同起来，这表明即使加涅将言语信息和智慧技能称之为学习结果，但本质上也是教学内容，而非教学目标。

第二，加涅的分类基于信息传播理论与建构主义理论，那么信息传播理论传播的是内容还是目标？建构主义建构的是内容还是目标？答案显而易见是内容。加涅想要在信息传播和建构之后达成的五类学习结果，用黑格尔辩证法的逻辑来看，就是结果的潜在性（即内容）发展成现实性（即结果）。换句话说，想要什么样的学习结果，就需要有能支持其实现的教学内容。

三、提雅吉博士对课程知识点的分类

课程设计和互动培训大师提雅吉博士在《Thiagi's Interactive Lectures》一书中，将课程中出现的各类知识点分成三大类别：知识类、技能类和心态类。知识类细分为陈述性知识、流程性知识、概念性知识与原则性知识；技能类细分为智慧技能、动作技能和人际技能；心态类则不再细分。如表4所示。

表4 提雅吉的知识点分类

知识点类型		定　义	举　例
知识	陈述性知识	描述事情"是什么"的知识，更多是信息、事实	内燃机部件的名称
	流程性知识	描述工作步骤的知识，属于特殊的陈述性知识	绩效反馈的流程
	概念性知识	涉及分类、定义与释义的知识	行为面试法的含义
	原则性知识	涉及规则的使用，说明概念间关联的知识	人际关系中的心理学原理
技能	智慧技能	涉及综合运用各类型知识，进行综合分析、判断、分类与评价的技能	决策技巧
	动作技能	涉及动手或开口、需要协调思维与肌肉共同参与的技能	安装电脑的技巧
	人际技能	涉及人际间互动的技能	绩效反馈的技巧
态度	心态类知识	涉及态度、价值观、信念与习惯的知识	承担责任的心态

提雅吉博士所说的"知识点"是广义的知识，"知识类"是狭义的知识，因此，我们可以这样理解：课程中出现的"各类知识点"在教学设计范畴内就是课程的教学内容。也就是说提雅吉博士将教学内容分为知识类、技能类和心态类。

四、本书关于教学内容的主张

经过交叉对比，对于知识的分类本书倾向约翰·安德森与理查德·梅耶的观点；对于教学内容的分类本书倾向于加涅和提雅吉的观点。在对各位大师的观点进行综合分析，并结合笔者的实践经验之后，最终形成了本书关于教学内容的主张，如表5所示。

表5 本书关于教学内容主张

教学内容类型		定义	举例
知识	事实性知识	描述"是什么""有什么"的知识,包含事实、成分等	我国34个省级行政区的名称
	概念性知识	描述"哪一类"的知识,是抽象概括的、有组织的结构化知识,涉及分类、定义与释义等	马斯洛需求五层次论的含义
	原理性知识	描述"为什么"的知识,包括原理原因、本质规律、定理定律、公式规则等,说明概念之间的关联性	营销技巧中的心理学原理
	流程性知识	描述"如何做"的知识,展示做一件事的程序或步骤	项目复盘的步骤
技能	智慧技能	一套程序支配人的认知行为和对外办事,综合运用各类型知识,进行综合分析、比较、判断、推理与决策的技能	逻辑推理方法
	动作技能/操作技能	一套程序同时支配人的认知行为和肌肉协调行为,涉及动手或开口,需要协调思维与肌肉共同参与的技能	立焊打底焊接技法
态度	心态类知识	涉及意识、信念、价值观、精神与习惯的知识	安全生产意识的含义、合规意识的要求、质量第一的含义
	情绪与情感	对态度对象(人、事、物)的情绪反应和情感体验	接受或拒绝、认同或反对、热爱或厌恶、热情或冷漠、重视或轻视、积极或消极

五、知识、技能、态度的关系

1.知识与技能的关系

皮连生教授提出了一个能力学习的统一理论,即知识分类学习理论。皮教授认为:

程序性知识是以产生式规则和产生式规则系统的方式编码和贮存（或者说表征）；从信息加工心理学的观点看，技能的心理实质是一套产生式规则（或程序）支配的人的行为。

如果一套规则支配的是人的认知行为，如心算、阅读理解、写作等，这些行为表现为智慧技能。智慧技能是运用概念和规则等符号做事的能力，可以在头脑中完成，不需要肌肉协调，所以属于智慧技能（亦称智力技能、心智技能）。

如果一套规则支配的是人的肌肉协调的行为，如打太极拳、写毛笔字、游泳、骑自行车等，这种行为表现为动作技能。在这些动作技能中有认知成分，既掌握动作的要领（规则），也有肌肉协调成分。后一成分的学习必须通过反复练习才能成功。

脑科学的研究表明，当表现为动作技能时，规则不仅支配肌肉协调行为，还同时支配认知行为，只不过随着动作技能熟练度的增强，规则对认知行为的支配强度会减弱，直至趋近于无感。这是因为动作技能熟练度增强的过程，是刻意练习的过程，也是大脑内关于该动作技能的神经元链路不断得到激活、强化、增生和强壮的过程，当神经元链路的强度达到一定程度就会形成对该动作技能的半自动化和自动化反应，同时也会形成肌肉记忆，那么之后在使用该动作技能时，就不再经由大脑前额叶的意识区做分析、判断、决策的慢决策，而是直接调用神经元链路和肌肉记忆做出自动化的快速反应。

2. 知识与态度的关系

皮连生教授认为：态度是个人对人、对事、对周围世界持有的一种持久性与一致性的倾向。由认知成分（对态度对象的信念或知识）、情感成分（对态度对象的情绪反应）和行动成分（对态度对象的外显行为）三者构成。

田俊国老师对态度有独到的见解：态度是附着了情感的认知，也就是说态度由两部分构成——认知和情感。态度在形成的初期认知很重要，一旦形成了之后情感很重要。

对于田老师的观点，补充两点：

第一，态度是认知、情感和行动三位一体的产物。态度形成之后，认知处于隐性状态，行动处于显性状态，情感处于半隐半现的状态。

第二，态度的形成模式比较多元化。可以是认知引发的情绪反应，进而由情感支配行动；也可以是由情绪反应导致的认知改变和行动变化；还可以是由行动结果刺激情绪反应，进而形成某种认知。

《大学》里说："人莫知其子之恶，莫知其苗之硕。"为什么不知道其子之恶、其苗之硕呢？原因已经在"其子"和"其苗"上附着了浓厚的情感，而这个情感挡在认知的外层，所以一见到这个东西马上就会跳过认知直接引起情感反应，那么这个时候态度就形成了。

总结一下，程序性知识支配认知行为产生智慧技能，同时支配认知行为和肌肉协调产生动作技能，技能是可以付诸实践的认知；认知附着了情感转化为态度，情感支配行为外显为行动。知识、技能、态度三者之间是可以相互转化的，不仅如此，陈述性知识与程序性知识之间也可以相互转化。

第四章 教育目标的分类与分级

有人将知识、技能、态度（KSA）作为教育目标的分类，为此我专门作了对比研究。我发现，从布卢姆、克拉斯沃尔、辛普森到安德森、豪恩斯坦，这些对教育目标分类学做出过巨大贡献的前辈大师们，没有一个人这样做，他们都是将认知、心理动作和情感作为教育目标分类的基准。

知识与认识含义不同。知识是名词；而认知作为名词时与知识的意思相近，作为动词则是指人们获得知识或应用知识的过程。简而言之，知识是认知活动的产物，认知是获得知识的过程。认知作为动词是可以有目标的，而作为名词是不具备目标性的。动作与动作技能、情感与态度的关系也大抵如此。动作技能是动作的结果，动作是动作技能的分解；态度是情感反应的结果，情感是构成态度的主要成分。

另外，区分教育目标、教学目标和课程开发目标这三个容易混淆的概念，也是非常有必要的。

第一，教育目标与教学目标。安德森认为，教育目标的概念要比教学目标的概念更加广大，教学目标的概念比教育目标的概念更加具体，因此，教育目标包含了教学目标。教育目标针对的是学习者认知发展、心理动作发展和情感发展的全过程、全阶段，侧重为学习者的能力发展设定中长期目标。例如，制定计划的能力、设备保全的能力、达成销售的能力、写作的能力、谈判的能力等。教学目标是指一门课程中知识、技能、态度等教学内容具体的、课堂情境可达成的目标；其中知识和智慧技能具体到认知领域的领会（理解）与应用水平，动作技能具体到心理动作领域的模仿与生成水平，态度具体到情感领域的反应与价值化水平；侧重为学习者知识、技能和态度的发展设定短期目标。例如，能够说出中国34个省级行政区的名称；能够区分洛氏硬度、布氏硬度和维氏硬度的异同；能够运用情景销售法克服客户异议，促进成交；能够使用氩弧焊枪实施打底焊接操作等。一般认为，能力＝知识＋技能（方法＋操练），从这个方面再次证明教育目标包含教学目标。

第二，课程开发目标。课程开发目标是组织层面为了解决问题、完成任务而提出的绩效改善目标，课程开发目标不关心能力的发展，也不关心知识和技能的发展，只关注业绩表现改善和经济效益提升等预期成果的实现。

一、布卢姆与安德森认知领域教育目标分级

1956年，布卢姆正式公布了《教育目标分类学（第一分册：认知领域）》，将认知领域的教育目标分为六级：知识、领会、运用、分析、综合和评价。

2001年，安德森出版了《学习、教学和评估的分类学：布卢姆教育目标分类学（修订版）》一书，对布卢姆原认知领域教育目标六个层级进行了优化，即记忆、理解、运用、分析、评价、创造。

（1）记忆。从长期记忆库中提取相关知识。

（2）理解。能够确定口头的、书面的或图表图形的信息中所表达的意义。

（3）运用。在特定情境中运用某个程序。

（4）分析。将材料分解为各组成部分，并且确定这些组成部分是如何相互关联的，以及部分同整体之间的联系。

（5）评价。依据准则和标准来作出判断。

（6）创造。将要素整合为一个内在一致、功能统一的整体或形成一个原创的产品。

二、克拉斯沃尔情感领域教育目标分级

1964年，克拉斯沃尔公布了《教育目标分类（第二分册：情感领域）》，将情感领域教育目标分为五级：接受（注意）、反应（认同）、价值化、组

织、价值与价值体系的性格化。

（1）接受（注意）。愿意注意特殊的现象或刺激，是对环境中正在发生的事情的低水平觉知。

（2）反应（认同）。由经验引起的新的行为反应，由学生自己主动参与。

（3）价值化。学生将特殊对象、现象或行为与一定的价值标准相联系。

（4）组织价值观念系统。纳入新的价值观，形成自己的价值系统。

（5）价值与价值体系的性格化。个人能用新的价值标准长时期控制自己的行为，表现出与新价值观一致的行为。

三、辛普森动作技能领域教育目标分级

1972年，辛普森与哈罗等人发布了动作技能领域的目标分类，将动作技能领域教育目标分为七级：知觉、准备状态、有指导的反应、机械动作、复杂的外显反应、适应、创新。

（1）知觉（觉知）。了解与所学的动作技能有关的知识、性质及功用。

（2）准备状态。为适应某动作技能的学习，所做的心理上、身体上和情绪上的准备。

（3）有指导的反应。动作技能学习的早期阶段，在指导下做出正确的动作技巧或行为，包括模仿和尝试错误。通过教师或一套适当标准来判断操作的适当性。

（4）机械动作。经过练习后，学习者的反应已经成为习惯，表现为能以熟练和自信水平完成并不复杂的各种形式的操作技能。

（5）复杂的外显反应。能够整合运用各种动作技巧，熟练地完成全套的、复杂的动作操作，以迅速、精确和轻松为评价指标。

（6）适应。此阶段为技能的高度发展水平。能修正自己的动作模式以适应不同情境的需要，也就是说练就的动作技能具有应变能力，能适应环境条件及要求的变化。

（7）创新。创造新的动作模式以适应具体情境，也就是形成了一种创造新动作技能的能力。

四、豪恩斯坦教育目标分类

布卢姆、安德森、克拉斯沃尔、辛普森等人的教育目标分类是被广泛接受和引证的研究成果，但豪恩斯坦认为按照基本术语的一致性、层级排序的周密性及培养智能的取向性三个标准来看，原目标分类尚存在若干缺陷。例如，豪恩斯坦认为：掌握知识是一个同化过程，为了掌握知识学习者必须赋予信息以自身的意义和识见，必须将新信息或内容与旧知识融会贯通。布卢姆原分类中所称的"知识"基本意义是指"回忆"或"识记"，并非列出各种知识的形式。但即使是识记，也不应该成为认知目标的第一个类别，更为恰当的类别应该是"形成概念"。

豪恩斯坦将全部教育目标划分为四个领域，分别是认知领域、心理动作领域、情感领域和行为领域，每个领域均包括五个代表着不同的发展水平和难度水平的层次，或者说五个基本类别的目标，如表6所示。

表6　教育目标划分领域

层次	认知领域	心理动作领域	情感领域	行为领域
1	概念	知觉	接受（注意）	习得
2	领会	模仿	反应（认同）	同化
3	应用	生成	价值化	适应
4	评价	外化	信奉	表现
5	综合	精熟	性格化	抱负

五、豪恩斯坦与布卢姆教育目标分类的区别

第一，领域数和层级数不同。在布卢姆教育目标分类体系中，共有认知领域、情感领域和动作技能领域三个领域，认知领域包括六个级别，情感领域包括五个级别，动作技能领域以辛普森为代表包括七个级别。在豪恩斯坦教育目标分类中，共有认知领域、情感领域、心理动作领域和行为领域这四个领域，每个领域包含五个级别。

第二，理论基础不同。布卢姆教育目标分类受到行为主义心理学的深刻影响，是以行为主义心理学为理论基础的。而豪恩斯坦自称是建构主义者，以建构主义为理论基础。建构主义认为，学习者不是被动地接受知识，而是以他们的经验为基础建构他们的知识；当学习者在新的经验中使用知识时，他们的知识在改变着；课程是以学生为中心，这与以教师为中心相反。这些思想反映在豪恩斯坦的教育目标分类体系之中。

第三，布卢姆教育目标分类分裂了人的行为，而豪恩斯坦教育目标分类体现了人的行为的整体性。豪恩斯坦认为，个人是作为完整的人进行学习的；没有某种相关的情感体验，一个人就不会有智力的经验；没有关于如何做的某种知识和某种价值倾向，一个人就不会完成一项任务。他指出，教育目标应该反映每个人都是作为一个完整的人进行学习的这样一个事实。因此，在豪恩斯坦的教育目标分类中，除了对认知领域、情感领域和心理动作领域加以重新界定之外，还增设了一个综合性的领域，即行为领域，这个领域是认知领域、情感领域和心理动作领域综合的结果。

六、豪恩斯坦教育目标分级

1.豪恩斯坦认知领域教育目标分级

（1）形成概念。在某一具体情境中识别定义和概括某一观念的能力。

（2）领会。转换与解释观念及推断信息的能力。

（3）应用。澄清某一问题或情境及运用适当的原理与程序解决具体问题或满足情境需要的能力。

（4）评价。分析与验证信息、数据或情境以作出价值判断的能力。

（5）综合。提出假设和解决复杂问题的方案以体现新思路、新方案的能力。

2.豪恩斯坦心理动作领域教育目标分级

（1）知觉。依据具体的概念、观念和现象接受刺激与识别刺激的能力。

（2）模仿。依据一般模式或情境激活、仿效和协调自然潜能以形成行为的某动作或范式的能力，意味着从知觉走向了行动。

（3）生成。依据一定的品质和特征，整合才能倾向并完成动作使技能可以被识别的能力。

（4）外化。有效地维持与调整技能以完成预定功能的能力。

（5）精熟。创新与完善各种能力的品质与愿望。

3.豪恩斯坦情感领域教育目标分级

（1）接受。具有意识、愿意和关注的素质。

（2）反应。对一种情境作出默许、依从和评估等反应的素质。

（3）形成价值。接受、喜爱与承诺某一价值观的素质。

（4）信奉。有信任和承诺某一价值观并将其视为指导原则的素质。

（5）展露个性。依据价值观和信念展示及调适行为的素质。

4.豪恩斯坦行为领域教育目标分级

（1）获得。能获得新信息或内容。

（2）同化。新知识与旧知识发生互动。

（3）适应。将已经学到的东西应用于与个体的技能和价值观相关的各种情境或问题。

（4）表现。产生或调整新知识、技能与价值观。

（5）抱负。追求自我超越、精益求精的境界。

七、本书对于教育目标分类与分级的主张

本书赞同豪恩斯坦教育目标分类与分级的主张，但是考虑到当前企业内训师与业务骨干开发课程的实际情况，无论是布卢姆等人，还是豪恩斯坦的教育目标分类都过于复杂了，对于非专业人士而言越是复杂的理论与技术，越难以理解、掌握和应用。在实践中，我对豪恩斯坦的教育目标分类形成了个人版本的理解，同时也进行了简化，主要有两个方面。

第一，行为领域的教育目标暂不关注。目前企业课程开发的实际情况是教学设计的原理还未普及，教育目标分类仍是未曾探索的领域，路需一步步走，事要一件件做。先从认知、情感和心理动作三个领域的教育目标

应用开始，不必追求一步到位。教育追求的是学生个人的德智体美劳全面发展，而企业追求的是效益，讲求的是员工分工协作、各司其职，因此更注重员工在知识、技能、态度等某些特定方面的提升，而非全面发展。而豪恩斯坦行为领域教育目标是认知、情感和心理动作三大领域综合后的结果，国内企业目前的课程开发与内部培训对此显然难以企及。

第二，分级内容的解释简化和通俗化。无论是盛群力教授还是丁念金教授，他们对于豪恩斯坦教育目标分级内容的解释都非常抽象化，充满了教育技术的专业术语，一般的企业内训师和业务骨干很难理解，更遑论应用。为此，我将使用通俗易懂的、贴近非专业人士的语言重新加以阐述。

1.教学内容与教育目标对应关系

教育目标是为教学内容设定的目标，不同类型的教学内容所设定的教育目标类型也不相同。陈述性知识与程序性知识，应设定认知领域的教育目标；智慧技能是产生式规则（程序性知识）作用于人脑的认知行为对外办事的能力，不涉及肌肉协调，也应设定认知领域的教育目标；动作技能（操作技能）需设定认知领域和心理动作领域的双重教育目标；态度由认知成分、情感成分和行动成分三者构成，但以情感成分为主要，认知成分次之，行动成分再次之，因此，设置认知领域和情感领域教育目标即可。教学内容与教育目标对应关系如表7所示。

表7 教学内容与教育目标的关系

教学内容类型		教育目标类型
知识	陈述性知识	认知领域
	程序性知识	认知领域
技能	智慧技能	认知领域
	动作技能/操作技能	认知领域
		心理动作领域
态度	心态类知识	认知领域
	情绪与情感	情感领域

2.认知领域教育目标分级

（1）概念，即知道知识的概念（内涵、外延）。

知识的学习首先要知道知识的概念，这包括概念的内涵和外延。内涵就是事物本质属性的总和，外延是具备本质属性的一切对象，也就是说学习知识就要知晓其属性、特征、分类、实例，甚至功能、作用、优势、缺点等信息。不仅要知道，还要能够记忆和提取，也就是能正确地表述出来。

此阶段是对知识的机械记忆，对知识的掌握处在初窥门径的水平。

（2）领会，即理解知识的内涵，形成个人版本。

建构主义认为，人们是以自己的经验为基础来建构或者解释现实，由于每个人的经验以及对经验的信念不同，因此对知识的理解必然存在个体差异，不同的人会看到事物的不同方面。因此，学习是个性化的行为。世界当然是客观存在的，但对世界的理解和赋予意义却具有主观性，源于个体的意义建构。个人的知识建构是学习者通过同化和顺应的方式来形成和调整自己的认知结构，激进建构主义者格拉赛斯菲尔德认为，知识不是被动接受的，而是由人主动建构起来的，建构是通过新知与旧知相互作用而实现的。

人总是用已有的知识体系（旧知）来解释新知，如果能够解释说明旧知中包含了新知的成分，于是加以过滤或改变后融入旧知，从而增强了对新知的理解和认知；如果不能理解，说明新知对于旧知是全新的或矛盾的，经过理性思维如果认为新知是正确的，于是在已有的知识体系中新建一个认知或改变一个认知，以适应新知。理解知识的内涵，形成个人版本，我认为就是要用旧知同化或顺应新知，最终达到用自己的语言解释新知的目的。

此阶段对知识产生个人版本的理解，已达到掌握水平。

（3）应用，即应用知识解释现象，解决问题。

王阳明提出"知行合一"，认为"知是行之始，行是知之成"。知中有行，行中有知，有真知必有笃行，有笃行必有真知。与王阳明相比，王夫之更重视"行"，他认为行先于知，也高于知，"行可以兼知，而知不可以兼行""行可有知之效，知不得有行之效"，将知与行的辩证关系推进到一个更深的层次。

领会了新知，就要去尝试应用，以实践来检验。如何应用呢？陈述性的知识可用于解释现象，程序性的知识可以用来解决问题或完成任务。知识只有被应用才能体现其价值，也只有在应用中人们才能增强对它的理解，并生产创造出新的知识。

"读万卷书不如行万里路"，因为"行万里路"是实践经验的积累。明朝开国名臣刘基《拟连珠》有云："盖闻物有甘苦，尝之者识；道有夷险，履之者知。"任何事物都有甘苦之分，只有尝试过才会知道；天下道路都有平坦坎坷之分，只有自己走过才会明白。知识只有应用才能真正地理解，应用就需要"折腾"，折腾就需要反复地实践应用，广泛地对比验证，不断地调整认知，不如此就难获真知。

此阶段能够对知识进行灵活应用，对知识的掌握达到融会贯通的水平。

（4）评价，即分析关系、结构、差异，判断价值。

评价是比应用更高一级的掌握水平，如果说应用要知其然知其所以然，那么评价不仅要知其所以然，还要能够将事物分解成更简单细小的部分，分析事物各组成部分的内在联系与结构，辨别事物的差异与优劣，并作出价值判断。要达到评价的水平，不仅要广泛阅读专业书籍，从中汲取他人观点与经验，夯实自身的理论功底，使自己能够作出专业的分析与评判，还要在应用中不断积累亲身经验，从而形成个人独到的观点与见解。

此阶段能够透过现象看清事物的本质，对知识的掌握已达至炉火纯青的境界。

（5）综合，即提出假设方案，解决复杂问题。

如果说评价水平能够对知识进行解构与重组，以满足解决问题的需要，那么，综合水平就是能够对现有的知识进行补充完善，若还无法解决问题，甚至能够跨界从其他领域借用知识或者创造新的知识，以达到解决复杂性问题的目的。例如，康德从人的认识能力出发，提出了"先天综合判断"和"物自体"等全新的概念。

除了重组和创新知识之外，在遇到复杂问题时，能够以事实为基础，结合自身对相关领域知识的深刻理解和丰富应用经验，大胆提出假设方案，再通过逻辑推理和实验验证优化方案，最终解决问题，也是综合水平的体现。

此阶段已经具备重组、创新知识，提出假设解决复杂问题的能力，对知识的掌握达至登峰造极的至高境界。

3.心理动作领域教育目标分级

（1）知觉。知道"动作技能"的相关流程知识。

知觉是客观事物直接作用于感官而在头脑中产生的对事物整体的认识，因此，知觉是大脑的认知行为，是一个认知活动过程。人们习得一项动作技能会如何开始呢？模式一：老师或教练讲解动作技能的流程及要领，同时伴随着动作示范，学员则洗耳恭听，时不时提出自己的疑问，老师或教练答疑解惑，通过此种模式学员能够快速建立起对动作技能流程整体概念及关键动作要领的认知。模式二：没有老师或教练，学员根据动作技能操作说明书或标准操作示范录像，一边读说明书或看操作录像，一边跟着操作，通过此种模式学员逐步建立起对动作技能流程的整体概念。模式三：没有老师或教练，也没有操作说明书和操作示范录像，只有需要操作的对象（如设备、工具等），学员需要一边操作，一边摸索，一边思考，慢慢建立起对动作技能流程的整体概念。

模式一是在老师和教练的指导下，学员先建立对动作技能的认知，下一步再习得动作技能；模式二与模式一基本类似，也是先建立认知再习得技能，区别在于模式二建立认知是学员自己独立完成的；模式三则不同，是先习得技能再建立认知，至多也是两者同步进行。一般情况下，企业培训员工习得动作技能采用的是模式一，自我学习习得动作技能采用的是模式二，模式三的应用场景则比较罕见。

动作技能是由程序性知识（产生式规则）支配大脑认知行为和肌肉协调行为外显而生成的，也就是包含知识和动作两个部分，知觉就是对动作技能相关流程知识有所了解，为下一步动作的习得奠定认知基础。

（2）模仿。在指导下或跟着做简单、不连贯动作。

模仿是指个体自觉或不自觉地重复他人的行为的过程。模仿作为一种学习行为，是指观察和仿效其他个体的行为而改进自身技能和学会新技能的一种学习类型，是一种有意识的模仿。例如，学舞蹈时，我们模仿老师的动作套路；学游泳时，我们模仿教练的游泳姿势；学开车时，我们模仿教练的操作步骤。此外还有无意识的模仿,例如,某人在社交活动中无意之中模仿他人的口音、神态、表情、动作等行为方式,产生搞笑或拉近距离的效果。

有意识模仿的目的是学会别人的动作套路,为此需要关注模仿的条件与过程:

第一,有人示范。跟随老师学习舞蹈或武术是比较典型的有意识模仿,老师在前面做标准动作示范,学员在后面跟着慢慢地比画,不断重复,不断修正,直至与老师的动作基本一致。

第二,有人指导。俗话说"照猫画虎",又说"画虎不成反类犬"。在模仿的过程中,模仿者的动作极易走形,但却不自知。模仿者根本意识不到自己的动作已经"失之毫厘,谬以千里",这是正常现象,无可厚非。此时就需要有老师或教练加以指导,指导就是要对模仿者的动作进行点评和反馈。需要注意的是,对动作进行点评应针对动作结果而非动作本身,因为模仿者意识不到自己的动作有问题,针对动作本身的点评会令模仿者下意识启动防御状态,感觉自己被针对从而产生逆反心理。而结果是客观事实,模仿者无可辩驳,在事实面前进而反思自己的动作哪里有问题,此时老师或教练反馈的改善建议,模仿者才能心悦诚服,感激不尽。

第三,练习动作。在练习动作的过程中,老师或教练的标准示范动作要转换成模仿者的肌肉协调动作,这就需要一个翻译器,将老师或教练的动作套路翻译成模仿者肌肉能听懂的语言,然后再现出来。这个翻译器就是模仿者的意识,模仿者的肌肉只能听懂其自身意识翻译的语言,对于他人的动作指令充耳不闻,无动于衷。除此之外,一般要将完整的动作套路分解成若干部分,练习动作通常是先部分练习再整体练习,即先将每个部分的动作练会了,再连贯起来练习整体动作。也就是要遵循化整为零、先零后整、先易后难、循序渐进的原则。

动物也具有模仿能力,尤其是灵长类的猴子、猩猩,模仿能力极强。但是它们只能模仿简单动作,复杂的动作就无能为力了。自然界的猴子、猩猩能够学会使用石头砸开坚果并食其果肉;马戏团的猴子、猩猩也能在人类的训练下,学会骑两轮车。但是,从未见过哪只猴子或猩猩能够学会开汽车的，这是因为猴子、猩猩不具备认知能力，只具备简单的模仿能力。认知是人类大脑独有的思维活动，是学习复杂技能，以及在复杂情境下学习的基础。

（3）生成。动作复杂、精细、连贯，合乎标准。

生成是学习者能够整合各种动作技巧，独立地、连贯地、合乎标准地完成全套的复杂而精细的动作套路或操作步骤。俗语说："师傅领进门，修行在个人。"从模仿到生成，需要学习者刻意练习，在练习的过程中让程序性知识与肌肉协调反应不断地联动，从而反复刺激大脑内相关神经元的连接，神经元连接不断被刺激就会不断被强化，当刺激积累到一定程度时，就会形成非常粗壮与稳固的神经元链路，意味着意识与动作生成了自动化或半自动化的反应，即所谓的肌肉记忆。

模仿是将动作技能的知识部分完成从隐性到显性的转化，生成则是将动作技能的动作部分完成从分散到整合的转化。人们通常将"迅速、精确和轻松"作为生成水平动作技能的评价标准。

（4）外化。维持熟练水平，按需调整重组动作。

外化是动作技能的高度发展水平，可以简单理解为能够适应外界环境变化。达到此阶段有两大标志：

一是灵活运用，随机应变。学习者不仅能够熟练运用现有的动作技能，而且还能根据环境条件和应用场景的变化，灵活调整自己的动作模式以适应不同情景的需要。

二是按需重组，得心应手。当已有动作套路无法满足需要时，能够随心所欲地重新组合现有动作形成新的动作套路，以达成目标或完成任务，并对外显示出熟练的动作水平。

生成是以动作连贯性为主要标志，连贯性不仅表现在简单、粗糙的动作，还表现在复杂和精细的动作；外化是以动作熟练性为主要特征，熟练性不仅表现在一般情境下，还表现在陌生情境和困难情境下。

从生成水平攀升至外化水平，除了注重肌肉协调动作上的刻意练习来达到熟能生巧之外，还必须注重认知行为上"思"。子曰："学而不思则罔，思而不学则殆。"技能的习得也如同知识学习一般，练到一定程度，再想提升境界就需要思考和探究其背后的机理与规律，掌握了规律方能做到随机应变，得心应手。

（5）精熟。完善与创新动作，臻于至善。

外化是现有动作技能掌握的最高水平，外化的高妙之处在于重组，但重组只是多了一些动作组合，分解开来仍然没有超出现有动作套路的范畴，只能算是巧妙，算不得创新。而精熟需要对现有动作技能中的每一个动作加以优化和完善，以达至最完美的状态。

外化注重"练"与"思"，是归纳推理、概括总结；精熟是演绎推理、创新应用，这就不是"练"与"思"能达到的境界，而需靠"悟"。孟子曰："下学可以言传，上达必由心悟。"意思是：普通的常识可以靠语言传授，高深的学问必须用心去领悟。演绎与创新就属于高深的学问或学问的高深阶段。归纳与总结毕竟有迹可循，只需按照一定的流程方法终究能够用语言描述出来，而演绎与创新则是从已知领域走向未知领域，未知领域是前人未曾涉及的，也无只言片语可供借鉴参考，能否成功要凭自身感悟。悟到了，则为"上达"；悟不到，仍是"下学"。

4.情感领域教育目标分级

（1）接受（注意）。意识到，并愿意去注意和关注。

这里的"接受"是从英文"Receiving"翻译过来，意思是接收到某种刺激，产生了直观感受，从而愿意给予关注。与中文语境常用的"接受"含义大不相同，在中文语境中是指人的一种认同行为，比如同意、认同、赞同对方的观点或条件。

举例说明，某人被告知了一个观点，接受水平是指此人意识到了或者知晓了这个观点，并愿意花些时间就此观点进行交流探讨，甚至辩论一番。接受是指对环境中正在发生的事情的低水平的觉知。

（2）反应（认同）。认可，愿意去做，认为值得付出。

在中文语境中，反应是指机体对外界环境的改变或刺激所产生的对应变化。在这里，反应的意思是认同，即认可别人的观点，接受别人的建议，认为某些观念、行动和付出是值得的。

举例说明，我向某人提供了一项建议，一开始此人只是觉得建议的内容有点意思，经过一番分析与思考之后不禁产生了认同感，反应水平就是指此人认可了该项建议，内心非常赞同，认为有必要尝试一番，并按照建议事项去做。

（3）价值化。赋予意义，与价值标准相联系。

价值观是指个人对客观事物（包括人、物、事）及对自己的行为结果的意义、作用、效果和重要性的总体评价，是对善恶、好坏、优劣、应该与不应该的总看法。每个人的心中都有衡量事物重要性的价值尺度，这个价值尺度就是个人的价值观。

观念的价值化就是用价值尺度衡量某一观念的重要程度，然后赋予其重要意义，并与个人价值标准相联系，进而融入个人价值观体系中，成为个人价值观的一部分。简而言之，价值化水平就是某人主观上认为某种观念非常符合其价值取向，与其价值观高度相符。

某种思想、观念想要达到价值化的水平并非一蹴而就的，而是须得此种思想或观念被付诸行动后产生了预期的结果，且此种情况不止一次地重复发生，每次发生时大脑都会产生愉悦感，从而强化了对此思想或观念的认同感，最终大脑意识到此种思想或观念已经不可等闲视之，应该上升到价值观的层面了。

（4）信奉。形成深信不疑的信念，身体力行。

信奉的解释是信仰、敬奉。这个意思应该是中外皆同的。信念是信奉的内容，是由一项价值观或价值观体系整合后产生的全新观念，是之前的观念上升为价值观后的再次蜕变。因此，可以说信念是价值观的终极产物，价值观是信念的产生基础。打个比方，信念是屋顶，价值观是顶梁柱。

情感领域从价值化水平到信奉水平的过程离不开大脑情感系统的参与，当按照某种观念做事获得正面反馈的情况发生时，下丘脑就会刺激脑垂体分泌内啡肽，令人感觉到成就感、满足感和愉悦感，这种感觉会触发上瘾机制，想要获得更多的成就感与愉悦感，于是驱动人们按照价值观做更多的事情，在刺激——正面反馈的循环中，价值观得到不断强化，信念终究产生。

信念由价值观升华而来，人一旦信奉某种信念就会深信不疑，并被信念驱使着践行价值观来做人做事。信念随着价值观的变化而变化，若价值观不变，则信念不变，反之，若价值观发生改变，则信念随之改变。

（5）性格化。展现与信念和价值观一致的行为。

美国哲学家、心理学家威廉·詹姆士说："播下一个行动，收获一种习惯；播下一种习惯，收获一种性格；播下一种性格，收获一种命运。"著名心理学家马斯洛说："心若改变，你的态度跟着改变；态度改变，你的习惯跟着改变；习惯改变，你的性格跟着改变；性格改变，你的人生跟着改变。"这两句话都清晰地道明了习惯与性格的关系。

性格的形成既与先天遗传因素有关，也与后天成长和生活环境有关。按照马斯洛的说法，人一旦具有某种信念，就会遵从信念行事，逐渐形成某种为人处世、言行举止的习惯，时间久了习惯就慢慢养成了性格。性格在形成的过程中，习惯起到了决定性的作用，性格一旦养成就会直接作用于人的行为。例如，冲动跋扈的性格经常会口出狂言，鲁莽行事；谨慎谦逊的性格则会谨言慎行，谋定后动。

从信念到性格是一种无意识的、不自觉的过程，而达到性格化水平之后，信念和价值观已经融入性格之中，在性格的支配下为了捍卫信念和价值观，个体会展现出与其信念和价值观一致的行为，这种行为有时甚至非常激烈。从性格化到行为是一种充满自觉意识和主动精神的过程，是主动而内化于心的，纵然有时失去做事条件，也会千方百计去创造条件，让性格的内隐性外显出来，延续下去。性格是一种真挚而深沉的情感，一般情况下性格化的行为是普遍的、稳定的、一致的和可以预期的；性格也是一种偏执而深刻的认知，性格化的行为方能持久做到"知行合一"。

总结一下，从接受、反应到价值化是认知系统在起主导作用，情感系统随着认知的深入而受到刺激逐渐被唤醒。接受是"感知刺激，愿意关注"，反应是"认同观念，愿意去做"，价值化是"意义重大，价值判断"。从价值化到信奉再到性格化是情感系统起主导作用，占支配地位，认知系统逐步被情感系统取代而处于次要地位。价值化阶段是价值判断引起情感反应，信奉阶段是信念驱动情感反应，性格化阶段是性格支配情感反应。信奉是"深信不疑，身体力行"，性格化是"性格支配，言行举止"。

第五章　脑的结构与功能

认知心理学是研究大脑结构与功能、认知加工过程的学问,是教学设计与课程开发的底层原理,属于"道"的层面的知识。老子言:"有道无术,术尚可求也。有术无道,止于术。"庄子也说:"以道驭术,术必成。离道之术,术必衰。"由此可见,只有把握事物运行背后的"道",才能驾驭事物运行所需的"术",从而将事物运行到极其高妙的境界。

课堂是教学的能量场,老师对内容和策略的认知是怎样的?自身的情绪状态是否达到最佳?采用的教学方法和呈现技巧是否恰当?学员的学习动机是否被充分激发,学习热情是否被调动?学员有没有参与对话,有没有深度思考问题?在发言、互动和练习环节表现是否积极?这些问题总的来说涉及大脑的三种能量活动,即认知能量、情感能量和行为能量。

在教学过程中,师生双方都需要付出认知能量、情感能量和行为能量,那么,三者的关系是怎样的?又是如何进行流转的?为此,我们需要知晓大脑的结构与功能。

第一节　麦克莱恩的"三脑假说"

"三位一体的大脑"(Triune Brain)假说,是美国神经科学家保罗·麦克莱恩于20世纪60年代提出的理论,在他1990年出版的《进化中的三位一体大脑》一书中进行了详细描述。根据脑组织在进化史上出现的时间分层分布,即较早的旧脑层位于下部、后形成的新脑层位于上部,麦克莱恩将人类大脑分成"爬行动物脑""古哺乳动物脑"和"新哺乳动物脑"三大部分，如图2所示。

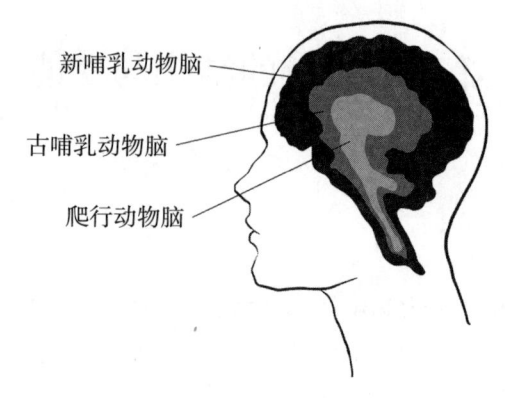

图2　麦克莱恩的"三脑"学说

"爬行动物脑"也称"爬行脑""本能脑"，是最先出现的脑结构。它由脑干、小脑和最古老的基底核组成。对于爬行动物来说，脑干和小脑对物种的行为起着主要的控制作用。这些脑结构调控维持个体生命的一系列重要生理功能，包括心跳、呼吸、睡眠和觉醒等。在脑干和小脑的操控下，人与蛇、蜥蜴有着相同的本能行为模式：死板、偏执、冲动、贪婪、屈服、多疑、妄想等。

"古哺乳动物脑"又称边缘系统、"哺乳脑"，是指由古皮层、旧皮层演化成的大脑组织以及和这些组织有密切联系的神经结构、核团的总称。边缘系统的主要组成包括海马、海马旁回及杏仁核。边缘系统参与调节本能和情感行为，其主要的作用是维持自身生存和物种延续。

"新哺乳动物脑"又称新皮层（或新皮质）、"人类脑"。新皮层首次出现于灵长类动物的大脑。在人类大脑中，新皮层占据了整个脑容量的三分之二，分为左右两个半球，就是为人们所熟知的左右脑。左侧的脑皮层控制着身体的右侧，右侧的脑皮层控制着身体的左侧。并且，右脑更多地决定了人的空间感、抽象思维、音乐感与艺术性，而左脑则更多控制着人的线性逻辑、理性思考与言语能力。特别重要的是其中的额叶前端，它是我们大脑中的"总司令"，不但控制着我们一系列的高级认知功能，还能抑制一些低级中枢（比如"爬行动物脑"）的活动，防止我们做出一些不恰当的行为。

麦克莱恩认为，每个"脑"通过神经纤维与其他两者相连，但各自作为相对独立的系统分别运行，各司其职。这三个脑的运行机制就像"三台互联的生物电脑"，各自拥有独立的智能、主体性、时空感与记忆。

麦克莱恩归纳了人类特定行为与特定脑结构之间的联系，于是有人对三脑进行重新定义和命名，将人类脑称之为认知脑，哺乳脑称之为情感脑，爬行脑称之为行为脑。例如，田俊国老师在《金课开发15讲》一书中言道："行为脑代表着我们最原始、最基本的行动能力，情感脑掌管着与小猫小狗一样的情感反应能力，只有认知脑才代表着人类独有的逻辑思维能力。"至此，我将人类脑、哺乳脑、爬行脑称为"旧三脑"，将认知脑、情感脑、行为脑称为"新三脑"。

关于"三脑假说"，我的观点是：在教育和培训领域"行为脑"已经脱离了神经科学的范畴，更像一个心理学的概念。我们可以从心理学角度把大脑看作由认知脑、情感脑、行为脑三个组织结构不同却又密切关联的"大脑"控制着。如果要让某人养成一个良好的行为习惯，不仅要让"行为脑"指挥人体做出符合要求和规范的动作习惯，也要让"认知脑"意识到这样做的好处，让"情感脑"体验到好处带来的愉悦感（如同事的羡慕、上司的肯定、客户的认可等），"三脑"同时发挥作用，才可以达到知、情、行合一的境界，那么这个行为习惯才能真正养成，如图3所示。

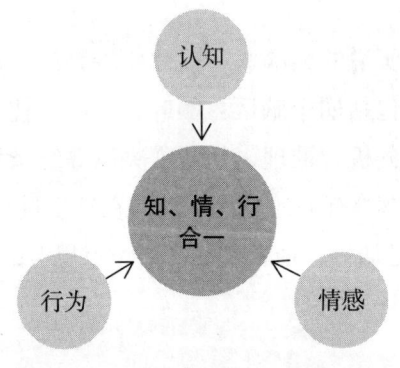

图3 "三脑"协同的知、情、行合一

从现在的角度看,"三脑假说"是一个过度简单化的模型,显得很粗糙,但胜在直观,也正是由于其简单明了和形象生动,这个假说流传甚广。尤其是"新三脑"在教育和培训领域得到了广泛的应用,本书后续章节将探讨基于心理学的"新三脑"在教学活动中的应用。

第二节 大脑的结构与功能

大脑有广义和狭义之分,广义的大脑泛指人脑的整个结构,包括端脑、间脑、小脑、脑干;而狭义的大脑仅仅指的是端脑,即大脑皮层。神经科学上将人脑分为四个部分,即端脑、间脑、小脑和脑干,是中枢神经系统的主要部分。端脑包括左右大脑半球,每个半球表面的灰质叫大脑皮质。间脑是两大脑半球之间的脑组织,介于端脑与中脑之间的脑部,左右各一,其间的室腔为第三脑室。小脑位于大脑的后下方、颅后窝内、延髓和脑桥的背面,小脑在维持身体平衡上也起着重要作用。脑干包括中脑、脑桥和延髓,是人体的生命中枢,其中分布着很多由神经元细胞集中而成的神经核或神经中枢,并有大量上、下行的神经纤维束通过,连接大脑、小脑和脊髓,在形态上和机能上把中枢神经各部分联系为一个整体。

一、认知脑

认知脑就是通常所说的大脑,一般称作端脑或新皮质。大脑有左右两个半球,每个半球都包括四个脑区:额叶、顶叶、枕叶和颞叶。大脑主要功能是感知、联想、分析、推理、判断、决策等复杂思考,直观地说就是与深思熟虑、深谋远虑等有关的思维活动都在这里进行。比如,决定买房、结婚、跳槽、转行、迁居等,通常都是需要慎重思考的慢决策。

(一)额叶

额叶是人类新皮质里面占地面积最大的一个脑区,也是人类最核心的智慧的所在，抽象思维、语言表达、运动协调这些高级功能都在这里。这三大功能分别由前额叶皮质、布洛卡区和运动皮质实现。

1.抽象思维（前额叶皮质）

（1）分析纠错功能。对于人类来说，适应外界变化是非常重要的。例如，在高速上行驶时，前方出现大堵车，我们经过一番分析、对比、判断，很快做出决策：下高速从省道绕行。而做一件事，试了几次不成功，就必须改变做法。

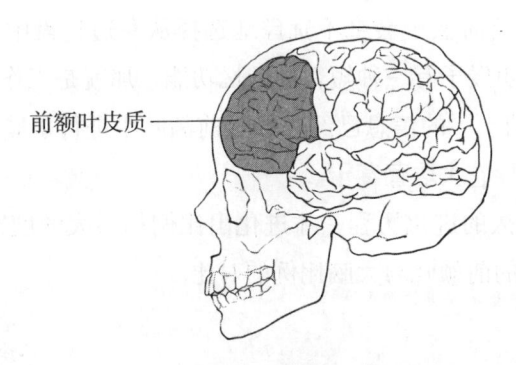

图4　前额叶皮质的位置

（2）组织指挥功能。前额叶皮质与全脑其他部位有广泛的双向链接，接收和综合由全脑其他部位传入的各种信息，并能及时发出调控的指令（通常以抑制其他脑区活动为主）。所以说，前额叶对大脑整体有组织性、指导性和调节性的影响，是大脑真正的"中枢"。

（3）信息整合功能。进入大脑的信息是如何整合的？当有人跟你谈到天安门广场时，负责记忆提取和联想的脑区，马上会显示不同的信息：地理位置、整体结构、外观颜色及特殊标识等。前额叶则可以把这些不同的信息进行整合，最后形成关于天安门广场的全面信息，这是前额叶很重要的高级功能。

（4）情绪控制功能。最常用的例子是情绪控制的年龄差异。小时候，我们通常会害怕很多事，但随着年龄的增长，有些害怕慢慢消退，因为我们开始理性思考。这种理性思考，就是前额叶的功能逐渐发育健全的体现。

"情绪"往往会在很大程度上影响和干扰我们的思考及决策。从情绪的角度来讲，边缘系统负责产生情绪，而前额叶负责控制情绪。如果前额叶受损，情绪也将失控。

（5）工作记忆功能。工作记忆是一种对信息进行短暂储存和加工以指导下一步行动的记忆，这样的记忆信息就像存在电脑内存里的信息数据。

用猴子做一个简单实验来说明工作记忆究竟是怎么回事。猴子关在笼子里，笼子外面左右各有一个托盘，左边托盘里放上一颗葡萄干，然后将葡萄干用布遮上，再把笼子外的帘子拉下。经过一段时间（几秒到十几秒），再把帘子拉开，这时猴子会毫不犹豫地选择从左边托盘中将葡萄干拿过来吃。这个实验说明猴子有一种短暂的记忆功能，那就是工作记忆，之前看到"左边托盘有葡萄干"的信息已经在猴子前额叶中进行了储存和处理，等帘子拉开，就会指导它去取葡萄干。

人类通过长久的进化历程，才进化出比例相当大的前额叶。图5为猫、狗、猴子、人类的前额叶与大脑比例的对比。

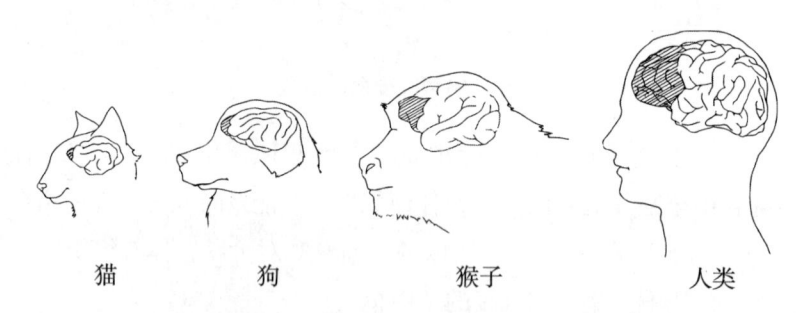

图5 猫、狗、猴子、人类的前额叶与大脑比例

2.语言表达（布洛卡区）

人类的语言区主要有两个：布洛卡区和威尔尼克区，都得名于发现他们的科学家。布洛卡区是大脑的言语表达中枢，主要功能是口语表达和深层次的语法，具体功能为：①产生协调的发音程序；②提供语言的语法结构；③言语的动机和愿望。如图6所示。

当人的布洛卡区受损，人的表达能力就会出现严重问题，无法说出完整的句子，不能使用代词、连词，不能处理动词的变化，不能使用复杂的句法结构，那将会是一种吞吞吐吐、电报式的语言形态。

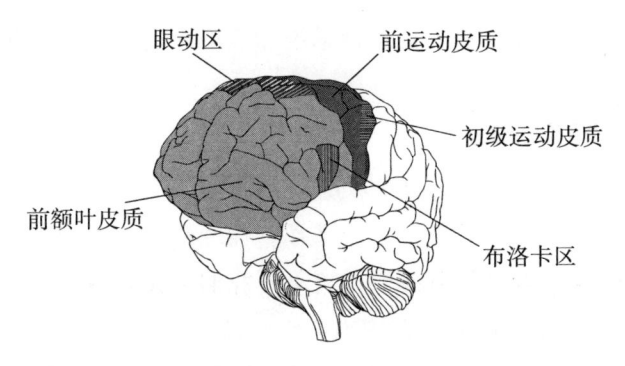

图6　布洛卡区的位置

（二）顶叶

顶叶是躯体感觉的中心，顶叶主要负责感觉、空间感知、运用、计算、想象、视觉性语言功能等有关。顶叶主要有三大功能区：皮质感觉区、运用中枢以及视觉性语言中枢。

1. 空间整合

皮质感觉区位于中央后回，主要是接收和汇总对侧肢体的各种感觉，在识别我们周围的物体方面扮演着重要的角色，它帮助我们理解空间关系，正确地分析和比较一个物体对另一个物体或观察者自己的位置。顶叶还负责整合感官输入，并构建空间坐标系以表示我们周围的世界。

2. 动作技能

运用中枢位于优势半球的缘上回，与复杂动作和劳动技巧有关。也就是说人类习得肌肉协调的动作技能需要顶叶运用中枢的参与。

3. 阅读理解（角回）

视觉性语言中枢又称阅读中枢，位于角回。角回的位置比较特殊，在颞叶威尔尼克区上方、顶叶和枕叶的交界处，归属于顶叶，是大脑后部一个重要的联合区，主要负责理解看到的文字和符号。

顶叶角回的视觉性语言中枢（负责阅读文字和符号信息）、枕叶纹状区的视觉中枢（负责理解视觉信息）、颞叶威尔尼克区的听觉性语言中枢（负责理解语言信息）、额叶布洛卡区运动性语言中枢（负责语言表达）、顶叶G区的书写中枢（负责书写），这五者合起来构成了看、听、说、写的语言中枢。语言中枢负责控制人类进行思维和意识等高级活动,并进行语言的表达。

4. 数学、逻辑与想象

数学能力和逻辑能力联系非常紧密,逻辑能力与想象能力又相互促进、相互发展。

逻辑与想象一直伴随着我们,离不开我们,我们做很多事情,都离不开逻辑与想象,倘若做事没有逻辑,头脑就一片混乱,不知道先做什么,后做什么。而没有想象力,做事就不能高瞻远瞩,更不能提前规划好或者计划好。逻辑与想象之于科学如同鸟的双翅,科学离开了逻辑就失于严谨,离开了想象就无法进步,人也如此。

(三) 枕叶

枕叶位于大脑半球的后部,就是我们后脑勺这个位置。枕叶的功能相对来说比较简单,主要功能是视觉,既接受和整合视觉信号、阅读的感知和理解,也参与记忆和运动。如果后脑勺被猛敲一下,马上就感觉眼前一黑,这就是因为视觉中枢在这个区域。视觉中枢是大脑皮层中与视觉形成有关的一组神经元细胞。由于其特殊的结构,视觉中枢的皮层在其横切面上有白色的细线,故又称为纹状区。

1. 视觉信息加工

最新的脑科学研究表明,当语言理解中枢从声音中解析出语言词汇后,大脑中与该语言词汇相对应的部分就会被激活。大脑对于语言的理解,取决于大脑中所存储的与该语言相关联的"非语言"信息。这个"非语言"信息既可以是视觉信息(包括"想象"出来的场景)、空间信息,也可以是一连串复杂的动作程序,甚至可以是情感信息。

枕叶对视觉信号进行解析的过程相当复杂,大体的加工机理是:先获取物体颜色、大小、形状、亮度、运动等视觉信息,并初步分析,然后将获取的视觉信息进行综合、转换为知觉信息处理;其间同时与听觉、语言、其他感觉信息全面整合,构成对事物综合信息的认知。这一加工过程,使人感知到,"我看到了什么",就会形成一个可视化的表征。

2.情境化教学

大脑在处理各种信息的神经元占比中，视觉信息、视觉和其他感官信息、其他各类信息各自占比1/3。如果我们运用图片进行学习，大脑就会有超过1/3的部分处于激活状态，思考效率会大大提高。

人的视觉是最强大的感官通道，特别喜欢感知"情境"。在教学中，老师如何才能激活学习者的大脑呢？这就需要老师创设恰当的"情境"，让学习者的大脑在"情境"中形成感知，建立体验。教学情境创设可视化，就是利用人强大的视觉感知力、解析力和记忆力，用视觉方式为学习者创建学习情境，提供丰富的、清晰的、印象深刻的"非语言"信息，让学习者在情境中感知深刻、体验生动，促进学习对"知识"深度理解。

（四）颞叶

从大脑侧面来看颞叶一共有三层，即颞上回、颞中回和颞下回。颞叶负责处理听觉信息，也与记忆和情感有关。

1.听觉与语言理解

我们的听觉中枢在颞上回中部和颞横回，语言理解中枢威尔尼克区在颞上回的后部，两者紧挨着。

威尔尼克区是大脑的语言理解中枢，负责分辨语音，形成语义，言语理解和语言的接受，不仅如此，人们还可以区分不同声音的细微之处，包括声调、语速和语言中不同字词的声音。

上文提到位于额叶的布洛卡区是语言表达中枢，如果布洛卡区受损则能听不能说，而威尔尼克区受损则能说不能听，因为他们听不懂别人的话，也听不懂自己的话。

2.人脸识别

脑成像研究发现，大脑颞叶有一些区域专门负责面部识别，神经科学家称这些区域为面部识别块。面部识别块中每个神经元对某一特定面部特征进行编码时，会产生特定的电信号。就像电话的拨号盘一样，这些细胞会对外界信息作出响应，以不同的方式组合，在大脑中产生每张面孔的图像。

3.记忆

颞叶邻接海马体具有听觉皮层,所以在记忆过程中特别是语言记忆中发挥核心作用。记忆分为三种类型:短期记忆、长期记忆、工作记忆。这三种记忆在大脑不同部位活跃。例如,电话号码等数字短期记忆主要在额叶的布洛卡区活跃;如果是空间的短期记忆就会在包括枕叶、顶叶、前额叶中活跃;如果是跟声音相关的短期记忆,就会在左侧颞叶中活跃。长期记忆分为语义记忆和情景记忆。语义记忆主要是语言之间的关系和单词理解等,跟左颞叶威尔尼克区相关。情景记忆例如观看电影、朋友聚餐、滑雪运动、付钱买单、钥匙位置等,跟海马体相连的中间颞叶有关。工作记忆跟前额叶有关,说话或思考的时候是额叶脑区在活跃。

4.细节洞察

洞察力是指深入事物或问题的能力,是人通过表面现象精确判断出本质的能力。由于颞叶具有敏锐的听觉、细微的语言理解、精准的人脸识别和记忆等功能,因此,颞叶就为洞察力提供了坚实的细节基础。弗洛伊德曾说:"洞察力就是变无意识为有意识。"它的核心是让我们去关注、观察、理解周围的事物,就是透过现象看本质,最简单就是做到察言观色。

5.费曼学习法

如果要学会某个知识,最好的方法是去教会别人,而教会别人的最好方法是能够边说边做。学习的时候,如果能说出来就比单纯在脑子里思考和记忆要深刻,因为你同时激活了前额叶、布洛卡区和颞上回;如果能够写下来和画出来,那么同时又唤醒了顶叶G区的书写中枢和枕叶纹状区的视觉中枢;如果能向别人示范一次,那么很可能更进一步唤醒了自己的镜像神经元;如果对方能听得津津有味,那又刺激了负责奖赏的下丘脑和具有成瘾功能的伏隔核等更深层次的边缘系统。那么,所有这些脑区的同步唤醒,会使得一个人的学习效率达到极为罕见的至高水平。

6.体验式学习

学习的过程唤醒自己的脑区越多,知识掌握得就更深刻,这就是体验式学习和沉浸式学习的脑科学原理。这个原理其实不只是用在学习上,也包括营造体验、同事沟通、打造品牌很多领域。

二、情感脑

情感脑指的是人脑的边缘系统。边缘系统的范围相当广泛，重要组成包括海马体、海马旁回、杏仁核、下丘脑、扣带回、齿状回、内嗅区、眶回、胼胝体下回、丘脑前核等，环绕大脑两半球内侧形成一个闭合的环——帕帕兹环，故此得名。边缘系统的主要功能有：

（1）与内脏活动有关，如心跳、血压等。
（2）调节中枢神经系统内的感觉信息。
（3）识别潜在危险，与个体生存和种族延续有关。
（4）与情绪、精神等高级神经活动有关。
（5）参与学习和记忆活动。
（6）引起睡眠活动。

（一）存储记忆（海马体）

海马体又名海马回、海马区，是组成边缘系统的一部分，主要负责短时记忆的存储转换及空间定位等功能。

海马体在将刚刚的经历形成新记忆，以及将短时记忆转换成长期记忆中起着重要的作用。所以，海马体比较发达的人，记忆力相对会比较强一些。存入海马体的信息如果一段时间没有被使用的话，就会自行被"删除"，也就是被忘掉了。而存入大脑皮层的信息也并非永久，如果你长时间不使用该信息的话，大脑皮层也会慢慢把这个信息"删除"掉。

（二）影响或产生情绪（杏仁核）

杏仁核附着在海马的末端，呈杏仁状，在产生恐惧、愤怒和焦虑情绪中具有重要作用。它可以帮助大脑识别潜在威胁，并通过下丘脑增加心脏和呼吸频率来帮助身体为战斗或逃避反应做好准备。杏仁核还参与基于伏隔核和中脑腹侧被盖区的奖赏系统。

杏仁核是认知脑、情感脑和行为脑三大脑区的交汇点，是理性和感性的中转站。在遇到危险或令人愤慨的情形时，杏仁核受到刺激会变得极度兴奋，使心率加速、肾上腺素飙升，并严重影响大脑皮层接收和处理信息功能的发挥（俗称"杏仁核劫持大脑"），让人瞬间失去理性思考能力，只剩下动物本能发挥作用。此时会出现三种行为反应：

（1）僵持反应：过度自控、压抑克制、身体僵直；

（2）战斗反应：轻蔑挑衅、威胁恐吓、主动进攻；

（3）逃跑反应：逃离危险、保持距离、保护安全。

由于靠近海马体，杏仁核也参与记忆巩固的过程，特别是充满情绪的记忆，情绪对于记忆有深刻的影响。身临其境的体验式学习除了能够让学习者获得的视觉、听觉、触觉等多元化的感觉经验信息之外，还能同步获得深刻的情感体验。由于情感反应更接近本能反应，因此情感记忆远比听、说、读、写记忆来得更加刻骨铭心，难以忘怀。

（三）奖赏系统（伏隔核）

脑部奖赏系统总体而言是一个极其庞杂的信号系统，不过其最核心的两个脑区分别叫作伏隔核与中脑腹侧被盖区。简单来说，伏隔核是"奖励判定核心"，它负责给行为打分，是应该"重重有赏""随便赏点""不奖不罚"，还是"狠狠惩罚"；再将评分结果传递给中脑腹侧被盖区，由其根据评分结果来判断释放多少量的多巴胺，来让人在意识层面产生"愉悦"感受。

每当人们做出有利于自己的行为时，就会得到这个系统相应的"打赏"。相反，如果遭遇到一些让自己疼痛或者可能有潜在危险的刺激，奖赏系统就会拒绝打赏，让人产生厌恶，从而回避类似的做法，这也是"趋利避害"的基本原理。

（四）上瘾机制（多巴胺）

当有特别强烈的欲望去完成某件事情、做出某种行为时，大脑中就会分泌大量的多巴胺，使人在精神上获得强烈的愉悦感，从而驱使人反复做出该种行为满足欲望，并在这个过程中带来无数次的欣慰感和饥渴感。多巴胺是一种奖励机制，你得到了你想要的，多巴胺就会分泌，比如吸烟、喝酒、打游戏、刷视频，久而久之，停不下来，极易成瘾。这就是上瘾的机制。

同时，多巴胺还会带来很多负面影响，有害身心健康，所以我们知道上瘾机制之后就要学会控制它，摆脱它，而不是反过来被它牢牢控制。

（五）成就感（内啡肽）

人获得成就感和满足感与内啡肽密切相关。内啡肽是一种大分子肽类物质，由下丘脑刺激脑垂体分泌，能够调整不良情绪，调动神经内分泌系统，提高免疫力，缓解疼痛。

当人体经历痛苦后，脑垂体分泌内啡肽，这是一种补偿机制。例如，身体经历了巨大的创伤后，大脑分泌内啡肽，让人体减轻疼痛感。这种补偿机制也可以让人体产生快感，补偿一下，以便让你坚持下去。再比如，在健身房做了大量锻炼后，阅读完一本专业书籍后，加班加点顺利完成项目后，克服困难达成销售目标后，脑垂体分泌内啡肽使人在感到辛苦的同时充满了成就感和满足感，于是下次还想再次重复这种行为。

诺贝尔奖金获得者罗杰·吉尔曼发现，人体产生内啡肽最多的区域以及内啡肽受体最集中的区域，居然就是学习和记忆的相关区域。在内啡肽的激发下，负面情绪被消除，人的内心充满爱心和光明感，精神积极向上，愿意与人沟通交流，身心处于轻松愉悦的状态。因此，内啡肽可以提升大脑思维活力与专注力，增强记忆能力和学习能力，提高学习效率，且会屏蔽掉一些学习中的痛苦感觉。

（六）奖赏、上瘾与成就感对教学的启发

那么，奖赏系统、上瘾机制、成就感对教学有什么启发呢？如何在教学设计时引入奖赏机制，设计上瘾机制，实现成就激励呢？方案之一是游戏化学习设计，将教学内容与游戏充分结合，知识点融入游戏活动之中，充分利用游戏通关、积分奖励、排行榜等奖赏机制，激发学习者的学习兴趣。在积分这个环节要设计上瘾机制，答对问题、完成学习任务时不能给出固定的分值，因为一旦大家知道自己能得几分，就缺乏参与的积极性和动力了，因此可采取抽牌的方式，既能获得分值又带有一定的运气成分。成就激励最好的方式，就是让学习者以小组为单位完成有挑战性的学习任务，

然后老师点评优劣，反馈优化建议，优化之后再次点评，最后让各组分享成功经验、失败教训和学习心得，尤其是最后分享环节，最能让学习者成就感爆棚，收获感满满。

三、行为脑

如果说认知脑和情感脑都有完整的大脑器官组织相对应的话（前者与大脑皮层对应，后者与边缘系统对应），那么行为脑实际上没有如同前两者一样完整的脑组织结构，而是跨多脑区的、多器官的联合运作模式。

本书所探讨的行为脑不包含身体本身的生理行为，如心跳、呼吸、吞咽、出汗、颤抖等，而是探讨学习运动技能和动作技能的过程中大脑神经的运作机制。因此，本书所指的"行为脑"包含：前额叶、大脑皮层联络区、额叶的运动皮质（前运动皮质、初级运动皮质、辅助运动皮质）、基底神经节、小脑、脑干（延髓、脑桥、中脑）等。

（一）粗大动作技能和精细动作技能

根据动作的幅度和精确性，可以把动作技能分成粗大动作技能和精细动作技能两种。粗大动作技能是指在较大空间范围内进行并要求做大幅度动作的技能，如跑步、游泳、滑雪等，其特点是需要整个躯体和大块肌肉群的合作才能完成。这种动作对精确性的要求较低，但对动作的流畅性、协调性要求较高。精细动作技能是指在较小空间范围内或较小幅度的技能，如书法、弹琴、开车、焊接、切削等，其特点是仅仅靠身体部位或四肢小肌肉群的运动来完成。这种动作通常涉及手、脑、眼的协调，对动作的精确性和协调性有较高的要求。

（二）小脑

小脑作为一个运动调节中枢，并不是直接发起和指挥肌肉运动，而是通过对运动的调节作用间接参与运动控制，从而实现维持躯体平衡、调节肌肉张力和协调随意运动。小脑的功能区可以被分为三个：

（1）前庭小脑（原小脑）：调整肌紧张，维持身体平衡。其一通过前庭核的作用间接控制躯干和四肢近端肌肉的收缩活动，在进行运动时维持身体姿态平衡；其二由于眼外肌神经核的作用，实现控制眼球运动和协调头部运动。

（2）脊髓小脑（旧小脑）：控制肌肉的张力和运动调节。通过接收来自大脑皮层的指令信息和来自脊髓的躯体反馈信息，比较实际运动状态和运动指令的吻合程度，从而进一步实现对随意运动的调控。

（3）皮层小脑（新小脑，又称大脑小脑）：影响运动的起始、计划和协调，包括确定运动的力量、方向和范围。与大脑皮层联络区、额叶运动皮层、基底神经节共同参与随意运动的计划和运动程序的编程，在躯体运动的计划和发起过程中发挥极为重要的作用。

（三）基底神经节

基底神经节（基底核）同样也是运动系统中的重要组成部分。实验研究表明，基底神经节接收来自大脑皮层的信号，发送至小脑和脑干，并接收来自小脑、脑干的信息反馈给前额叶皮质。基底神经节对许多运动系统产生抑制作用，并且这种抑制的释放允许运动系统变得活跃，同时，基底神经节也可以通过终止抑制，实现对运动的选择，以便顺利进行自主运动。

当运动技能和动作技能被机体熟练掌握后，就逐步会交给基底神经节进行自动化的行为反应，不需要大脑皮层的参与，从而提高机体反应效率，并降低大脑负荷与神经系统的能量消耗。

（四）动作（运动）技能的脑神经机制

动作技能由系列化的动作组成，人体在任何情况下的动作，哪怕是瞬间决断下完成一个随意的动作行程，实际上都需要中枢参与，在大脑高速运算下，经过动作策划、动作编程、动作执行三个阶段才能够得以完成。

一是动作策划。动作策划是动作行程的起始阶段，处于最高的战略性层次上，它根据动作的目的，决定为达到目的所采取的最佳动作策略。前额叶、大脑皮层联络区、基底神经节和皮层小脑参与了这一神经活动过程。

二是动作编程。动作编程是动作行程的组织阶段，旨在解决具体的战术性问题，它将决定各有关肌肉收缩活动的时间和空间次序，以及为准确达到动作目的而对肌肉活动进行适时的调节，大脑运动皮层和脊髓小脑参与了这一神经活动过程。

（3）动作执行。动作执行是动作行程的最后阶段，它将运动程序加以具体地实现，初级运动皮质、脑干和脊髓参与这一神经过程。

三个阶段对运动的调控作用不同，它们之间首先是从高级到低级的关系，控制反射运动的脊髓接受高位中枢神经的控制，高位中枢发出的指令又需要低位中枢的活动实现。此外，三个阶段又是平行地组织在一起的，如大脑运动皮层可直接也可间接通过脑干控制脊髓运动神经元，这种纵向和横向联系，使大脑中枢神经对动作的控制更为灵活多样。

（五）自动化动作与习惯行为的脑科学原理

我们的大脑由两个关键部分轮番掌控，一是前额皮层，二是基底神经节。基底神经节就相当于潜意识部分，不断重复我们的自动化动作和习惯行为。而前额皮层则不同，它负责短期决策和抑制基底神经节。前额皮层会考虑到短期利益，抑制我们去放纵自我。

大脑的工作原理是这样的，当我们精力充沛头脑清醒时，前额叶皮质占据主导，这时意识会压制基底神经节的各种歪门邪念，驱动我们一心一意完成目标。当消耗大量精力后，大脑被基底神经节掌控，转换成自动模式，高效率地重复行为习惯，从而节省精力。

知道了大脑的运作模式，那么问题来了：我们如何运用大脑的工作原理来培养新习惯呢？斯蒂芬·盖斯在《微习惯》一书中讲述了自己锻炼腹肌的故事。

和大多数人一样，盖斯先生梦想拥有八块腹肌的傲人身材，但是他又没办法坚持锻炼。直到有一天，斯蒂芬从"对立面思考"中获得启发：如果正面着手完成一件事很难，不妨从它的反面寻找突破口。于是斯蒂芬就把对立面思考用在了习惯培养上，他自己问自己：健身锻炼的反面是什么？答案当然不是不做任何锻炼，而是微量锻炼，比如一个俯卧撑。

说干就干，斯蒂芬抱着死马权当活马医的心态，拉开架势，做了一个俯卧撑。这真是一发不可收拾，斯蒂芬的心理产生了微妙的变化：既然姿势都已经摆好了，为什么不多做几个？于是斯蒂芬又做了几个俯卧撑。感觉到肌肉撕裂的疼痛后，斯蒂芬想俯卧撑都做了，不如试试引体向上吧。就这样，斯蒂芬从微量锻炼起步，最终完成了20分钟的锻炼。两年后，斯蒂芬拥有了当初梦寐以求的身材，也是从那时候起，斯蒂芬发现自己掌握了一把通往自我养成的金钥匙——微习惯策略。

斯蒂芬坦言，微习惯策略就是在前额叶皮层的控制下，强迫你自己每天实施微小的行动，通过不断重复建立起脑内的神经回路，最终让基底神经节接受新建立的神经回路，从而形成习惯。

那么微小的行动到底要有多小呢？简单来说，这些小行动要小到不会失败，要小到不会因为特殊情况而放弃。

（六）动作模仿（镜像神经元）

人类大脑中存在镜像神经元，主要位于枕叶、颞上回、顶下小叶、额下回（布洛卡区）、前运动皮质、初级运动皮质等区域。镜像就是照镜子的意思，所以这类神经元的核心功能就是通过镜像机制去模仿他人的动作、表情和行为。

如果从上往下看，会发现前运动皮质、初级运动皮质、基底神经节、脑干、脊柱是成一条直线下来的，这条直线就是人体神经信息传导的高速公路，它对身体的行为控制最为直接，所以有的时候模仿别人是情不自禁的，因为镜像神经元直接控制了神经信息高速公路，让人情不自禁就动作起来了。

由于有镜像神经元的存在，人类才能学习新知、与人交往，因为人类的认知能力、模仿能力都建立在镜像神经元的功能之上。人脑中存在的镜像神经元，具有视觉思维和直观本质的特性，它对于理解人类思维能力的起源、理解人类文化的进化等重大问题有重要意义。

除了模仿他人动作之外，镜像神经元还能帮助人们迅速理解他人意图（会意），体验别人的情感（共情）。

在通过镜像神经元理解他人感情的过程中，观察者直接体验了这种感受，因为镜像机制使观察者产生了同样的情绪状态。换句话说，观察者与被观察者经历了同样的神经生理反应，从而启动了一种直接的体验式理解方式。这也能够解释为什么人们看到其他人打哈欠时，自己也会被感染；看到他人悲伤的时候，自己也会难过；看到别人大笑时，自己也会忍不住开心。

四、神经元

（一）神经元的结构

神经元的形状和大小是多种多样的，这取决于它们所处的位置和功能，但是，神经元有一个被普遍认可的典型形态，单个神经元或多或少与它相似（见图7）。一个典型神经元在形态上的主要分区包括：

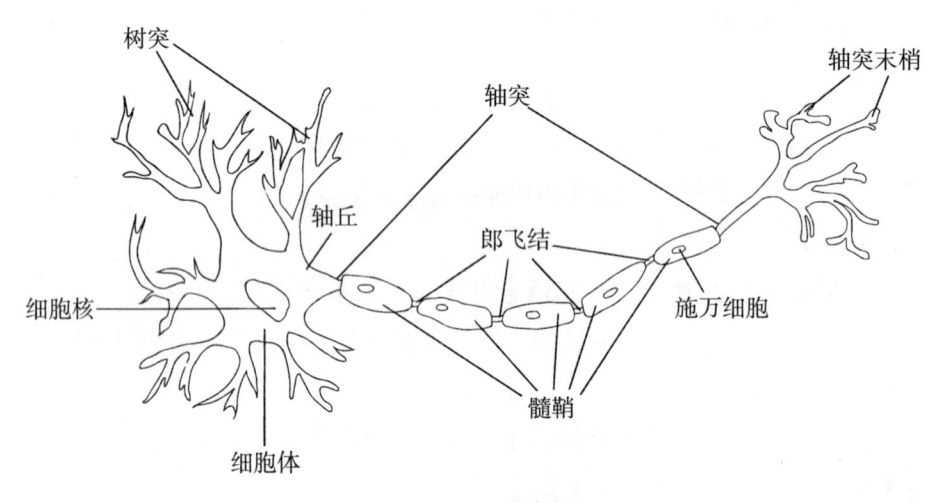

图7　神经元的典型形态

1. 细胞体

细胞体通过渗透性的细胞膜摄入营养物质并排出代谢废物。

2. 树突

树突是细胞体上的短分枝，功能是从其他神经元的轴突末梢处接收神经冲动信号。树突的分叉极多，就像树的枝丫。

3. 轴突

轴突是细胞体上延伸出的一根长管，这根长管是神经信号（电信号）传递通道，来自细胞体的信号通过轴突到达轴突末梢，将神经递质（化学物质）传递给其他神经元细胞的树突。轴突有的极为细微，有可能长达1米甚至更长。轴突外包裹着一层脂肪物质，称为髓鞘，起到绝缘的作用。

4. 轴突末梢

轴突末梢位于轴突末尾细分支的末端，又称为终扣。终扣几乎与另一神经元的树突接触，轴突的终扣与树突之间的紧密接触被称为突触。神经元间通信的典型方式是位于突触一侧的轴突末梢释放出叫作神经递质的化学物质，神经递质作用于树突受体的细胞膜，改变其极性或电位。根据神经递质的特性，这个电位差能够升高或降低。使电位差降低的突触被称为兴奋性突触，而使电位差升高的突触则称之为抑制性突触。

（二）神经元的性能

戴维·J.林登（David J.Linden）是美国约翰·霍普金斯大学医学院教授、神经科学家，他在《进化的大脑：赋予我们爱情、记忆和美梦》一书中认为，人脑是在长期进化过程中自然形成的组织系统而不是刻意设计的产物，大脑的构造不仅粗糙、落后，神经元的运行效率更是缓慢、低下。

人脑有两种细胞，第一种是神经元细胞，功能是产生和传导电信号，是大脑的基本运算单元；另一种是神经胶质细胞，功能是为神经元细胞提供良好的工作环境。

所以，神经元其实是一个不太靠谱的东西，性能落后、故障频发，导致了人脑的粗糙原始和低效率。为了弥补神经元的缺陷，大脑只能用数量换质量，进化出特别多的神经元，而且让神经元之间出现大量相互连接的突触，这样才能保证运算的速度。每个神经元的树突通常能够与大约1000个其他神经元建立突触联系，而每个神经元的轴突通常也能够与1000个其他神经元建立突触联系。这样的结果是，人体内平均每个神经元都有大约2000个突触，再加上人脑里有1000亿个神经元，所以人脑内的突触总数可以达到惊人的200万亿个。正是凭借着这么多的神经元和突触，大脑才有了足够的运算能力。但代价是，只占我们体重2%的大脑，却需要消耗总能量的20%。

（三）记忆的脑神经原理

记忆并不是储存在神经元细胞中，而是存储在神经元细胞之间的突触连接上。在我们记忆的时候，海量的神经元细胞因为接受刺激而变得兴奋，当两个邻近的神经元细胞同时兴奋时，它们的树突和轴突末梢就会产生增生形成突触连接，神经信号得以在细胞间进行传递。如果我们不断重复记忆，神经元细胞反复接受刺激，持续兴奋，神经信号不断被传递，突触连接就会增强，变得更加牢固持久。这个过程被称为"长时程增强作用"，它能持续很长时间，甚至贯穿人的一生。反之，如果神经元细胞长期得不到刺激，则突触连接会逐渐退化，记忆也会逐渐遗忘。当感官接收到满足条件的刺激时，这些突触存有记忆的神经元细胞就会快速响应，于是记忆就自然地浮现在眼前。这就是记忆的脑神经原理。

当我们学会新知识，掌握新技能时，大脑的神经元细胞就在不断地发生着增生、连接、增强等变化，形成了新的神经回路。这意味着神经元细胞在生长，大脑发生了生理结构上的变化。

（四）为什么情绪不好时记忆力差

记忆形成过程中的鼓励、表扬等愉快感受，能够降低神经元细胞的感受阈值，让细胞变得更容易兴奋从而产生突触连接，提高记忆效率。相反，记忆形成过程中的批评、惩罚等不愉快感受则会提高神经元细胞的感应阈值，令细胞不易兴奋难以建立突触连接，从而降低记忆效率，甚至不能形成有效的记忆。所以，学习时保持良好的情绪有利于提高记忆效率；反之，心神不宁或身体不适时记忆力差。

（五）强化记忆

德国心理学家赫尔曼·艾宾浩斯曾经做了一个研究，研究的是人们记忆新事物后的遗忘速度究竟有多快。经过研究，他发现，在你刚刚背诵完一个知识点之后，你能百分之百地记下这个知识，但在你背诵完毕，放下知识的那一刻开始，知识就在不断地遗忘。

20分钟之后，忘记了原先背诵的知识的41.8%；1个小时过后，忘记了55.8%；8~9个小时后，只记得35.8%。一天还没过去，绝大部分背诵的内容就已经忘记了。

那么如何强化记忆呢？强化记忆的方式有两种，一种是增加刺激频率，另一种是增加刺激强度。刺激频率就是要在一段时间内反复背诵记忆。刺激强度则包含两层含义，一是记忆时附加听觉、视觉、触觉、情绪等多种体验，同时调动多个脑区参与记忆，多方位增强记忆；二是及时将知识付诸实践应用，在应用中促进对知识的理解，以行促知，从而达到强化记忆的效果。

（六）刻意练习

刻意练习是佛罗里达州立大学心理学教授安德斯·艾利克森教授提出的学习方法。他发现：决定优秀水平和一般水平的关键因素，既不是天赋，也不是经验，而是刻意练习的程度。大量的研究和实验证明，天才的能力并非生而有之，训练可以创造我们以前并未拥有的技能。对于在任何行业或领域中希望提升自己的每个人，刻意练习是黄金标准，是迄今为止发现的最强大的学习方法。

刻意练习的意思就是既要刻意，也要练习。刻意强调的是方法、标准，练习的意思是要重复训练，刻意和练习合起来是要按照一定的标准进行针对性重复训练。如果一项技能由30个动作组成，那么长期只练其中的15个动作，并不能成为高手，必须练得很均匀，把这项技能需要的所有动作都通过刻意练习练到位。学习一个新的技能，其本质就是把这个技能长在脑子里面，形成一条全新的链路。

（七）放慢速度

除了刻意练习外，还有一点就是要放慢速度练习，只有放慢速度的时候，才能够调动更多的脑区去观察这个事物，体验这个过程。大脑的额叶有负责分析、整合的区域,有负责语言表达和运动的区域;颞叶有专门识别人脸的区域,有负责理解语言信息的区域;顶叶有负责理解文字和符号信息的区域,有负责书写区域;枕叶有负责理解视觉信息的区域。如果练习的速度太快,是不可能同一时间在这么多脑区都建立新的神经元突触连接。只有放慢速度,每次练习都有侧重点,这样相关脑区才能全部参与进来,建立的神经元突触连接才能足够多,足够牢。

　　放慢速度还有另外一个好处,就是有利于形成新的髓鞘。假设神经元的轴突是一根电线,那么髓鞘就相当于电线外围包裹的绝缘体材料。绝缘体破损就出现漏电,而神经信号传递的过程中,如果髓鞘漏电,就会导致注意力不集中和无法聚焦,而放慢练习的速度能够让大脑神经元被刺激的时间足够长,以便生成新的髓鞘,从而保护神经信号传导过程不漏电,使得我们的学习效率更高。

第六章　学习理论

为什么要了解学习理论呢?

第一,学习理论是各种教学主张、教学原则、教学策略(模式)、教学方法的源头。各种学习理论都有符合各自主张的教学原则和教学策略,其中行为主义中有代表性的是斯金纳的程序教学,认知主义有加涅九大教学事件,建构主义有支架式教学、抛锚式教学、随机进入式教学,除此之外还有集认知主义和建构主义两家之长的五星教学模式。

第二,学习理论提供了理智地选择教学策略的基础。课程设计人员必须了解多种多样的教学策略,懂得在什么时候及为什么要选择某一种教学策略。这种选择能力依赖于课程设计人员具有将教学内容、教学目标等学习任务与教学策略相匹配的专业知识。

第三,依据教学情境整合所选择的教学策略,也是极其重要的。学习理论及其研究通常提供了有关教学内容与教学设计之间复杂关系的信息,指明了具体的教学策略及其技术怎样与特定的教学情境及其学习者特征最相吻合。

第四,一种理论的最终作用是能做出可靠的预测。解决实际教学问题的有效方案通常会受到时间及资源的限制,我们需要确保那些经筛选和验证的教学策略能够获得最大的成功。基于可靠研究所作出的选择肯定比基于"教学现象"所作出的选择要来得更加可信。

第一节　行为主义学习理论

行为主义源起20世纪初,行为主义的基本假设是:我们很难直接观测学习者的内在心理状态,相反,行为是学习者对环境刺激所作出的反应,学习是刺激与反应之间的联结,有机体接受外界的刺激,然后做出与此相关的反应,这种刺激与反应之间的联结(S-R)就是所谓的学习。

一、行为主义理论的基本观点

第一,学习是"刺激-反应"的联结(巴普洛夫、华生)。
第二,学习是尝试错误的过程(桑代克)。
第三,学习成功的关键依靠强化(斯金纳)。

二、行为主义理论对教育技术的影响

斯金纳认为,只有通过机械装置才能提供必要的大量的强化系列。这就是斯金纳设计教学机器、提倡程序教学的主要出发点。程序教学是一种个别化的自动教学的方式,由于经常用机器来进行,也称之为"程序教学之父"。斯金纳提出的程序教学模式是:

1. 积极反应原则

斯金纳认为,传统的课堂教学是教师讲,学生听。学生充当消极的听众角色,没有机会普遍地、经常地作出积极反应。传统的教科书也不给学生提供对每一单元的信息作出积极反应的可能性。程序教学以问题形式向学生呈现知识,学生在学习过程中能通过写、说、运算、选择、比较等作出积极反应,从而提高学习效率。

2. 小步子原则

斯金纳把程序教学的教材分成若干小的、有逻辑顺序的单元,编成程序,后一步的难度略高于前一步。分小步按顺序学习是程序教学的重要原则之一。程序教学的基本过程是:显示问题(第一小步)—学生解答—对回答给予确认—进展到第二小步……如此循序渐进直至完成一个程序。由于知识是逐步呈现的,学生容易理解,因此在整个学习进程中他能自始至终充满信心。

3.及时强化原则

斯金纳认为,在教学过程中应对学生的每个反应立即作出反馈,对行为的即时强化是控制行为的最好方法,能使该行为牢固建立。对学生的反应作出的反馈越快,强化效果就越大。最常用的强化方式是即时知道结果和从一个环节进入下一个环节的活动。这种强化方式能有效地帮助学生提高学习信心。

4.自定步调原则

每个班级的学生在学习程度上通常都有上、中、下之别。传统教学总是按统一进度进行,很难照顾到学生的个别差异,影响了学生的自由发展。程序教学以学生为中心,鼓励学生按最适宜于自己的速度学习并通过不断强化获得稳步前进的诱因。

5.低错误率原则

教学机器有记录错误的装置。程序编制者可根据记录了解学生实际水平并修改程序,使之更适合学生程度;又由于教材是按由浅入深、由已知到未知的顺序编制的,学生每次都可能作出正确反应,从而把错误率降到最低限度。斯金纳认为不应让学生在发生错误后再去避免错误,无错误的学习能激发学习积极性,增强记忆,提高效率。

第二节　认知主义学习理论

认知学派产生于20世纪60年代的美国,扎根于认知心理学和信息加工理论。认知主义学习理论与行为主义学习理论相对立,认知学派重点关注学习的内在过程,核心在于学习者在教学情境中的认识过程,而不是学习者的行为反应。

认知主义学习理论认为:学习在于学习者内部认知结构的变化,这是一个远比"刺激-反应"联结要复杂得多的过程。他们注意解释学习行为的中间过程,即目的、意义等,认为这些过程才是控制学习的可变因素。

认知主义学习理论重视人在学习活动中的主体价值,充分肯定学生的自觉能动性;强调认知、意义理解、独立思考等意识活动在学习中的重要地位和作用；重视人在学习活动中的准备状态，即一个人学习的效果，不仅取决于外部刺激和个体的主观努力，还取决于一个人已有的知识水平、认知结构、非认知因素。

人所具有的知识结构是人获得和理解新知识的基础框架，也是人进行联想、推理和思维活动的基础。认知结构一旦建立，又成为学习新知识的极重要的能量或因素。学习是认知结构的变化，这个变化表现为分化、概括化与再组织三种方式。

一、认知主义学习理论的主要观点

第一，认为学习不是刺激与反应的直接联结，而是知识的重新组织。即学习是认知结构的组织与再组织，其公式是：S-A-T-R（A代表同化，T代表主体的认知结构）。客体刺激（S）只有被主体同化（A）于认知结构（T）之中，才能引起对刺激的行为反应（R），即学习才能发生。

第二，学习过程不是渐进的尝试与错误修正的过程。学习是突然领悟和理解的过程，而不是依靠试错实现的。

第三，外界的强化并不是学习产生的必要因素，在没有外界强化的条件下也会出现学习。

第四，学习凭借智力与理解，绝非盲目的尝试。

第五，学习是信息加工过程。学习是通过一系列的内部心理活动对外部信息进行加工的过程，这个过程包括知觉、记忆、提取、鉴别、比较、分析、综合等心理操作。

认知主义的代表人物有：皮亚杰、布鲁纳、奥苏贝尔、加涅等。

二、布鲁纳的认知结构学习论

学生的认知学习就是获得知识结构的过程。

所谓基本结构就是某一学科领域的基本观念，类似于"基本概念、基本知识、基本原理"。主要的不同在于，基本结构不仅指一般原理的学习，还包括学习的态度和方法。

发现学习强调的是学生的主动探索；教师的任务不是讲解和灌输现成的知识，而是创造条件，鼓励学生独立思考、积极探究，自行去发现材料的意义，从而自主地获得基本原理或规则。

"动机—结构—程序—强化"的教学原则包括：

动机原则。学习取决于学生对学习的准备状态和心理倾向。

结构原则。要选择适当的知识结构，并选择适合于学生认知结构的方式，才能促进学习。

程序原则。要按最佳顺序呈现教学内容。如果发现教学效果不理想，教师就需要随时准备修正或改变教学序列。

强化原则。要让学生适时地知道自己学习的结果。另外，要逐渐从强调外部奖励转向内部奖励。

三、奥苏贝尔的有意义学习理论

学生的学习如果有价值的话，应该尽可能的有意义。奥苏贝尔认为当学生把教学内容与自己的认知结构联系起来时，有意义学习便发生了。认知结构是现有知识的数量、清晰度和组织结构，它是由当下能提取到工作记忆区的事实、概念、命题、理论等构成的。因此，要促进新内容的学习，首先要增强认知结构中与新内容有关的观念。

四、加涅的信息加工学习论

1.信息加工模式

加涅根据信息加工理论提出了学习过程的基本模式，认为学习过程就是一个信息加工的过程，即学生对来自环境刺激的信息进行内在的认知加工的过程，并具体描述了典型的信息加工模式。

2.信息加工的基本原理

（1）信息流是认知行为的基础。

（2）人类加工信息的容量是有限的。
（3）记忆取决于信息编码。
（4）回忆部分取决于提取线索。

五、认知主义理论对教育技术的影响

加涅的信息加工理论在以下几方面对学习是有启迪的：

第一，刺激选择不是一种随机的过程，因此，不能仅仅考虑到刺激的特征，还要关注学习者已有的信息或认知图式（Scheme）。

第二，人类记忆加工信息的能力是有限的，如果一味要求学生在短时间内掌握大量的信息，不给他们留有加工或思考的时间，结果必然不好。

第三，"组块"理论，为了尽可能使学生在短时间内学习较多的知识，我们必须把知识组织成有意义的块状，减少机械学习。

第四，信息编码不仅有助于学生的理解，而且也有助于信息的贮存和提取。教师在帮助学生使用各种策略来编码方面是可以大有作为的。

但是，我们必须看到，信息加工理论中的注意系统、编码系统和记忆系统的分析，是建立在实验推测的基础上的。与其说是信息加工理论不成熟，还不如说是信息加工理论发展的一个标志。要穷尽对内部心理过程的探究是永远不可能的，我们所期望的是涌现出更有说服力的模式。

第三节　建构主义学习理论

在写作本节内容时，查阅何克抗教授的诸多观点。20世纪90年代，建构主义哲学思潮开始盛行。建构主义是行为主义发展到认知主义以后的进一步发展。建构主义认为，世界是客观存在的，但是对于世界的理解和赋予的意义却由每个人自己决定。人们是以自己的经验为基础来建构或解释现实，人们的个人世界是用自己的头脑创建的，由于各自的经验以及对经验的信念不同，于是人们对外部世界的理解也不同。因而建构主义更关注如何以原有

的经验、心理结构和信念为基础来建构知识，强调学习的主动性、社会性和情境性，对学习和教学提出了许多新的见解。

一、建构主义的由来

1.建构主义的哲学根源

有人认为最早的建构主义者是苏格拉底。按照建构主义的观点，苏格拉底的"产婆术"，应该算是建构主义教学的成功范例。发展到18世纪拿破仑时代，哲学家维柯被奉为建构主义的先驱。德国的康德对理性主义与经验主义的综合也具有明显的建构主义色彩。

康德完成了认识论上的"哥白尼革命"，因为之前人们都是往外寻求知识，而康德则指出其实是人自身的认识形式决定了知识。这是令人惊讶的一个极大的转折。康德把人的认识能力分为感性、知性、理性三种。

感性：作用于人的感觉器官而产生的感觉、知觉和表象等直观认识。康德认为，感性是人凭借感官接受表象、获得感性知识的认知能力。感性与感觉材料直接联系，空间和时间是两种纯粹的感性直观形式，空间和时间加之于感觉材料才有经验对象产生。

知性：对经验直观进一步整理，使其具有规律性。知性进行整理的方式是利用范畴，所以感觉加上直观形式，再加上范畴，就成了知性知识。康德认为，知性是人运用概念和范畴进行判断、推理的思维能力。康德说："知性不能直观，感官不能思维。只有当它们联合起来时才能产生知识。"

如果说感性是接受的能力，能够接收到经由感官形成的素材，那么知性则是把这些素材进行安排的能力，可使其具有一定的形式。人们之所以形成规律性的认识，在于把经验直观的材料纳入范畴的框架中，才使它具有了规律性的联系。

理性：一般指我们形成概念、进行判断、分析、综合、比较、进行推理、计算等方面的能力。知性可以安排经验直观的材料，但是它的作用是局部的、有条件的，只能在现象之间行使统一作用，不能超出现象。简言之，知性的对象是现象界。在知性之上的是理性。知性用范畴来整理统一感性的知识，而理性则用理念来整理统一知性的知识。

可以说，建构主义深深扎根于康德哲学认识论。

2.建构主义心理学根源

从心理学角度讲，最早对建构主义思想的发展作出重要贡献，并将其应用于课堂和儿童学习与发展的是杜威、皮亚杰、维果茨基。杜威提出了经验性学习理论，强调经验的生成和改造。瑞士著名心理学家皮亚杰被认为是当代建构主义的先导。他对建构主义的出现产生影响基于他的关于儿童的认知发展理论，即活动内化论，认为学习最基本原理就在于发现。20世纪七八十年代，俄国杰出心理学家维果茨基的研究为当代建构主义的形成奠定了基础。学习是一种社会建构，个体的学习是在一定的历史、社会背景下进行的。

二、建构主义简介

建构主义理论一个重要概念是图式，图式是指个体对世界的知觉理解和思考的方式。也可以把它看作是心理活动的框架或组织结构。图式是认知结构的起点和核心，或者说是人类认识事物的基础。因此，图式的形成和变化是认知发展的实质，认知发展受三个过程的影响，即同化、顺化和平衡。

同化：同化是指个体把外界刺激所提供的信息，整合到自己原有认知结构内的过程。也就是说个体在感受刺激时，把它们纳入头脑中原有的图式之内，使其成为自身的一部分。

顺应：顺应是指个体的认知结构因外部刺激的影响而发生改变的过程，即学习者调节自己的内部结构以适应特定刺激情境的过程。当学习者遇到不能用原有图式来同化新的刺激时，便要对原有图式加以修改或重建，以适应环境。

平衡：同化是认知结构数量的扩充，是量变，而顺应则是认知结构性质的改变，是质变（这与辩证法的量变引起质变不同）。个体通过同化与顺应这两种形式来达到与周围环境的平衡：能用现有图式去同化新信息时，处于认知结构平衡状态；而当现有图式不能同化新信息时，认知结构平衡即被打破，于是修改或创造新图式顺应环境以达到新的认知结构平衡。认知结构就是通过同化与顺应过程逐步建构起来，并在"平衡—不平衡—新的平衡"的循环中得到不断的丰富、提高和发展。

建构主义理论的内容很丰富，但其核心只用一句话就可以概括：以学生为中心，强调学生对知识的主动探索、主动发现和对所学知识意义的主动建构（而不是像传统教学那样，只是把知识从教师头脑中传送到学生的笔记本上）。以学生为中心，强调的是"学"；以教师为中心，强调的是"教"。

三、建构主义学习理论

建构主义源自关于儿童认知发展的理论，由于个体的认知发展与学习过程密切相关，因此利用建构主义可以比较好地说明人类学习过程的认知规律，即能较好地说明学习如何发生、意义如何建构、概念如何形成，以及理想的学习环境应包含哪些主要因素等。总之，在建构主义思想指导下可以形成一套新的比较有效的认知学习理论，并在此基础上实现较理想的建构主义学习环境。

建构主义学习理论的基本内容可从"学习的含义"（即关于"什么是学习"）与"学习的方法"（即关于"如何进行学习"）这两个方面进行说明。

1. 关于学习的含义

建构主义认为，知识不是通过教师传授得到，而是学习者在一定的情境即社会文化背景下，借助其他人（包括教师和学习伙伴）的帮助，利用必要的学习资料，通过意义建构的方式而获得。由于学习是在一定的情境即社会文化背景下，借助其他人的帮助即通过人际间的协作活动而实现的意义建构过程，因此，建构主义学习理论认为"情境""协作""会话"和"意义建构"是学习环境中的四大要素或四大属性，理想的学习环境应当包括四大要素。

（1）情境。学习环境中的情境必须有利于学生对所学内容的意义建构。这就对教学设计提出了新的要求，也就是说，在建构主义学习环境下，教学设计不仅要考虑教学目标分析，还要考虑有利于学生建构意义的情境的创设问题，并把情境创设看作是教学设计的最重要内容之一。

（2）协作。应该贯穿于整个学习活动过程中。教师与学生之间、学生与学生之间的协作，对学习资料的收集与分析、假设的提出与验证、学习进程的自我反馈和学习结果的评价以及意义的最终建构都有十分重要的作用。协作在一定的意义上是协商的意识。协商主要有自我协商和相互协商（也叫"内部协商"与"社会协商"），自我协商是指自己和自己反复商量什么是比较合理的；相互协商是指学习小组内部之间的商榷、讨论和辩论。

（3）会话。会话是协作过程中最基本的方式或环节。学习小组成员之间必须通过会话来商讨如何完成规定的学习任务达到意义建构的目标，怎样更多地获得教师或他人的指导和帮助等。其实，协作学习的过程就是会话的过程，在这个过程中，每个学习者的思维成果（智慧）都为整个学习群体所共享。会话对于推进每个学习者的学习进程是非常重要的，也是达到意义建构的重要手段之一。

（4）意义建构。这是整个学习过程的最终目标。所要建构的意义是指：事物的性质、规律以及事物之间的内在联系。在学习过程中帮助学生建构意义就是要帮助学生对当前学习内容所反映的事物的性质、规律以及该事物与其他事物之间的内在联系达到较深刻的理解。这种理解在大脑中的长期存储形式就是前面提到的"图式"，也就是关于当前所学内容的认知结构。

由以上所述的"学习"的含义可知，学习的质量是学习者建构意义能力的函数，而不是学习者重现教师思维过程能力的函数。换句话说，获得知识的多少取决于学习者根据自身经验去建构有关知识的意义的能力，而不取决于学习者记忆和背诵教师讲授内容的能力。

2.关于学习的方法

建构主义提倡在教师指导下的、以学习者为中心的学习，也就是说，既强调学习者的认知主体作用，又不忽视教师的指导作用，教师是意义建构的帮助者、促进者，而不是知识的传授者与灌输者。学生是信息加工的主体，是意义的主动建构者，而不是外部刺激的被动接受者和被灌输的对象。

学生要成为意义的主动建构者，就要求学生在学习过程中从以下几个方面发挥主体作用：

（1）要用探索法、发现法去建构知识的意义；

（2）在建构意义过程中要求学生主动去搜集并分析有关的信息和资料，对所学习的问题要提出各种假设并努力加以验证；

（3）要把当前学习内容所反映的事物尽量和自己已经知道的事物相联系，并对这种联系加以认真的思考。

教师要成为学生建构意义的帮助者，就要求教师在教学过程中从以下几个方面发挥指导作用：

（1）激发学生的学习兴趣，帮助学生形成学习动机。

（2）通过创设符合教学内容要求的情境和揭示新旧知识之间联系的线索，帮助学生建构当前所学知识的意义。

（3）为了使意义建构更有效，教师应在可能的条件下组织协作学习（开展讨论与交流），并对协作学习过程进行引导使之朝有利于意义建构的方向发展。引导的方法包括：提出适当的问题以引起学生的思考和讨论；在讨论中设法把问题一步步引向深入以加深学生对所学内容的理解；要启发诱导学生自己去发现规律、自己去纠正和补充错误的或片面的认识。

四、建构主义的教学思想（核心观点）

建构主义所蕴含的教学思想主要反映在知识观、学习观、学生观、师生角色的定位及其作用、学习环境和教学原则六个方面。

1.建构主义的知识观

（1）知识不是对现实的纯粹客观的反映，任何一种传载知识的符号系统也不是绝对真实的表征。它只不过是人们对客观世界的一种解释、假设或假说，它不是问题的最终答案，它将随着人们认识程度的深入而不断地变革、升华和改写，出现新的解释和假设。

（2）知识并不能绝对准确无误地概括世界的法则，提供对任何活动或问题解决都实用的方法。在具体的问题解决中，知识是不可能一用就准、一用就灵的，而是需要针对具体问题的情景对原有知识进行再加工和再创造。

（3）知识不可能以实体的形式存在于个体之外，尽管通过语言赋予了知识一定的外在形式，并且获得了较为普遍的认同，但这并不意味着学习者对这种知识有同样的理解。真正的理解只能由学习者自身基于自己的经验背景而建构起来，取决于特定情况下的学习活动过程。否则就不叫理解，而是叫死记硬背，是被动的复制式的学习。

2.建构主义的学习观

（1）学习不是由教师把知识简单地传递给学生，而是由学生自己建构知识的过程。学生不是简单被动地接收信息，而是主动地建构知识的意义，这种建构是无法由他人来代替的。

（2）学习不是被动接收信息刺激，而是主动地建构意义，是根据自己的经验背景，对外部信息进行主动的选择、加工和处理，从而获得自己的意义。外部信息本身没有什么意义，意义是学习者通过新旧知识经验间的反复的、双向的相互作用过程而建构成的。因此，学习不是行为主义所描述的"刺激反应"。

（3）学习意义的获得，是每个学习者以自己原有的知识经验为基础，对新信息重新认识和编码，建构自己的理解。在这一过程中，学习者原有的知识经验因为新知识经验的进入而发生调整和改变。

（4）同化和顺应，是学习者认知结构发生变化的两种途径或方式。同化是认知结构的量变，而顺应则是认知结构的质变。

3.建构主义的学生观

（1）建构主义强调，学习者并不是空着脑袋进入学习情境中的。在日常生活和以往各种形式的学习中，他们已经形成了有关的知识经验，他们对任何事情都有自己的看法。即使是有些问题他们从来没有接触过，没有现成的经验可以借鉴，但是当问题呈现在他们面前时，他们还是会基于以往的经验，依靠他们的认知能力，形成对问题的解释，提出他们的假设。

（2）教学不能无视学习者的已有知识经验，简单强硬地从外部对学习者实施知识的"填灌"，而是应当把学习者原有的知识经验作为新知识的生长点，引导学习者从原有的知识经验中，生长新的知识经验。教学不是知识的传递，而是知识的处理和转换。教师不单是知识的呈现者，不是知识权威的象征，而应该重视学生自己对各种现象的理解，倾听他们时下的看法，思考他们这些想法的由来，并以此为据，引导学生丰富或调整自己的解释。

（3）教师与学生、学生与学生之间需要共同针对某些问题进行探索，并在探索的过程中相互交流和质疑，了解彼此的想法。由于经验背景的差异的不可避免，学习者对问题的看法和理解经常是千差万别的。其实，在学生的共同体中，这些差异本身就是一种宝贵的现象资源。建构主义虽然非常重视个体的自我发展，同时承认外部引导，亦即教师的影响作用。

4.师生角色的定位及其作用

（1）教师的角色是学生建构知识的忠实支持者。教师的作用从传统的传递知识的权威转变为学生学习的辅导者，成为学生学习的高级伙伴或合作者。教师应该给学生提供复杂的真实问题。他们不仅必须开发或发现这些问题，而且必须认识到复杂问题有多种答案，激励学生对问题解决的多重观点，这显然是与创造性的教学活动宗旨紧密相吻合的。教师必须创设一种良好的学习环境，学生在这种环境中可以通过实验、独立探究、合作学习等方式来展开他们的学习。教师必须保证学习活动和学习内容保持平衡。教师必须提供学生元认知工具和心理测量工具，培养学生评判性的认知加工策略，以及自己建构知识和理解的心理模式。教师应认识教学目标包括认知目标、心理动作目标和情感目标。教学是逐步减少外部控制、增加学生自我控制学习的过程。

（2）教师要成为学生建构知识的积极帮助者和引导者，应当激发学生的学习兴趣，引发和保持学生的学习动机。通过创设符合教学内容要求的情境和揭示新旧知识之间联系的线索，帮助学生建构当前所学知识的意义。为使学生的意义建构更为有效，教师应尽可能组织协作学习，展开讨论和交流，并对协作学习过程进行引导，使之朝有利于意义建构的方向发展。

（3）学生的角色是教学活动的积极参与者和知识的积极建构者。建构主义要求学生面对认知复杂的真实世界的情境，并在复杂的真实情境中完成任务，因而，学生需要采取一种新的学习风格、新的认识加工策略，形成自己是知识与理解的建构者的心理模式。建构主义教学比传统教学要求学生承担更多的管理自己学习的责任；教师应当注意使机会永远处于维果茨基提出的"学生最近发展区"，并为学生提供一定的辅导。

学生要用探索法和发现法去建构知识的意义。在建构意义的过程中要求学生主动去搜集和分析有关的信息资料，对所学的问题提出各种假设并努力加以验证。要善于把当前学习内容尽量与自己已有的知识经验联系起来，并对这种联系加以认真思考。联系和思考是意义建构的关键。它最好的效果是与协商过程结合起来。

5.建构主义的教学原则

（1）把所有的学习任务都置于为了能够更有效地适应世界的学习中。

（2）教学目标应该与学生的学习环境中的目标相符合，教师确定的问题应该使学生感到就是他们本人的问题。

（3）设计真实的任务。真实的活动是学习环境的重要的特征，应该在课堂教学中使用真实的任务和日常的活动或实践整合多重的内容或技能。

（4）设计能够反映学生在学习结束后就从事有效行动的复杂环境。

（5）给予学生解决问题的自主权。教师应该刺激学生的思维，激发他们自己解决问题。

（6）设计支持和激发学生思维的学习环境。

（7）鼓励学生在社会背景中检测自己的观点。

（8）支持学生对所学内容与学习过程的反思，发展学生的自我控制的技能，成为独立的学习者。

五、建构主义教学模式

与建构主义学习理论以及建构主义学习环境相适应的教学模式为：以学生为中心，在整个教学过程中由教师发挥组织者、指导者、帮助者和促进者的作用，利用情境、协作、会话等学习环境要素充分发挥学生的主动性、积极性和首创精神，最终达到使学生有效地实现对当前所学知识的意义建构的目的。在这种模式中，学生是知识意义的主动建构者；教师是教学过程的组织者和指导者、意义建构的帮助者和促进者；教材所提供的知识不再是教师传授的内容，而是学生主动建构意义的对象；媒体也不再是帮助教师传授知识的手段、方法，而是用来创设情境、进行协作学习和会话交流，即作为学生主动学习、协作式探索的认知工具。显然，在这种场合，教师、学生、教材和媒体四要素与传统教学相比，各自有完全不同的作用，彼此之间有完全不同的关系。但是这些作用与关系也是非常清楚、非常明确的，因而成为教学活动进程的另外一种稳定结构形式，即建构主义学习环境下的教学模式。

广义的教学模式是若干教学策略和教学方法的组合，狭义的教学模式与教学策略的含义基本等同。建构主义目前已开发出的、比较成熟的教学模式主要有三种：

一是支架式教学策略；二是抛锚式教学策略；三是随机进入式教学策略。

六、建构主义设计原则（教学主张）

建构主义学习理论强调以学生为中心，认为学生是认知的主体，是知识意义的主动建构者；教师只对学生的意义建构起帮助和促进作用，并不要求教师直接向学生传授和灌输知识。在建构主义学习环境下，教师和学生的地位、作用和传统教学相比已发生很大的变化。近年来，教育技术领域的专家们进行了大量的研究与探索，力图建立一套能与建构主义学习理论以及建构主义学习环境相适应的全新的教学设计理论与方法体系。尽管这种理论体系的建立是一项艰巨的任务，并非短期内能够完成。但是其基本思想及主要原则已日渐明朗，并已开始实际应用于指导基于多媒体和Internet的建构主义学习环境的教学设计。建构主义使用的教学设计原则如下：

1. 强调以学生为中心

明确"以学生为中心"，这一点对于教学设计有至关重要的指导意义，因为从"以学生为中心"出发还是从"以教师为中心"出发将得出两种全然不同的设计结果。至于如何体现以学生为中心，建构主义认为可以从三个方面努力：

（1）要在学习过程中充分发挥学生的主动性，要能体现出学生的首创精神；

（2）要让学生有多种机会在不同的情境下去应用他们所学的知识（将知识"外化"）；

（3）要让学生能根据自身行动的反馈信息来形成对客观事物的认识和解决实际问题的方案（实现自我反馈）。

以上三点，即发挥首创精神、将知识外化和实现自我反馈可以说是体现以学生为中心的三个要素。

2. 强调"情境"对意义建构的重要作用

建构主义认为，学习总是与一定的社会文化背景即"情境"相联系的，在实际情境下进行学习，可以使学习者能利用自己原有认知结构中的有关经验去同化当前学习到的新知识，从而赋予新知识以某种意义；如果原有经验不能同化新知识，则要引起"顺应"过程，即对原有认知结构进行改造与重组。总之，通过"同化"与"顺应"才能达到对新知识意义的建构。在传统的课堂讲授中，由于不能提供实际情境所具有的生动性、丰富性，因而将使学习者对知识的意义建构发生困难。

3. 强调"协作学习"对意义建构关键作用

建构主义认为，学习者与周围环境的交互作用，对于学习内容的理解（即对新知的意义建构）起着关键性的作用。这是建构主义的核心概念之一。学生们在教师的组织和引导下一起讨论和交流，共同建立起学习群体并成为其中的一员。在这样的群体中，共同批判地考察各种理论、观点、信仰和假说；进行协商和辩论，先内部协商（即和自身争辩到底哪一种观点正确），然后再相互协商（即对当前问题提出各自的看法、论据及有关材料并对别人的观点作出分析和评论）。通过这样的协作学习环境，学习者群体（包括教师和每位学生）的思维与智慧就可以被整个群体所共享，即整个学习群体共同完成对所学知识的意义建构，而不是其中的某一位或某几位学生完成意义建构。

4. 强调对学习环境（而非教学环境）的设计

建构主义认为，学习环境是学习者可以在其中进行自由探索和自主学习的场所。在此环境中学生可以利用各种工具和信息资源（如文字材料、书籍、音像资料、CAI与多媒体课件以及Internet上的信息等）来达到自己的学习目标。在这一过程中学生不仅能得到教师的帮助与支持，而且学生之间也可以相互协作和支持。学习应当被促进和支持而不应受到严格的控制与支配；学习环境则是一个支持和促进学习的场所。在建构主义学习理论指导下的教学设计应是针对学习环境的设计而非教学环境的设计，因为教学意味着更多的控制与支配，而学习则意味着更多的主动与自由。

5. 强调利用各种信息资源来支持"学"（而非支持"教"）

为了支持学习者的主动探索和完成意义建构，在学习过程中要为学习者提供各种信息资源（包括各种类型的教学媒体和教学资料）。这里利用这些媒体和资料并非用于辅助教师的讲解和演示，而是用于支持学生的自主学习和协作式探索。为了做到这一点，要尽可能把媒体选择、使用、控制的权利交给学生，但是对于信息资源应如何获取、从哪里获取，以及如何有效地加以利用等问题，是主动探索过程中迫切需要教师提供帮助的内容。

6. 强调学习过程的最终目的是完成意义建构（而非完成教学目标）

在建构主义学习环境中，强调学生是认知主体，是意义的主动建构者，所以是把学生对知识的意义建构作为整个学习过程的最终目的。教学设计通常不是从分析教学目标开始，而是从如何创设有利于学生意义建构的情境开始，整个教学设计过程紧紧围绕"意义建构"这个中心而展开，不论是学生的独立探索、协作学习，还是教师的辅导，总之，学习过程中的一切活动都要从属于这一中心，都要有利于完成和深化对所学知识的意义建构。

第四节　三大学习理论比较

一、行为主义、认知主义和建构主义的差异

行为主义学习理论的特点是只注重有机体的外在反应，而不注重有机体的内部心理过程，认为有机体只是被动的接受外部刺激，通过尝试错误来获得正确的反应，而缺乏主动的内部心理活动的参与。

认知主义理论十分强调个体的主动性和内部心理机制，认为学习是个体主动的行为。布鲁纳等人的认知发现说认为，学习是把新的知识整合到个体已有的知识结构中，虽然每个个体的认知结构不同，但只要对知识的

表征系统进行设计，就可以通过个体的主动探索进行学习。他认为学生不是消极的知识接受者，而是主动的探索者。

建构主义理论是认知主义学习理论的进一步发展，与认知主义不同的是，建构主义者认为知识不是客观存在的，而是个体根据自己已有的认知结构建构出来的。因此，在建构主义学习理论下教师不再是知识的传授者，而是学生的帮助者，为学生提供有利于意义建构的环境，使学生能够建构完整的意义，并进行主动的学习。

如果说认知主义学习观重视对学生学习过程中一般共同规律的揭示，那么建构主义的学习观则强调学习的社会性、情境性和个别性。

艾珀菲尔德提醒我们，应该注意避免对建构主义产生如下的误解：

（1）在建构主义的教学中，没有学习的重点，也没有清晰的教学目标；

（2）在建构主义教学中，没有精心的计划，与传统的教学相比，精心的教学准备也变得不太重要；

（3）在建构主义的学习环境中，缺少学习的结构；

（4）只要学生参与讨论或其他社会性的互动，学习就会发生；

（5）由于教师不再充当教学传输（讲解、解释）的主要角色，他们在课堂上所起的作用就不太重要。

二、教学内容和教学策略的匹配

第一，要考虑当一个学习者较熟悉某个内容后，他的知识结构会发生什么样的变化。当学习者在某个内容方面有了更多的经验之后，其从低到高的知识连续统一体会发生这样的变化：

（1）能了解和应用标准的规则、事实和操作（知道是什么）。

（2）能像一个专家一样考虑问题，从一般的规则推断至特殊的、待解的个案（知道应怎样做）。

（3）当采用熟悉的办法不管用时，能提出和检验新的理解方式和行动方式（行动中反思）。

在一定意义上说，这个连续统一体同稍前描述过的学习理论连续统一体是吻合的。依据一个学习者在连续统一体中居于哪个位置——这同所掌握的知识的演进有关（知道是什么、知道应怎样做和行动中的反思），最适宜的教学策略是在两个连续统一体中相一致的策略。也就是说，行为主义教学方式在促进掌握专业内容知识方面是最有效的（知道是什么）；将确定的事实与规则运用于一个不熟悉的情境中时，认知主义教学方式在教这样的问题解决策略方面是最得心应手的（知道应怎样做）；而建构主义教学方式则尤其适用于通过行动中的反思来应对非良构问题。

第二，要考虑学习任务的要求如何。依据不同的认知加工水平，需要采用不同学习理论所赞赏的教学策略。

例如，对于较低认知加工程度的学习任务（如配对联想、辨别和机械记忆），似乎是绝大多数行为主义教学方式最灵验（像刺激—反应、反馈或强化列联等）；要求中等水平认知加工程度的学习任务（如分类、执行规则或程序），主要是与认知主义的教学策略最相配（如图式组织、类比推理和算法性问题解决）；要求高水平的认知加工的学习任务（如启发性问题解决、个体选择认知策略和监控），一般采用建构主义教学策略最适宜（像情境学习、认知学徒和社会协商）。

我们深信，教学设计人员需要回答的问题不是"哪一种理论最好"，而是"哪一种理论在促进具体的学习者掌握具体的学习任务时是最有效的"。在选择教学策略之前，必须考虑学习者和学习任务两个方面，考虑学习者的知识水平和认知加工要求这两者同所要采用的教学策略之间的关系。

第七章 教学策略

教学策略是一个被广泛应用但又含糊不清的术语,对于企业内部从教学设计与课程开发的非专业人士而言,教学模式、教学策略、教学事件、教学方法、教学活动,这些概念究竟是何意思?又有何区别呢?本章将探讨上述几个专业术语、主要的教学策略,厘清其中的具体含义与区别,重点阐述五星教学模式,以帮助大家建立教学设计的专业知识体系。

第一节 教学模式、教学策略、教学方法的概念

一、教学模式的概念

虽然教学模式的思想很早就存在,但是教学模式成为教育研究中的一个独立分支通常认为是从乔伊斯等人的研究开始的,国内外有关教学模式的定义比较多,较有代表性的有以下几种。

乔伊斯认为:"教学模式是构成课程(长时的学习课程)、选择教材、指导在教室和其他环境中教学活动的一种计划或范型。"

叶澜教授指出:"教学模式俗称大方法。它不仅是一种教学手段,而且是从教学原理、教学内容、教学目标和任务、教学过程直至教学组织形式的整体、系统的操作样式,这种操作样式是加以理论化的。"

朱小蔓教授认为:"教育模式是在一定的教育理念支配下,对在教育实践中逐步形成的、相对稳定的、较系统而具有典型意义的教育体验,加以一定的抽象化、结构化的把握所形成的特殊理论模式。"

上述关于教学模式的定义分别从不同的侧面揭示了教学模式这一术语的含义。从这些定义可以看出，教学模式至少具备以下特点：①在一定理论指导下；②需要完成规定的教学目标和内容；③表现一定教学活动序列及其方法策略。

一个完整的教学模式应该包含主题（理论依据）、目标、条件（又称为手段）、程序和评价五个要素。这些要素的地位不同，所起的作用不同，所具有的功能也不同，它们之间既有区别，又彼此联系，相互蕴含，相互制约，共同构成了一个完整的教学模式。

何克抗教授认为："教学模式属于教学策略、教学方法的范畴，但是，教学模式又不等同于教学策略或教学方法。教学策略或教学方法一般是指教学过程中所采用的单一的策略或方法，而教学模式则是指教学过程中两种或两种以上策略或方法的稳定组合与运用。在教学过程中，为了达到某种预期的效果或目标往往要综合运用多种策略或方法，当这些教学策略与方法的组合运用总能达到预期的效果或目标时，就形成了一种有效的教学模式。"

可见，教学模式既是教学理论的应用，对教学实践起直接指导作用，又是教学实践的简约化概括，可以丰富和发展教学理论。

二、教学策略的概念

迪克和凯瑞在《系统化教学设计》一书说："教学策略这一概念起源于加涅的《学习的条件》一书中所描述的教学事件。在认知心理学家看来，以下九个事件代表了促进学习的内在认知加工过程的外部教学活动：激发学习动机、阐明教学目标、提示回忆旧知、呈现刺激材料、提供学习指导、引出行为反应、提供学习反馈、评价行为表现、促进保持和迁移。"

加涅说："我们认为，所谓教学策略，就是帮助学生以自己的努力达到某一作业（目标）的计划。"又说："一切教学的目的都是提供教学事件。这些教学事件是外在于学生的交流，它们支持学习的内部过程。它们包括广泛认可的如下功能：引起注意、告诉学生学习目标、呈现刺激材料、提供反馈。只要这些功能发挥作用，不管它们是由教师引起的或是材料引起的都没有关系。"

据此，可以认为，教学策略是促进学习的内部过程的外部事件。

迪克和凯瑞《系统化教学设计》一书中指出："教学策略一词大体涵盖了选择传输系统、对教学内容的类型进行排序和分组、描述教学中的学习成分、具体说明教学中如何对学生进行分组、确定一节课的结构，以及选择传输教学的媒体等各个不同的方面。"从这一段话我们可以得出："教学策略"涉及教学过程与教学活动的诸多方面。

1983年赖格卢斯对教学策略进行了分类，分为三类。第一类是内容组织策略。内容组织策略是指一个教学将如何组织、要选择什么特定的内容以及这些内容该如何呈现。第二类是传输策略。传输策略是指要使用什么教学媒体以及学习者应该如何分组。第三类是管理策略。管理策略包括安排进度和分配资源，实施按组织策略和传输策略来加以规划的教学。

史密斯和雷根认为，教学策略可以分为宏观水平和微观水平两类，宏观教学策略通常指开发课程的整体策略，即包含赖格卢斯的三类策略；而微观教学策略是指具体教学内容的组织与呈现策略，即单个知识点的教学过程与教学方法。

施良方教授认为："教学策略是指教师在课堂上为达到课程目标而采取的一套特定的方式或方法。教学策略要根据教学情境的要求和学生的需要随时发生变化。无论是在国内的教学理论与教学实践中，还是在国外的教学理论与教学实践中，绝大多数教学策略都涉及如何提炼或转化课程内容的问题。"

袁振国教授认为："所谓教学策略，是指在教学目标确定以后，根据已定的教学任务和学生的特征，有针对性地选择与组合相关的教学内容、教学组织形式、教学方法和技术而形成的具有效率意义的特定教学方案。教学策略具有综合性、可操作性和灵活性等基本特征。"

何克抗教授认为："教学策略是指在不同的教学条件下，为获得不同的教学结果而采用的手段和谋略，它具体体现在教与学的相互作用的活动中。"

皮连生教授认为："教学策略是指适合达到一定教学目标的一整套教学步骤、方法、媒体的选择等。"

本书认为，教学策略是对教学活动、教学方法、教学形式、教学媒体等因素的整体考虑，用以实现特定的教学目标，是为达到某一教学目标而采用的手段和方法。本书所探究的教学策略是指微观教学策略，是为达成教学目标而针对教学内容所实施的一整套教学步骤，涉及教学方法、教学工具和教学媒体的选择。

三、教学方法的概念

教学方法有广义和狭义之分。广义的教学方法指为达到教学目的、完成教学任务而采用的一切手段、途径和办法的总称，即某种教学理论、原则和规律及其实践的统称。这一概念具有普适性——把教学原则和教学规律都包括在内；而对教学方法的狭义理解则认为教学原则是教学方法的指导思想，所谓教学方法是指为达到既定的教学目的，实现既定的教学内容，在教学原则指导下进行的教师与学习者相互作用的活动方式和措施，既包括教师教的方法，也包括学习者学的方法，是教法和学法的统一。

本书中所讨论的教学方法即指这种狭义的理解，如讲解、展示、提问、案例教学、小组讨论、结构化研讨、情景演练、点评、指导、辅导、练习、角色扮演、实操等。需要指出的是，教学方法不同于教学工具或教学手段，教学方法是对工具和教学手段的选择。

第二节 主要教学策略

本书认为：教学活动是指为了达成特定教学目标，针对具体教学内容，按照一定教学策略，选择匹配教学方法，使用相应教学工具，在规定时间内完成的教与学的活动过程。

上述的教学策略就是指微观教学策略，微观教学策略是构成教学活动的重要因素，教学策略为教学内容服务，教学方法为教学策略的具体教学事件服务，教学工具为教学方法服务，如此环环相扣构成一个严丝合缝的教学系统。而微观教学策略实际是指课堂上针对教学内容，按照教学策略的教学事件开展的运用各种教学方法与教学工具的教学过程。

何克抗教授在《教学系统设计》一书中将教学模式和教学策略大致划分为三大类："以教为主"的教学模式和策略、"以学为主"的教学模式和策略以及"学教并重"的教学模式和策略。

在该书中，何教授给出了"学教并重"的教学设计的概念：是指在教学系统设计过程中，既要充分发挥教师的主导作用，又要突出体现学习者的认知主体地位，要同时调动教与学两个方面的主动性和积极性。但是，书中没有提供"学教并重"教学模式和策略的具体实例。而梅里尔的五星教学模式（首要教学原理）堪称"学教并重"教学模式和策略的典范。

梅里尔将五星教学模式的五个要素同11种教学（设计）理论和模式进行了比较，有赫尔巴特"传统"的教学模式，也有建构主义创新的教学模式。后来他又从"直接教学"理论创始人罗森海因和"学习维度"理论的倡导者马扎诺等人的实证研究中得出多方面启示。按照梅里尔的说法："首要教学原理几乎可以在各种教学理论与流派中或多或少见到踪影。"梅里尔是认知主义的核心人物，也是建构主义的领军人物，做到了认知主义和建构主义理论兼收并蓄，博采众长。五星教学之聚焦问题以教师为主，激活旧知以学习者为主，示证新知转换到以教师为主，应用新知和融会贯通再度转换到以学习者为主，整个教学过程充分贯彻了"学教并重"的原则。

一、九大教学事件

这是美国著名教育心理学家加涅将认知学习理论应用于教学过程的研究而提出的一种教学策略。加涅认为，教学活动是一种旨在影响学习者内部心理过程的外部刺激，因此教学程序应当与学习活动中学习者的内部心理过程相吻合。根据学习的信息加工过程模型，他把学习活动中学习者内部的心理活动分解为九个阶段，换句话说就是将课堂教学的一般过程归纳成九个教学事件：激发学习动机、阐明教学目标、提示回忆旧知、呈现刺激材料、提供学习指导、引出行为反应、提供学习反馈、评价行为表现、促进保持和迁移，相应的教学程序也应包含九个步骤。

九大教学事件由于有认知学习理论作基础，所以不仅能使教师发挥主导作用，也能激发学生的学习兴趣，在一定程度上调动学生的学习主动性、积极性。

二、五阶段教学策略

在加涅九大教学事件的理论基础上，为了促进教学设计进程，迪克和凯瑞将加涅的教学事件划分为五个阶段。

（1）教学导入活动：吸引注意力，激发学习动机；阐述具体教学目标；激活原有知识、技能。

（2）教学内容呈现：教学内容包括概念、原理、规则、程序等；实例包括正例、反例等。

（3）学习者参与：练习、实操、点评、反馈。

（4）评估：起点行为测验、前测、练习性测验、后测。

（5）跟踪活动：为保持和巩固记忆而提供辅助；考虑知识、技能迁移应用至新情境。

三、支架式教学策略

支架本意是建筑行业中使用的脚手架，这里用来形象地说明一种教学模式：学习者被看作是一座建筑，学习者的"学"是在不断地、积极地建构着自身的过程；而教师的"教"则是一个必要的脚手架，支持学习者不断地建构自己，不断建造新的能力。教师引导着教学的进行，使学习者掌握、建构和内化所学的知识技能，从而使他们进行更高水平的认知活动。简言之，是通过支架（教师的帮助）把管理学习的任务逐渐由教师转移给学习者自己，最后撤去支架。

支架式教学是以苏联著名心理学家维果茨基的"辅助学习"和"最近发展区"理论为依据的。维果茨基认为，高级心理机能是在人际交往活动的过程中产生和发展起来的，而不是从内部自发产生的，它们只能产生于人们的协同活动和人与人的交往之中；新发展起来的高级心理机能逐渐转移至内部，成为人的内部心理过程的结构。显然，这种从社会的、集体的、合作的活动向个体的、独立的活动形式的转换过程，需要外部"辅助"的参与和介入。另外，维果茨基指出，学习者的发展有两种水平：一种是学生的现有水平，指在无老师指导的情况下能够独立完成；另一种是学习者潜在的发展水平，指在有老师指导的情况下能够完成，无老师指导的情况下无法完成。两者之间的差异就是最近发展区。

教学应着眼于学生的最近发展区，为学生提供带有难度的内容，调动学生的积极性，发挥其潜能，超越其最近发展区而达到其很难发展到的水平，然后在此基础上进行下一个发展区的发展。支架式教学强调以最近发展区作为教师个人的切入点，它实际上就是在最近发展区内的教与学。其中教师的"教"是在最近发展区内提供支架，学生的"学"是在这种支架的扶持下，超越最近发展区。

支架式教学策略由以下几个步骤组成：

（1）搭脚手架。围绕当前学习主题，按最近发展区的要求建立概念框架。

（2）进入情境。将学生引入一定的问题情境（概念框架中的某个层次）中。

（3）独立探索。让学生独立探索。探索内容包括：确定与当前所学概念有关的各种属性，并将这些属性按其重要性大小顺序排列。探索开始时要先由教师启发引导（例如，演示或介绍理解类似概念的过程），然后让学生自己去分析；探索过程中教师要适时提示，帮助学生沿概念框架逐步攀升。起初的引导、帮助可以多一些，以后逐渐减少——越来越多地放手让学生自己探索；最后要争取做到无须教师引导，学生自己能在概念框架中继续攀升。

（4）协作学习——进行小组协商、讨论。讨论的结果有可能使原来确定的、与当前所学概念有关的属性增加或减少，各种属性的排列次序也可能有所调整，并使原来多种意见相互矛盾且态度纷呈的复杂局面逐渐变得明朗、一致起来。在共享集体思维成果的基础上达到对当前所学概念比较全面、正确的理解，即最终完成对所学知识的意义建构。

（5）效果评价。对学习效果的评价包括学生个人的自我评价和学习小组对个人的学习评价，评价内容包括：①自主学习能力；②对小组合作学习所做出的贡献；③是否完成对所学知识的意义建构。

四、抛锚式教学策略

这种教学要求建立在有感染力的真实事件或真实问题的基础上。确定这类真实事件或问题被形象地比喻为"抛锚"，因为一旦这类事件或问题被确定了，整个教学内容和教学进程也就被确定了（就像轮船被锚固定一样）。建构主义认为，学习者要想完成对所学知识的意义建构，即达到对该知识所反映事物的性质、规律以及该事物与其他事物之间联系的深刻理解，最好的办法是让学习者到现实世界的真实环境中去感受、去体验（即通过获取直接经验来学习），而不是仅仅聆听别人（例如教师）关于这种经验的介绍和讲解。由于抛锚式教学要以真实事例或问题为基础（作为"锚"），所以有时也被称为"实例式教学""案例教学""基于问题的教学"或"情境教学"。

抛锚式教学策略由以下几个步骤组成：

（1）创设情境。使学习能在和现实情况基本一致或相类似的情境中发生。

（2）确定问题。在上述情境下，选择出与当前学习主题密切相关的真实性事件或问题作为学习的中心内容（让学生面临一个需要立即去解决的现实问题）。选出的事件或问题就是"锚"，这一环节的作用就是"抛锚"。

（3）自主学习。不是由教师直接告诉学生应当如何去解决面临的问题，而是由教师向学生提供解决该问题的有关线索（例如需要搜集哪一类资料、从何处获取有关的信息资料以及现实中专家解决类似问题的探索过程等），并要特别注意发展学生的自主学习能力。自主学习能力包括：①确定学习内容表的能力（学习内容表是指为完成与给定问题有关的学习任务所需要的知识点清单）；②获取有关信息与资料的能力（知道从何处获取以及如何去获取所需的信息与资料）；③利用、评价有关信息与资料的能力。

（4）合作学习。讨论、交流，通过不同观点的交锋，补充、修正、加深每个学生对当前问题的理解。

（5）效果评价。由于抛锚式教学要求学生解决面临的现实问题，学习过程就是解决问题的过程，即由该过程可以直接反映出学生的学习效果。因此对这种教学效果的评价往往不需要进行独立于教学过程的专门测验，只需在学习过程中随时观察并记录学生的表现即可。

五、随机进入式教学策略

由于事物的复杂性和问题的多面性，要做到对事物内在性质和事物之间相互联系的全面了解和掌握，即真正达到对所学知识的全面而深刻的意义建构是很困难的。往往从不同的角度考虑可以得出不同的理解。为克服这方面的弊病，在教学中就要注意对同一教学内容，要在不同的时间、不同的情境下，为不同的教学目的，用不同的方式加以呈现。换句话说，学习者可以随意通过不同途径、不同方式进入同样教学内容的学习，从而获得对同一事物或同一问题的多方面的认识与理解，这就是所谓"随机进入教学"或"随机通达教学"。显然，学习者通过多次"进入"同一教学内容将能达到对该知识内容比较全面而深入的掌握。这种多次进入，绝不是像传统教学中那样，只是为巩固一般的知识、技能而实施的简单重复。这里的每次进入都有不同的学习目的，都有不同的问题侧重点。因此，多次进入的结果，绝不仅仅是对同一知识内容的简单重复和巩固，而是使学习者获得对事物全貌的理解与认识上的飞跃。

随机进入教学的基本思想源自建构主义学习理论的一个新的分支——弹性认知理论。这种理论的宗旨是要提高学习者的理解能力和他们的知识迁移能力。不难看出，随机进入教学对同一教学内容，在不同的时间、不同情境下，为不同的目的，用不同的方式加以呈现的要求，正是针对发展和促进学习者的理解能力和知识迁移而提出的，也就是根据认知弹性理论的要求而提出的。

随机进入教学策略由以下几个步骤组成：

（1）呈现基本情境。向学生呈现与当前学习主题的基本内容相关的情境。

（2）随机进入学习。取决于学生随机进入学习所选择的内容，而呈现与当前学习主题不同侧面特性相关联的情境。在此过程中教师应注意发展学生的自主学习能力，使学生逐步学会自己学习。

（3）思维发展训练。由于随机进入教学的内容通常比较复杂，所研究的问题往往涉及许多方面，因此在这类学习中，教师还应特别注意发展学生的思维能力。其方法是：教师与学生之间的交互应在"元认知级"进行；要注意建立学生的思维模型，即要了解学生的思维特点；注意培养学生的发散性思维。

（4）小组协作学习。围绕呈现不同侧面的情境所获得的认识展开小组讨论。在讨论中，每个学生的观点在和其他学生以及老师一起建立的社会协商环境中受到考察、评论，同时每个学生也对别人的观点、看法进行思考并作出反映。

（5）学习效果评价。包括自我评价和小组评价，评价内容与支架式教学相同。

由于上述介绍可见，建构主义的教学方法尽管有多种不同形式，但是又有其共性，即它们的教学环节中都包含有环境设计、协作学习，并在此基础上由学习者自身最终完成对所学知识的意义的建构。这是由建构主义的学习环境所决定的。

六、探究—发现教学策略

约翰·杜威是早期致力于探究法的人士之一，他所提出的模式是：发现问题—提出假设—验证假设—形成结论。

所谓"探究"，就其本意而言就是探讨和研究。探讨就是探求学问、探求真理和探求本源；研究就是研讨问题、追根求源和多方寻求答案、解决问题。

探究式教学模式是指根据教学内容及要求，由教师创设情境，以问题的发现、探究和解决来激发学生的求知欲、创造欲和主体意识，培养学生创新能力的一种教学模式。这个过程有效地锻炼了学生分析、综合、比较、概括、抽象的能力，培养了学生的思维。而教师则注重利用教学手段，激发学生的求知欲，抓住时机开拓学生思路，多给学生思考问题、发现问题、讨论问题的机会，为学生探索内在、外在的联系和规律，为学生的思维活动提供最佳信息。因此，它是一种非常适合认知领域教学目标和知识类、智慧技能类教学内容的教学策略。

探究—发现教学策略由以下几个步骤组成：

1. 创设情境

当代认知心理学的研究表明：认知活动具有情境关联性。特定的"情境"或"场合"不仅能够决定我们对事件意义的理解，还能影响我们的知觉内容以及我们的学习方式，并且自然会对记忆产生深远的影响。源于现实世界的活生生的情境是学习者进行问题解决和意义建构的平台，这种情境是与学习者的精神世界融为一体的。因此，在教学中，恰当地设置教学情境，可以激发学生的思维火花和学习动机，使学生积极主动地投入学习中去，从而达到良好的教学效果。

（1）情境的创设要满足教学需求。教师要对课程地位、性质、课程教学目标、课程教学内容的重点和难点深刻理解，准确把握，要深入了解学生对基础知识的掌握程度和学习能力，在此基础上才能有针对性地创设情境。

（2）情境设置要体现开放性。开放性的情境能使课堂氛围更加活泼，加大学生探究的广度和深度。

2. 发现问题（学生为主体）

苏联教育家马赫穆托夫认为问题的提出分三个阶段：①分析问题情境；②"看出"问题的实质；③用语言概述问题。在这一阶段，学生通过分析创设情境，发现存在问题，总结提炼问题。

3. 探究解决问题（学生为主体）

通过讨论、实验、查阅文献等方法，探究并解决问题。继问题情境的分析和问题的提出之后，就是问题的解决。在问题的探究与解决过程中，教师引导学生分析问题、提出假设，并组织引导学生利用实验、观察、阅读、讨论等方法积极思索，利用协作学习来验证假设得出结论，使学生在问题的探究过程中形成概念，建立规律并形成相应的知识组块。

4. 总结点拨（教师为主体）

总结学生探究过程，点拨知识重难点，落实教学目标。这一环节的主要任务是总结在问题解决过程中得出的结论，并将其拓展延伸。知识只有在应用中、在解决实际问题的过程中才能显示出强大的力量，学习知识的目的在于应用，学生也只有在应用知识解决实际问题的过程中才能学活知识，才能提出新问题。

七、情境—陶冶教学策略

情境—陶冶教学策略有时也称暗示教学策略，由保加利亚心理学家洛扎诺夫首创，主要通过创设某种与现实生活类似的情境，让学生在思想高度集中但精神完全放松的情境下进行学习。通过与他人充分交流和合作，提高学生的合作精神和自主能力，以达到陶冶情操和培养人格的目的，因此，这是一种主要用于情感领域教学目标和态度类教学内容的教学策略。

情境—陶冶教学策略主要由以下几个步骤组成：

1. 创设情境

教师通过语言描绘、实物演示和音乐渲染等方式或利用教学环境中的有利因素为学生创设一个生动形象的场景，激起学生的情绪。

2. 自主活动

教师安排学生加入各种游戏、唱歌、听音乐、表演、操作等活动中，使学生在特定的气氛中积极主动地从事各种智力操作，在潜移默化中进行学习。

3. 总结转化

通过教师启发总结，使学生领悟所学内容主题的情感基调，达到情感与理智的统一，并使这些认识和经验转化为指导其思想、行为的准则。

八、示范—模仿教学策略

示范—模仿教学策略也是教学中常用的一种策略，它主要用于心理动作领域教学目标和动作技能类教学内容的教学策略，包括操作技能（精细动作技能）、运动技能（粗大动作技能）的学习。

示范—模仿策略主要由以下几个步骤组成：

1. 动作定向

教师向学生阐明需要掌握的行为技能及技能的操作原理，同时向学生演示具体的动作，使学生明确要学会的行为技能的要求。

2. 参与性练习

教师指导学生模仿练习一个个分解的动作，并及时提供反馈信息，消除不正确的动作，强化正确的动作，使学生对所学的动作由不够精确、熟练逐渐走向精确、熟练。

3. 自主练习

在这一阶段，学生已基本掌握了动作要领，可以将单个的技能结合成整体技能，通过反复练习，使技能更加熟练。

4. 技能的迁移

学生动作技能基本达到自动化的程度，可以不需要思考便能完成行为技能的操作步骤，并且可以把获得的技能与其他技能组合，构成更为综合性的能力。

第三节 五星教学模式

五星教学模式，又称"首要教学原理"或"五星教学原理"，是由美国犹他州立大学教授、当代著名教学设计与教学技术专家M.戴维·梅里尔提出的。五星教学模式也是一种微观教学策略。

美国当代著名教学设计专家查尔斯·M.赖格卢斯指出：当前存在许多不同的教学设计理论和模型，设计者应该广泛学习这些设计模式并依据具体情境选择最合适的模式。梅里尔认为：表面上各异的教学模式，其背后都暗含着相似的原理。赖格卢斯鼓励梅里尔验证这种假设。由此，梅里尔开始了对各种教学模式背后共通性教学原理研究。

在考察研究、分析比较了11种教学策略、教学模式的基础上，梅里尔于2001年发表了《首要教学原理》一文，该文勾勒出了五星教学原理的基本框架。2002年，他发表了《首要教学原理》和《波纹环状教学开发模式》两篇论文，正式宣示了五星教学原理研究的启动。在这两篇论文中，《首要教学原理》增补了同其他十余种教学模式进行比较的内容；《波纹环状教学开发模式》则讨论了其与ADDIE模式的差异以及主要操作思路。

梅里尔在总结归纳了众多教学设计理论和模型的基础上，得出如下结论：所有的教学设计模型都应该遵守一组共同的处方性教学原则，旨在实现学习效果好（Effective）、效率高（Efficient）、参与度大（Engaging）的3E教学。这就是鼎鼎大名的、被广大教学设计人士奉为圭臬的"首要教学原理"。梅里尔曾说："只有在教学中贯彻了这五大原理，才能堪称是'五星级的教学'。"首要教学原理的五大要义如图8所示。

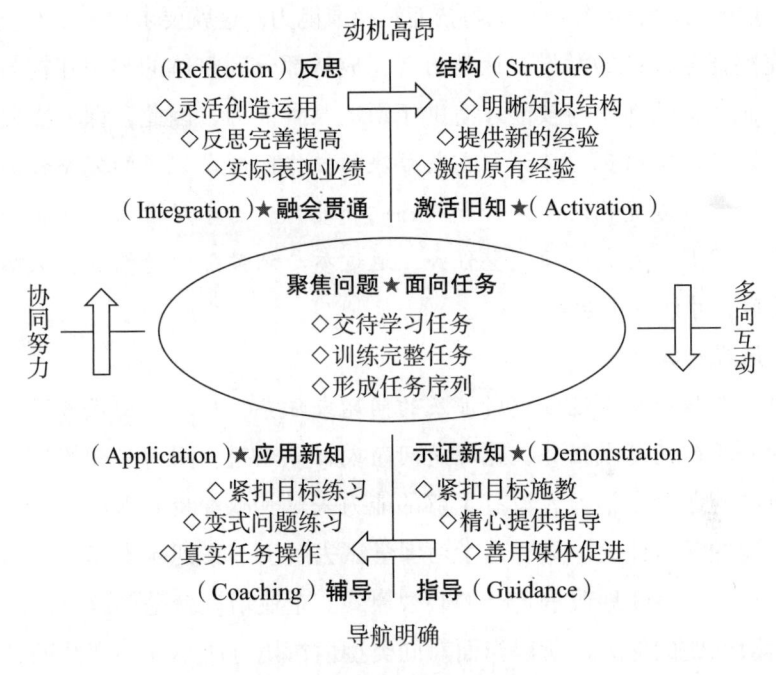

图8 首要教学原理示意图

一、聚焦问题

1. 交代学习任务

企业的培训课程应该是以解决问题或完成任务为目的设计与开发，如概念的识记、原理的理解、流程的执行、智慧技能的应用、操作技能或动作技能的习得、习惯与态度的养成等。在教学的过程中，这些既可以被看作是亟待解决的问题，也可以被看作是需要完成的任务。每一个教学单元都需要交代明确的教学目标：本单元需要解决的问题或完成的任务，以及能够学到的知识和习得的技能。当学习者在现实世界问题或者任务的情境中掌握知识和技能时，才能促进学习。

2. 训练完整任务

实际工作中的问题或者任务往往都不是单一的、简单的，而是复杂的、有难度的，教学活动的目的不仅仅是让学习者获得某种单一的知识、技能，更深一层的目的是将若干知识与技能转换成能力。这就要求课程要有整体问题或完整任务设计的考量，让学习者完成从部分到整体的知识建构与技能习得。而完整的知识与技能才有助于形成某种能力，因此，课程需要设定明确的宏观教学目标：本课程需要解决的整体问题或完成的完整任务，以及能够让学习者建构的新认知和具备的新能力。当学习者面对现实世界的一个整体问题，完成一项完整任务，通过参与到聚焦问题的教学策略中习得技能时，才能促进学习。

3. 形成任务序列

整个课程的教学过程中所涉及的问题或任务，应该是由浅入深、由易到难的一系列问题或任务，也就是问题或任务序列。因为一开始过于复杂或困难的问题会令学习者没有足够的能力来对其心智模式做出微调，从而导致沮丧的学习体验。只有当学习者尝试去解决一系列越来越复杂的问题时，他们才会不断地改进自己的心智模式。企业培训就是要解决问题或者培养解决问题的能力，所以当面对同类型但情境有所不同的变式问题或者更加复杂的问题时，学习者对各种问题作出分析比较后，更有可能制定出解决问题的完整方案。当学习者循序渐进解决了一系列问题，才能促进学习；当学习者对各种问题作出明确分析比较，才能促进学习。

心智模式有六个属性和七个特点。

（1）六个属性是：不完整性，人们对于现象所持有的心智模式大多都是不完整的。局限性，人们执行心智模式的能力受到限制。不稳定性，人们经常会忘记所使用的心智模式细节，尤其经过一段时间没有使用它们。边界不明，类似的机制经常会相互混淆。不科学，人们常采取迷信的模式，即使他们知道这些模式并非必要的。简约，人们会多做一些可以透过心智规划而省去的行动。

（2）七个特点是：每个人都具有心智模式；心智模式决定了我们观察事物的视角和做出的相关结论；心智模式是指导我们思考和行为的方式；心智模式让我们将自己的推论视为事实；心智模式往往是不完整的；心智模式影响着我们的行为的结果，并不断强化；心智模式往往会比其有用性更加长寿。

二、激活旧知

1.激活原有经验

教学活动中常见的错误就是以抽象的概念讲解作为切入口，以概念解释概念，以专业解释专业，学习者往往如坠迷雾，晕头转向。世界是客观的，但是每个人头脑中的世界是主观建构的，人们学习任何一项新知，都必须有若干与之类似或接近的旧知作为基础，否则就无法在头脑中对新知进行表象，更加无法表征。这表明：旧知是学习新知的桥梁或媒介。做个类比就是：旧知是消化新知的酶。如果学习者有过关于新知的相关经验，那么教学首先要做的就是激活这些相关信息，作为理解新知的基础。

新知与旧知越相似，激活旧知所起到的影响作用就越大，会帮助学习者激活已有心智模式，并为调整心智模式或建立新的心智模式先一步做好准备。反之，当学习者面对并不熟悉的新知识，与已有的认知和经验毫无关联，激活旧知的效果就微乎其微了。同时，激活无关经验而生成的不恰当的心智模式，可能会对学习产生不利的影响。

当学习者激活已有知识和技能的心智模式，并将其作为新学习的基础时，才能促进学习。

2.提供新的经验

如果学习者对于新知没有足够的相关经验，那么学习者只能靠死记硬背来学习呈现的材料，由于缺少理解新知的基础，胡思乱想和野蛮关联大行其道，学习者极易对新知产生"差之毫厘，谬以千里"的错误认知。在这种情况下，学习一项新知或新技能的第一要务就是老师必须提供真实的或模拟的经验，学习者能运用这些经验为学习新知奠定基础。案例、例子、比喻、类比、对比、比较等都能够帮助学习者在新知与旧知之间建立经验联结。

当学习者缺乏关于新知的经验，无法激活已有心智模式时，为其提供新的经验作为补救，能够促进学习。

3.明晰知识结构

知识结构是围绕某一特定主题而人为创建的外在相互关联，内在逻辑自洽的模型或框架。联想是当人脑接受某一刺激时，浮现出与该刺激有关的事物表征、表象的心理过程。联想记忆是通过概念之间相互联系来记忆的方式，其优点是记得快，其缺点是容易忘。联想记忆在处理复杂学习任务或复杂问题时效果并不理想。仅仅依靠联想记忆来激活旧知，学习者经常激活的是不恰当的心智模式。

结构化记忆是将知识以结构化的方式进行记忆，在记忆之初需要梳理知识之间的逻辑关系，甚至自行编制知识的模型或框架，记忆速度比较慢，但记忆成功之后，记忆的锚点比较多，牢固性远超联想记忆。若学习者关于新知的过往经验属于结构化的记忆，则应激活该心智模式，更有助于学习者将新知识与现有知识进行整合。教学过程中应注意所激活旧知结构化的问题，如果学习者被激活的旧知是非结构化的，那么理应由教学提供一个结构，让学习者用于建构学习新知识，如此才能促进学习。

有助于学习者以结构化的方式记忆知识的方法包括：

（1）记忆术。一种以首字或首字母组合形成新概念的助记方式，例如，结构化面试法STAR是由Situation、Task、Action、Result四个单词的首字母组成。

（2）隐喻或类比。隐喻是一种比喻，用一种事物暗喻另一种事物。例如，将人脑的工作记忆区比作电脑的内存，前额叶比作中央处理器，眼睛比作摄像头，耳朵比作麦克风，嘴巴比作音响等。

当学习者为组织新知识回顾或者获取一个框架或结构，并且为如下环节奠定基础——示证新知中的指导、应用新知中的辅导、融会贯通中的反思时，才能促进学习。

三、示证新知

1. 紧扣目标（内容）施教

教学内容包含不同的知识、技能，每一种教学内容都要求与之匹配的示证方式。为了增强教学效果，示证新知的方式必须与教学内容的类型保持一致：事实性知识是关于是什么、有什么的知识，包含事实、成分等；概念性知识是描述哪一类的知识，是抽象概括的、有组织的结构化知识，涉及分类、定义与释义等；原理性知识是描述为什么的知识，包括原理原因、本质规律、定理定律、公式规则，说明概念之间的关联性；流程性知识是描述如何做的知识，展示做一件事的程序或步骤；智慧技能是一套程序支配人的认知行为对外办事，综合运用各类型知识，进行综合分析、比较、判断、推理与决策的技能；动作技能（操作技能）是一套程序同时支配人的认知行为和肌肉协调行为，涉及动手或开口、需要协调思维与肌肉共同参与的技能。只有当示证新知的策略与教学内容类型相一致，才能促进学习。

当学习者观察将要学习的知识与技能的示证时，考虑其与所教的类型是否相一致，才能促进学习；只有当示证新知的策略与教学内容类型相一致，才能促进学习。

2. 精心提供指导

示证新知通常包含了呈现和示证两个阶段，既是两个教学事件，也是两个教学活动。在实施示证新知的教学过程中，学习者对于一项知识的内涵与外延、概念与实例、原理与应用、流程与动作等之间的关系可能并不完全清晰。指导为学习者深刻理解知识，准确加工信息指明了方向，也为学习者在示证过程中关注重要方面提供了导向。同时，指导也为学习者将新知与旧的知识结构挂钩提供了帮助。在示证中给予学习者适当的指导，能促进学习。

当学习者得到指导，将一般知识、技能与具体实例相互关联，或是将有机的知识结构与具体实例相互关联时，才能够增强示证新知的效果。

3. 善用媒体促进

在教学中使用的图片是视觉媒体，音频是听觉媒体，视频是多媒体。

很多媒体的使用并没有起到促进学习效果的作用，某种程度上反而干扰了学习。最根本的原因是所使用的媒体与教学内容本身没有多大关系，诸如课程开始前签到进场的背景音乐、课间休息的休闲音乐、暖场使用的滑稽视频、课件PPT中插入的无关图片等。使用媒体的目的是吸引学习者的兴趣，错误的使用只能吸引学习者的情绪性兴趣，而不能吸引学习者的认知性兴趣。认知性兴趣是学习者意识到其所学习的内容能够带来其所需要的收益，从而对学习内容本身产生的兴趣。这种兴趣会让学习者在学习过程中付出更多的心理努力或心理投入，能够激发出学习者解决问题的真实意愿和深层动机。要想吸引学习者的认知性兴趣，在使用媒体方面需要做到以下几点：

（1）图文并茂，意义相关。图片与文字一起呈现时，图片本身起着一种教学信息的功能，而不仅仅是一种装饰点缀的元素。

（2）视频素材，精心制作。用于呈现和示证的视频材料，如果是自己拍摄的，需要经过专业的策划和拍摄，如果是从影视作品中获取的，需要经过精心的剪辑和拼接，以达到刻画细节信息，佐证教学内容的效果。

（3）控制数量，宁缺毋滥。多媒体使用的数量和频度应控制在一定的范围内，通常一个教学单元使用一个视频，无论是视频还是图片的使用都要满足匹配和精当的原则，否则会给学习者一种不知所谓的负面体验。认为有合适的媒体素材，宁可替代为其他的教学方法也不能滥竽充数。

当在媒体实施了规定的教学模式和功能时，才能促进学生的学习。

四、应用新知

1. 紧扣目标（内容）练习

应用新知的本质是练习，是在非真实情境中应用新知识、新技能。提取记忆和回忆技能不是应用，这类练习活动对于促进应用几乎不起作用。但是，大部分应用新知的教学活动仅仅包含了选择题、判断题之类所谓的"练习"。只有当学习者有机会练习将所学的新知识、新技能应用到各种具体问题的中，才有助于其心智模式的迭代和技能水平的提高。记住新知最多只是停留在理解层面，并不是应用新知，也无法为学习者在真实情境中应用自己的知识和技能提供任何帮助。

当学习者运用新掌握的知识和技能来解决问题时，才能促进学习。

所谓紧扣目标练习，就是在针对概念性知识时，要求学习者指出不同概念类别的区分特征，将概念的实例进行正确分类；在针对原理性知识时，要求学习者根据已知的条件预测可能的结果，或者分析一个不良结果，找出其中有问题的条件，并逐渐增加难度；针对流程性知识、智慧技能和动作技能时，要求学习者执行一系列的步骤，尽量规避其中的陷阱误区，采取更高效的方法、技巧，并解决逐渐增加难度的问题或完成逐渐增加难度的任务。

只有当应用新知的策略与所要学习的知识、技能类型相一致时，才能促进学习。

2. 合理运用反馈

反馈是应用新知（练习和实操）教学活动中不可或缺的教学方法。没有反馈的练习，则对于改进学习者的行为表现意义不大。反馈的种类有很多，当学生运用新知解决问题时，只提供正确和错误的反馈是远远不够的。只有当学习者接受了恰当的反馈时，才能促进学习。

反馈可以分为内反馈和外反馈。内反馈是学习者不依赖外来帮助，而通过自己的感觉通道可以获得的反馈，这种反馈能帮助学习者自己去发现行为所带来的结果。它可以是在执行某个动作时肌肉中的动觉感受器提供的感受，如在做了一个错误的拉伸动作后感觉到的刺痛感，也可以是对自己行为结果的直接观察，如在投篮中可以看到球是否投中。外反馈是由教师、教练或某种自动化的记录装置提供给练习者的反馈信息，通常是在学习者得不到固有反馈信息时给予的，是对固有反馈的增加和补充，这种反馈为学习者提供了有关如何表现某种行为或动作的示证。

常见的外反馈主要有两种：（1）结果反馈。结果反馈是关于目标达成状况的增补的、言语式的、终结性的反馈信息。结果反馈可以很具体，也可以有一定的概括性，还可以包括奖励成分，是关于行为或动作结果的反馈，而非行为或动作本身。（2）过程反馈。过程反馈是关于学习者行为或动作过程模式的反馈信息。过程反馈旨在纠正学习者错误行为或动作模式，而不是行为或动作结果。

只有当学习者接受了恰当的内反馈或者外反馈时，应用新知才会有效。

3. 提供练习辅导

辅导意味着学习者在应用新知过程中遇到了困难，需要接受来自老师或教练的提示性帮助。一般来说，简单的问题只需要一个简单的提示，但复杂的问题就需要更多或一组完整的提示。

在应用新知时，辅导能够帮助学生筛选和过滤所需要的信息；能帮助学生回忆起那些能够解决问题的相关旧知；能帮助学生新建立的心智模式来完成任务和解决问题；能帮助学生纠正错误的行为或动作模式。在应用新知教学活动的初期就对学习者进行辅导，效果最佳，随着学习者在解决问题或完成任务中积累更多的经验后，辅导的数量和频率应逐渐减少，此时应逐步放手使学习者独立解决问题或完成任务，而不再主动提供这种辅导帮助。

当学习者获得辅导，并且在后续的每一个问题或任务中，这种辅导会逐渐减少时，应用新知的效果才会得以提高。

五、融会贯通

1. 实际表现业绩

练习是学习者在课堂上的模拟情境中应用新知识、新技能解决老师提出的问题，或者完成老师交代的任务，目的是在应用过程中促进学习者对新知识、新技能的深刻理解与熟练掌握。但学习的过程不仅限于练习，还需要实操。所谓实操就是运用新知识、新技能，在真实情境中解决自己面临的问题或者完成自己接受的任务。与练习不同，实操不再以追求新知识、新技能的熟练程度为主要目的，而是要取得预期的业绩表现，也是课程开发总目标的实现。

当学习者在真实工作情境中运用新知识、新技能解决问题或者完成任务，并取得预期业绩时，能够促进融会贯通。

2. 反思完善提高

当学习者获得了新知在真实情境中的运用经验后，学习的过程仍未结束，此时想要快速提高，就需要对新获得的经验进行反思（复盘），一方面查缺补漏，另一方面获得新的领悟。

反思属于认知中的元认知，反思是去除错误和冗余的过程，是从具象走向抽象、从实例到达概念和符号的过程。从脑神经科学的角度来讲，反思改变了原有认知，意味着大脑相关神经元细胞链接发生了改变，新的神经元链接形成。

当学习者反思、讨论和巩固新习得的知识和技能时，才能促进融会贯通。

在实际工作中，学习者与同事合作共同解决问题或者完成任务，这种合作会促使学习者对新获得的知识和技能进行反思。除此之外，精心安排同事（领导）对学习者的工作业绩进行评价、细致讨论、互相质疑、辩护观点等都要求学习者做出深刻反思，有利于矫正和巩固新习得的技能及其应用经验，促进新知与旧知的整合，从而进一步完善自身的心智模式。

当学习者将新学习到的知识、技能整合到日常工作中，并通过同伴合作和同伴评价的方式反思、讨论或者巩固时，才能促进融会贯通。

3. 灵活创造运用

学习的目的不是拥有知识、技能，而是运用知识、技能解决问题或完成任务。在真实工作情境中，我们所遇到的问题和任务不可能与课堂学习情境中的一模一样，这就要求我们根据实际情况对新知识、新技能进行灵活运用，以满足解决问题或完成任务的需要。而这一过程会促使我们对新知识、新技能产生个人版本的认知，这种认知可能已经偏离了知识、技能原本的状态，但却是迭代和优化我们心智模式的必由之路。

下一次当我们遇到同类型的更具挑战性甚至是全新的问题时，之前灵活运用的经验就显得异常珍贵，因为在此基础上我们敢于重新组合新知识、新技能（外化水平），甚至创造出全新的技能（精熟水平）。

当学习者在日常工作中灵活应用新知识、新技能，形成个人版本的认知，乃至能够重组和创造新知识、新技能，才能达到融会贯通的最高境界。

第四节　处方性教学策略

教学事件是教学内容加上教学方法，教学策略是若干教学事件的组合。本书所主张的教学事件是五星教学的五个教学事件，也称五项教学原理。教学方法的范畴比较广泛，本书所主张的教学方法主要包括但不限于：讲解、展示、提问、案例教学、多媒体、小组讨论、练习、实操、指导、辅导等。

一、"事实性知识"教学策略

目标：使学习者能识别一组对象、活动或过程的相关信息；知道某个完整事物或系统中特定部分（成分）的名称和位置。

教学事件：

（1）呈现新知或示证新知。讲解知识的名称、一般信息以及细节特征；展示知识的某一部分（成分）在整体结构中的位置及其名称和一般信息。

（2）应用新知。对于是什么的知识，根据提供的具体描述或细节刻画提问学习者，请其说出信息名称；或者反过来，根据信息的名称提问学习者，令其具体描述或刻画特征；及时作出回应；避免给予线索提示；提供矫正性反馈；掌握程度为100%。对于有什么的知识，练习可以是给出某一成分的名称或者信息，请学习者说出其位置，或者反过来，给出成分的位置，要求学习者再现其名称和信息；随机安排任务序列；避免给予位置提示；及时作出回应；提供矫正性反馈；掌握程度为100%。

有时候，对于其他知识、技能的教学内容来说，事实性知识（是什么、有什么）是其先决条件。

二、"概念性知识"教学策略

目标：学习者能够描述全新概念的含义、关键特征、正反实例，并对概念的实例（物体、装置、程序、行动或者符号）进行分类。

教学事件：

（1）呈现新知。讲解概念的名称、关键特征、定义、价值、意义和类别等。

（2）示证新知。展示概念特征、定义和意义的细节信息，列举所属类别的正例和反例。提供聚焦注意力指导；提供一组变式实例；将正例和反例匹配；逐渐增加正例和反例匹配的难度。

（3）应用新知。练习过程要求学习者把未曾遇到过的正例和反例进行分类。在早期的学习中提供辅导和矫正性反馈。

学习概念性知识为学习原理性知识和流程性知识奠定基础。

三、"原理性知识"教学策略

目标： 为了使学习者能够依据给定的条件预测未知过程的预期结果，或者依据未曾预期的结果确定相应缺失的或者有缺陷的条件。

教学事件：

（1）呈现新知。讲解原理的名称，以及原理发生过程中每个事件所需的条件。

（2）示证新知。展示真实的或者模拟的实例的过程。提供聚焦注意力指导；提供一组由易到难的实例。

（3）应用新知。练习要求学习者能对过程中一组由易到难并且从未见过的实例，进行结果预测或者找出其相应缺失的条件。一开始先要提供辅导和内在反馈。

（4）实际操作。实操要求在实际工作中遇到相关问题时，能够运用原理诊断问题发生原因，并给出完整解决方案。

一般来说，原理性知识是极其重要的教学内容。

四、"流程性知识、智慧技能、操作技能"教学策略

目标： 让学习者完成一套操作或一项任务，以达成在全新任务情境中

产生预期结果的目标。

教学事件：

（1）呈现新知。讲解流程的名称和步骤以及序列，对整个过程有基本了解。

（2）示证新知。展示整个流程的操作步骤，以及每个步骤的操作细节、量化数据、绝招诀窍、陷进误区等。

（3）应用新知。练习要求学习者去执行一套操作步骤或完成一项工作任务，尽量规避其中的陷阱误区，甚至采取更高效的方法、技巧。这是来自全新的任务中的实例，从易到难排序，逐渐增加难度。一开始先要提供辅导和内在反馈。

（4）实际操作。实操要求在真实工作情境中执行一套操作步骤或完成一项工作任务，不主动提供过程辅导，但需要提供结果反馈。

一般来说，流程性知识、智慧技能、操作技能是最主要的教学内容。

开发篇

——运用之妙在一心

原理篇探讨了课程开发的"道"与"法",是前辈大师们关于课程开发的大道和妙法,同时也融入了作者自身的理解与感悟。开发篇主要介绍课程开发五步法,此法提炼于课程开发的实践之中,是课程开发的流程步骤与方法技巧,是教学设计原理在课程开发过程中的具体应用,因此,必然包含了课程开发"术"和"器"层面的内容。道是事物的本质规律、基本原则和发展方向;法是达成"道"的目标所使用的流程与方法;术是在流程、方法实施过程中的具体操作技术;器是运用技术、技巧时需要用到的工具、模型、模板、表格等。《素书》有言:"行术"不可离道,"明道"自然有术。即开发课程离不开背后的教学设计原理,否则就会误入歧途;掌握了教学设计的诸多原理,在开发课程时才能做到念头通达得心应手,运用之妙存乎一心。

如果说导入篇是在聚焦问题、激活旧知,原理篇是在呈现新知、示证新知,那么开发篇就是在应用新知。作者按照课程开发五步法的流程,即明定位、搭框架、挖经验、谋设计、做教材,详细阐述课程开发每个步骤的方法、技巧与工具、模型。

第八章　明定位——明确课程定位

开发一门课程，首先要明确它的定位，这需要完成分析开发需求、确定课程主题、选定培训对象、设定教学目标这四项任务。

第一节　分析开发需求

课程开发需求是指从组织层面来看开发一门课程的意义与价值，就是要回答为了什么目的而开发的问题。那么，应该从哪些方面分析开发需求呢？

一、需求可行性分析

所谓可行性分析，就是当培训部门接收到一项课程开发需求时，首先要分析这项需求背后的深层目的是不是培训能够满足的，如果能够满足且没有与之匹配的课程，就应该对课程开发进行立项；反之，就没有必要对课程开发进行立项。

例如，某企业的销售部门反映最近一段时间销售人员离职率呈上升趋势，要求培训部门开发一门课程改变员工浮躁的心态，建立长期在公司发展的意识，以降低离职率。离职率上升的问题通常与激励机制、管理模式、领导能力等因素有关，这些问题不是培训课程能解决的，应该从管理和制度方面寻求解决办法。

再例如，人力资源部对近一年内离职的销售人员进行电话回访后得出：大部分人离职是因为与销售一线领导不和，认为他们的管理方式简单粗暴，只知道压指标升目标，经常被批评和指责，遇到困难也得不到有用的帮助。据此，人力资源部提出要开发一门关于基层领导力的课程，然后对一线销售主管进行轮训，以提高他们的团队领导能力，改善领导水平，从而降低员工离职率。经过分析，这个课程开发需求背后的深层目的通过培训能够间接满足，逻辑上说得通，具有可行性，因此可以立项。

二、需求的价值分析

"80/20法则"即80%的价值是来自20%的因子，其余的20%的价值则来自80%的因子。在任何大系统中，约80%的结果是由该系统中约20%的变量产生的。例如，在企业中，通常80%的利润来自于20%的项目或重要客户。在很多情况下，20%的重要工作会带来所有效益的80%。

企业的培训资源总是有限的，在任何时候能够用于课程开发的经费也是有限的，再加上课程开发是一项系统工程，投入人力大，耗费时间长，因此在课程开发立项时要对拟开发课程的价值进行评估。那些对流程改进、管理改善和业绩提升有直接影响的课程开发需求应优先立项，重点开发；其中有些需求在外部市场上有成熟课程的，建议直接从外部采购，无须内部开发；对于那些应知应会的基础知识和技能，其开发的必要性、形式、投入和顺序都要进行严格控制，以确保集中优势资源开发重点课程。

当然，并非所有的课程开发需求都应该被开发成课程。例如，从典型案例中总结优秀经验或失败教训的可以开发成案例，供大家阅读和研讨；需要对内部或客户进行反复讲解的规章制度和业务流程，可以开发成微课（视频或动画），放在平台上自主学习；有明确标准的岗位工作技能，包括操作技能、智慧技能（含人际技能）等，可以编写成电子版岗位操作手册，供员工随时查阅。

那么，具体什么样的需求才适合开发成课程呢？我们知道学习分为自主学习和互动学习（同伴学习、集体学习、带教），两者的区别是前者缺少社会协商（人与人之间进行意义协商）和会话。案例、微课和操作手册等适合自主学习，而只有当学习内容在真实或模拟情境中，通过协商和会话的互动方式进行，才有助于学习者实现意义建构，获得良好学习效果时，那么此类需求才最适合开发成课程。

总之，课程开发工作一定要紧紧围绕关键部门、关键岗位、关键任务、关键技能和关键问题等高价值的需求进行。不仅如此，每一个课程开发需求在立项的时候也要深挖组织层面的需求，开发这个课程究竟是为了解决什么问题，完成什么任务。还要追问在解决了这些问题或完成了这些任务后，能够产生哪些效果，也就是能给组织带来什么好处。

三、需求的性质分析

需求分析就像筛子一样，在筛查了可行性问题和价值问题之后，还要考虑需求本身的性质问题。美国教学设计领域著名专家戴维·乔纳森（David H. Jonassen）博士提出："教育的未来应该把焦点放在有意义的学习上，放在让学生学会怎样推理、决策和解决我们生活中随处可见的复杂问题上，换句话说，教育唯一的目标就是问题解决。"在研究问题解决的学习中，乔纳森把问题分为两类：良构问题（Well-structured problem）和劣构问题（Ill-structured，也有称非良构问题）。这个划分对教育和培训有着重要的指导意义。

良构问题是结构良好的问题，即那些有明确解决方法的问题。它的初始状态、目标状态、操作以及问题解决方法属于明确的，能够利用一个定义良好的途径来达到解决问题的目的，可以简单理解为有确切答案的、属于结构良好的问题。

劣构问题的特点是具有多种解决方法、解决途径和少量确定性的条件。这些条件不仅不易操作，而且包括某些不确定性因素，如哪些概念、规则和原理对求解方法是必要的，如何将它们组织起来，哪种解决方法最为合适，等等。劣构问题是日常实践中的常见问题，一般存在或产生于特定的情境之中，劣构问题的求解可能需要整合不同内容、领域的知识，有多种解决方法，很难有唯一的答案。

简而言之，良构问题和劣构问题的最简单的区别就是——良构问题有现成答案，劣构问题没有现成答案。

分析课程开发需求的性质，就是要确定需求背后涉及的问题是良构问题还是劣构问题。良构问题适合开发成课程，因为课程开发的逻辑是运用教学策略、教学方法和教学工具，为确定的教学内容设计教学活动。劣构问题适合设计成行动学习项目，行动学习的本质就是针对非良构问题采取结构化研讨的方式群策群力，共创解决方案，再在行动中不断优化改善，从而逐步逼近最终目标。

四、需求分析思路

对于课程开发需求进行分析，可以按照以下思路操作：

1. 以绩效差距为线索

假定经过筛选后的课程开发需求是与员工知识、技能等能力素质相关的，也就是培训能够解决的问题，那么下一步就可以进行绩效差距分析。所谓绩效差距是指实际绩效和理想绩效之间的距离，也可以理解为实际绩效是绩效的现状，理想绩效是绩效的目标，两者之间的区别就是绩效差距。

产生绩效差距的原因大致可以归为以下五类：

（1）缺乏知识、技能的原因；
（2）缺乏工作动机的原因；
（3）缺乏关键信息的原因；
（4）缺乏激励机制的原因；
（5）外部环境障碍的原因。

以上前两类原因是可以通过培训来解决的，后三类原因是培训无法解决的，因此开发课程所涉及的绩效问题应聚焦在前两类原因上。

某建材连锁企业门店当年第二季度销售完成率低于全国门店的平均水平，且与去年同期相比仅为80%。门店销售人员均为老员工，近期未有新员工入职。如果想通过培训来解决门店销售完成率低的问题，首先就要仔细分析一下门店的各项绩效指标。直接影响销售的指标包括来客数量、客单价、利润额、促销商品销售额、产品陈列5项。间接影响销售的指标包括库存满足率、顾客订单数及金额、顾客满意度、客户投诉率等5项。从这些指标中我们发现来客数量和客单价都有明显的下降，且当季的促销商品销售额偏低，一线销售人员对其中的客单价、促销商品销售额的指标完成是有直接影响的。

2. 以问题解决为导向

课程开发需求分析的目的就是要界定清楚培训需要解决的问题，这就需要回答以下问题：

（1）问题发生在哪些具体的场景中？
（2）问题的表现是什么？
（3）问题是如何影响绩效的，两者关系如何？
（4）谁能解决问题？
（5）如何解决问题（解决问题的大概流程）？
（6）问题解决的效果如何？
（7）有没有相关证明材料？

只有清晰地界定问题，才能使课程开发对症下药，让教学内容药到病除，令培训效果立竿见影。

直接影响客单价、促销商品销售额指标的主要为门店的一线销售人员，他们均为老员工，且近期也未有新员工入职。培训管理者在观察门店销售人员的工作后发现，他们在销售时只向顾客售卖本部门的商品。而建材行业的客户有一个明显的特征，他们会在一家门店挑选装修当期所需的多种建材。在销售时如果销售人员能向客户优先售卖本部门促销商品，其优惠的价格会让客户的感受更好，然后再向客户介绍其装修所需的其他关联商品，这些商品可能就是其相邻部门的，这样门店客单价和促销商品销售额就能得到明显的提升，进而达成销售指标。

门店的培训管理者在与一线销售人员访谈后发现，他们之所以在销售中只售卖本部门的商品，原因主要有两个方面：一方面是对其他部门的商品知识不了解，另一方面企业对跨部门售卖商品既没有考核要求又没有奖励机制。所以，要解决门店销售完成率低的问题，需要门店制定相应的激励措施，还要开发一门《相邻部门关联商品知识》的课程对销售人员进行培训。

3. 以学员改变为目标

课程开发需求分析要明确培训课堂上学员能够发生哪些具体改变，这些改变包括认知领域、心理动作领域和情感领域三个方面，也就是教育目标的三大领域，一般称之为表现性目标或行为表现目标。并非所有的课程都要求这三个领域的目标同时具备，侧重知识和智慧技能的课程注重学员在认知领域的改变；侧重操作技能的课程更加注重学员在心理动作领域的改变，但会兼顾认知领域的改变；侧重态度的课程更加注重学员在情感领域的改变，也会兼顾在认知领域的改变。

因此，在这个环节需要明确：

（1）知识类和智慧技能类课程须设定认知目标；

（2）操作技能类课程须设定认知目标和心理动作目标；

（3）态度类课程须设定认知目标和情感目标。

关联商品知识培训需要设定认知目标，学员在课堂上能达成的认知目标主要是理解水平和应用水平。因此，在课堂教学情境下，以学员改变为目的设定的教学目标为：①销售人员能够用自己的语言概述关联商品的特点、优点及对客户的价值；②在课堂角色扮演中，销售人员要能够运用营销话术向模拟客户介绍关联商品，促成交易。

4. 以绩效改善为终点

课程开发是为了实施培训，实施培训是为了学员改变，学员改变是为了绩效改善，因此，围绕课程开发所做的一切工作，最终都要回归到绩效改善的目标上来。绩效改善的目标就是课程开发的终极目标，这充分反映了课程开发等培训活动要为企业的经营管理活动服务。但是从培训与学习活动的流程来看，常规的课堂培训最多只能解决学员认知、动作技能与情感的改变，从而引发特定能力的提升，但是无法直接作用于绩效改善本身。要解决这个问题，有两个途径：

（1）贯彻落实五星教学模式融会贯通的教学事件。在培训之后，培训师与培训组织者一起协同持续跟踪学员在实际工作中应用新知的情况，反馈改善建议，促进新知识、新技能向工作能力、业绩表现的转化。

（2）训战结合在课堂上直接体现绩效改善的成果。训战设计的思路有两种，第一种是实战，即在课程设计时预留实战的时间，当学习新知、课堂练习等教学活动在课堂上完成以后，将学员转移至真实工作现场，在实战中运用新知，检验绩效改善的效果。第二种是模拟实战，即在课堂环境中设计一个仿真的工作现场，设置较为复杂的、连续的工作任务。复杂任务的训练，通常很难在完全真实的工作场景中展开，模拟实战演练就成为最佳的替代解决方案。模拟实战要依据真实案例形成故事线，在任务中设置陷阱与雷区，并设计对抗演练和竞赛机制。因此，模拟实战的难度甚至高于实战，对于绩效改善也非常有帮助。常见的演练形式包括模拟制订方案或标书、角色扮演、仿真游戏、实地调研任务及沙盘推演等。

一方面对销售人员进行关联商品知识的培训，另一方面还要在课堂中模拟出实际销售情境，让学员运用商品知识和营销话术进行销售实战演练。不仅如此，课后还要利用部门晨会反复模拟演练销售过程，部门经理巡店追踪销售现场，评估存在问题，反馈优化建议，同时配合门店制定激励措施，如此训战结合、多管齐下、上下协力才能真正改变一线销售人员的销售行为，进而实现门店销售绩效的提高。

五、明确开发目标

课程开发目标，也称宏观教学目标、绩效目标、绩效改善目标，描述的是学习者学完一门课程后，运用所学的知识和技能到实际工作情境中，而非课堂学习情境中，能够做到什么。开发课程的终极目的是改善绩效，从这个意义上说，课程开发目标属于绩效改善目标的一种，因此在课程开发这个语境下两者的意思相同。课程开发目标与课堂教学目标是有区别的，前者是工作情境，与实际工作对接，与绩效改善挂钩；后者是学习情境，与知识、技能和态度对接，与认知、心理动作和情感挂钩。

设定课程开发目标时要遵循两项原则，一是符合SMART原则，二是体现绩效改善效果。例如，某银行《赢在厅堂》课程的开发目标为：①营造安全、整洁的厅堂环境，符合星级网点评价标准；②规范服务话术与技巧，使有效投诉为零；③厅堂营销业绩提升10%。而上述案例中实施的《跨部门关联商品知识》课程开发目标为：①在实际销售活动中主动进行关联商品的销售，使门店客单价提升20%；②熟练运用话术，向顾客介绍其他部门的关联商品；③第三季度门店销售额完成率达到100%。

第二节　确定课程主题

在需求分析阶段分析绩效差距筛选出一系列有关知识、技能、态度方面的问题后，就需要确定课程开发的主题了。确定开发课题也需要根据一定的原则，不可随意乱想，比如选择自己不熟悉的主题是无法深入开展下去的。

一、课题确定三原则

1.实用：以实际业务问题作为课题

建构主义大师乔纳森和梅里尔都认为：课程开发要聚焦解决问题。解决实际业务问题的课程，天然具备了较强的实用性，能够有效帮助员工提高知识、技能，从而促进绩效的改善；反之，不解决实际业务问题的课程，其实用性就会大打折扣，甚至了胜于无。

对于实际业务问题的选择也有一定的要求，通常优先选择重点、难点、痛点和新问题作为课程主题。重点问题是众所周知的重要工作，是一个部门、团队或岗位业务的基本盘，需要持续地加强和巩固；难点问题是最具挑战性同时也是效益最大的工作，往往是20%的工作量创造一个部门或岗位总业绩的80%，此类问题只有少数能力卓越者能解决；痛点问题是让所有人都头痛的工作或任务，痛则不通，就是部门内所有人都解决不了，束手无策，严重影响相关工作的开展；新问题是之前没有遇到过的全新情况，不一定有多难，但是由于没有经验，大多数人还毫无头绪，一筹莫展。

以"重、难、痛、新"等实际业务问题作为课程开发主题，就是想企业之所想，急员工之所急。

2.擅长：选择自己精通的业务领域

聚焦解决问题的课程开发对开发人员的专业经验要求很高，一般至少在该岗位工作五年以上，且业绩优秀者才有资格成为课程内容的提供者，即业务专家。这是因为聚焦解决问题的课程教学内容，需要挖掘业务专家的优秀经验，如果课程开发人员自身的经验不足，那么在挖掘经验的过程中就会面对没有内容可挖的尴尬局面。

在课程开发的课堂上，我经常会问学员一个问题："在做这件事或完成这个操作的时候，有没有一些常犯的错误？"换句话说，"有没有什么注意事项需要提醒大家，避免重复犯错？"这个问题是在引导学员挖掘他的优秀经验中最为宝贵的部分——陷阱误区，但是很多学员无法做出深入的回答，因为他没有经历过，经验不足。

3.聚焦：分析与解决1~3个问题

为什么很多培训师的课程是以讲为主，是他们不懂得互动式的教学方法吗？答案是否定的。大部分原因是课程内容所包含的知识点太多，在有限的时间内无法通过互动式的教学方法来完成，因而只能使用讲解的方法来完成教学任务。

一门课程包含过多的知识点，这本身就说明培训师对于培训的认知还停留在学校教育的阶段。培训与教育是有区别的，教育是将结构化的知识、技能按部就班地传授给学生，让学生能够理解和应用；培训是要解决知识、技能在应用过程中出现的问题，如效果不佳、出现偏差等。培训课程是以聚焦问题解决为目的的，因此不需要包含太多的知识点，而是将与课程主题有关的两三个关键问题作为教学内容，以此来促进学员思考，理解建构新知。

二、课程名称三要素

课程主题确定后就需要给课程起一个合适的名字，一个好的课程名称，能够迅速抓住学员的眼球，引起好奇心与学习兴趣。课程名称通常由 A、B、C 三个要素组成，即 Audience 对象、Benefit 收益、Content 内容。

（一）课程名称的三大要素

1.对象：具体、明确

在课程名称中包含培训对象，就直接体现了课程与学员的关系。设计课程名称时可以包含学员的类型与岗位，比如《初阶内训师精彩授课技巧》《大堂经理如何快速化解客户不满》。但如果课程适用的对象人群很广泛，或者大家对主题认识度很高，一看课程名称就知道适用的对象了，那么就可以在课程名称中直接省略。比如《DISC 沟通技巧》《工作报告 PPT 制作技巧》《工程保函：为工程"保"驾护航》。

2.收益：价值、亮点

一门课程对于学员的价值或收益也可以直接体现在课程名称中。价值和收益通常是课程的亮点，能够体现课程的特色或是区别于其他课程的优势，最容易打动学员。在课程名称中加入双赢、玩转、搞定、高效、成功等词语就是很棒的做法。比如《3+1 高效搞定 PPT》《三结合四，确保让你上好三会一课》。

3.内容：聚焦、量化

内容是课程名称中的必备要素，应聚焦而不能发散，旨在高度概括课程的核心观点，让人记忆深刻，例如《谈判僵局的化解技巧》《营销报告撰写技巧》。在命名时还可以加上量化的数字，例如《中层管理者的五项修炼》《情境领导的四种风格》等。

（二）课程名称的五种组合

运用 A、B、C 三要素可以形成多种组合的课程名称。

第一种，直接用课程内容作为课程名称。这样的命名方式简单直接，让学员一目了然地知道课程讲授的内容是什么，适合受众面广或全员必修课程。比如《企业文化建设》《公司安全管理》。

第二种，"对象+内容"的命名方式。这种组合体现了课程内容与学员之间的紧密联系，对于特定学员群体的针对性极强，吸引力也更强。比如《班组长目标管理与计划制订》《新入职员工职业化修炼》。

第三种，"收益+内容"的命名方式。相较于前两种命名方式，收益更能突出课程卖点，抓人眼球，是目前比较流行的命名方式。比如《三招玩转个人客户体验管理》《五步成为直播策划小能手》。

第四种，"对象+收益+内容"的命名方式。这样的课程名称要素齐全，给学员一种专业、权威、价值大的主观感受，让目标学员一看就心动。比如《新人三步挖掘保险客户需求》《客户经理轻松获客秘籍》。

第五种，主副标题命名方式。主标题是花名，形象生动、新鲜有趣，刺激人的情绪，引发人的好奇心；副标题是本名，体现课程内容、价值与亮点，副标题可以灵活使用前面四种命名方式。比如《妙笔生花——营销人员报告撰写技巧》《领导审稿一遍过——四招教你成为企业"稿"手》。

在课程开发初期设计课程名称的过程，有助于进一步思考课程开发的目的，同时为下一步选定培训对象、设定课堂教学目标（学员的收益）奠定基础。

第三节 选定培训对象

哪些员工会参加培训？这个问题经常被企业的培训组织者轻视，甚至没有意识到这还是一个问题。这一节我们来讨论如何选定培训对象。

一、培训对象的筛选

通常一门实用价值较高的培训课程并不适合所有员工参加，培训是在开发课程时，就要考虑本课程适合什么样的学员学习。那么，培训对象的筛选应该考虑哪些因素呢？

1. 课题关联性

课程主题应与参训学员的常规工作或临时增派的重要任务相关联，换句话说就是，课程主题对学员有较强的实用价值，能够帮助他们提高与工作相关的知识、技能。反之，就会增加学员的学习负担，被认为是工作之外的任务，从而产生工学矛盾。例如，顾问式销售的课程让生产部门和管理部门的员工参加就不太合适。再比如，案例萃取的课程对于学员来说就是临时增派的重要任务，凡来参训者均与之有关联。

2. 学习准备度

学员应事先具备参加培训所必需的下位技能，也就是说下位技能是学习新知识、新技能的基础，若不具备则无法理解新知，也无从掌握新技能。例如，沟通技巧和倾听技巧是绩效面谈的下位技能，螺丝刀与扳手的使用是设备安装调试的下位技能。

3. 最近发展区

最近发展区是指在有老师指导的情况下能够展现的技能或完成的任务，但无老师指导的情况下则无法展现或完成。课程中要培训的技能应该落于学员的最近发展区之内，这里反过来理解可能更容易一些。假如学员的最近发展区低于要培训的技能，表示学员的学习准备度不足，很可能会因为听不懂而丧失学习兴趣；反之，假如学员的最近发展区高于要培训的技能，表示学员对要培训的技能已经很熟练，会因为学习过程没有挑战性而丧失学习兴趣。

总之，培训师在开发课程之初就要考虑培训对象选择的问题，这是激发学员认知性兴趣的前提，培训对象选择失误会对课堂的学习氛围、互动效果、交流研讨、积极思考等产生一定的不良影响。

二、培训对象的分析

分析培训对象具备哪些特点，以及在培训过程中可能给培训师带来的挑战，是课程开发之初的重点工作之一。除了要知道培训对象的性别、年龄、级别、经历、职位等之外，还需要专门了解以下信息：

1. 起点行为

起点行为（也称起点技能）一词出现在迪克和凯瑞的《系统化教学设

计》一书中。起点技能帮助教学设计者精确地识别在开始教学前，学员已经掌握的与教学目标有关的技能，以及与课程主题有关的知识。下位技能与起点技能的关系是，前者是将要培训的技能之下所有技能的集合，后者是学员参加将要培训的技能必须提前掌握的一项或多项下位技能，将要培训的技能不包含起点技能。起点技能的确定颇具风险，太高或太低都会影响教学效果，非常考验培训师的经验。

2. 学习动机

学员的动机水平是影响教学效果最重要的因素之一，当学员对所学主题缺乏兴趣和动机时，学会新知是不太可能的。在课程开发之初，教学设计人员就应该反问自己：教学目标与学员有多大关系？教学目标中学员最感兴趣的是哪些方面？学员有把握成功达成学习目标吗？达成学习目标对学员来说会有怎样的满足感？对这些问题的回答将有助于深入了解学员，有助于发现教学设计中潜在的问题。不要假定学员对所学内容很感兴趣，会认真学习，学会后会感到很满足。这样的假定非常不可靠，重要的是，教学设计人员要在课程开发时而不是在培训课堂上，搞明白学员的感受。

3. 受教育和能力水平

受教育水平通常与学习能力呈正相关，了解这些信息有助于课程开发人员确定教学内容的难度级别和教学进度的节奏安排。同时，还能评估他们对新的不同的教学方法的接受程度和适应能力。

4. 一般性学习偏好

判断大多数培训对象更加偏向听、看、读、小组讨论等哪一种学习方式，有的学员喜欢听老师讲授，有的学员喜欢视觉化学习材料，有的学员喜欢从阅读中获取知识，有的学员喜欢与同伴交流探讨。这些只能作为一个参考，因为截至目前还没有足够的证据表明，基于学习偏好实施的个性化教学，能够使得教学效果有实际改善。

5. 群体特征

衡量学员作为某一群体与其他群体相比，在一些特征上的差异程度，如IQ水平、知识丰富程度、反应敏捷性、互动学习参与程度等。

第四节　设定教学目标

教学目标，罗伯特·加涅称之为表现性目标，罗伯特·马杰称之为行为目标（Behavioral Objective），沃特·迪克称之为行为表现目标（Performance Objective）。加涅认为，表现性目标是对学习者具备某种行为性能或行为能力的准确陈述。这种性能和能力如果为学习者所拥有，就可以通过其行为表现而观察到。培训师在开发任何课程之初必须回答的问题是"经过教学之后，学习者将能做哪些他们以前不会做的事"或者"教学之后学习者将会有何种变化"。加涅的观点已经清晰地表明：表现性目标、行为目标、行为表现目标三者本质上是一回事，只是各自说法不同而已。

在国内，教学目标被广泛地称之为培训目标、课程目标，本书认为教学目标、课堂教学目标、行为目标、行为表现目标、表现性目标均为同义词，在课程开发语境下可以通用。同时，为了让大家更容易理解教学目标，本书给的定义是：教学目标是指学员参加一门培训课程时，在课堂学习情境下能做到什么事情或发生什么改变。

一、目标的常见问题

请看以下培训课程大纲中摘录的教学目标，其中存在什么问题呢？
◇ 了解九型人格的行为动机和渴望。
◇ 了解销售需求的原理和关键。
◇ 理解结构性思维的基本概念、基本原理和基本方法。
◇ 学会分析行业客户背景、现状、业务、问题、竞争与发展趋势。
◇ 掌握顾问式销售沟通的技巧，达到深挖需求的目的。
◇ 掌握批判性思维的方法与工具。

相信大家已经看出来了，就是关键行为动词使用不规范。在以上目标中，出现了"了解、理解、学会、掌握"等内隐体验动词，除此之外，还有"知道、知晓、认识、领悟、懂得、明白"等也同属此类。

内隐体验动词的问题是模糊性、难以衡量、无法被观察，既无法指导培训师授课，也无法引导学员学习，更无法作为效果评估依据。例如，"了解"这个词该如何理解呢？了解到什么程度、如何判断达到了解的水平等，这些都是含糊不清的。再比如"理解"，怎么算理解、理解到什么地步，也不清楚。有人也许会反问："理解就是用自己的话说出来，这很好理解呀！"但是问题来了，既然理解是用自己的话说出来，那干脆用"说出、复述、描述、概述"岂不更加直截了当，干吗还要用理解呢？

鉴于内隐体验动词模糊不清、无法衡量的问题，我们在设定教学目标时应该使用外显行为动词。外显行为是行为主义心理学的用语。行为主义的创始人华生认为，行为有外显行为和内隐行为之分。所谓外显行为，就是能够直接观察到的行为，如打球、写字、弹琴等各种外部活动。所谓内隐行为，就是不借助于仪器或实验的帮助就不易观察的行为，如思维等。

二、目标的设定范围

豪恩斯坦教育目标分类在认知领域、心理动作领域和情感领域都各有五个阶段（层级），认知领域是概念、领会、应用、评价、综合，心理动作领域是知觉、模仿、生成、外化、精熟，情感领域是接受、反应、价值化、信奉、性格化。教育目标涵盖三大领域发展过程的全部阶段，但是对于企业培训而言，三大领域第四阶段和第五阶段的目标在课堂培训情景下是无法实现的。因此，为了与实际接轨，课堂教学目标针对知识和智慧技能在认知领域设定领会（理解）水平和应用水平两阶段目标，针对动作技能或操作技能在心理动作领域设定模仿水平和生成水平两阶段目标，针对态度在情感领域设定反应水平和价值化水平两阶段目标。如此操作更加符合企业培训的真实情况，就能够更好指导的企业课程开发与教学设计工作。教学内容、教育目标与课堂教学目标的对应关系，如表8所示。

表8 教学内容、教育目标与课堂教学目标关系表

教学内容		教育目标	课堂教学目标
知识	陈述性知识	认知领域	领会（理解）水平、应用水平
	程序性知识	认知领域	领会（理解）水平、应用水平
技能	智慧技能	认知领域	领会（理解）水平、应用水平
	动作技能、操作技能	认知领域	领会（理解）水平、应用水平
		心理动作领域	模仿水平、生成水平
态度	心态类知识	认知领域	领会（理解）水平、应用水平
	情绪与情感	情感领域	反应水平、价值化水平

在课程开发之初，将课堂教学目标按照认知领域理解和应用水平、心理动作领域模仿和生成水平、情感领域反应和价值化水平进行设定，是符合专业性、准确性要求的，如表9所示。

表9 课堂教学目标设定专业版

课堂教学目标（行为表现目标：参加本次培训后，学员能够做到什么或有什么改变）	
认知领域（针对知识和智慧技能类教学内容）	
理解水平 （陈述、概述、识别、区分、推断、举例）	应用水平（解决问题、完成任务）
1. 2. 3.	1. 2. 3.
心理动作领域（针对操作技能类教学内容）	
模仿水平（跟着操作）	生成水平（独立操作）
1. 2. 3.	1. 2. 3.
情感领域（针对态度类教学内容）	
反应水平（认同、愿意）	价值化水平（赋予意义）
1. 2. 3.	1. 2. 3.

如何设定课堂教学目标才能既体现专业性、准确性，又不会增加复杂性和抽象性呢？如表10所示。

表10　课堂教学目标设定简明版

课堂教学目标（行为表现目标：参加本次培训后，学员能够做到什么或有什么改变）
理解目标
释义：知识、技能和态度的认知理解水平
参考行为动词：陈述、概述、复述、说明、识别、区分、匹配、解释、澄清、推断、辨别、举例、归纳、预测
1. 2. 3.
应用目标
释义：知识与技能的应用水平、态度的形成水平（或价值观内化水平）
参考行为动词：运用、实施、解决、使用、完成、操作、安装、制定、认同、选择、遵守、抵制、建立、形成、树立、坚信
1. 2. 3.

三、目标的设定法则

加涅认为目标由五种成分构成，提出了目标陈述的五成分法，分别是对象、情境、限制条件、性能动词和行动动词。例如，【对象】客户经理【情境】在角色扮演与贷款人交谈的过程中，通过【行动动词】分析贷款人的情况，【限制条件】在10分钟内准确【性能动词】识别贷款人逾期的真正原因。加涅所说的性能是指成分技能，即习得某种知识、技能。性能动词是目标的真正指向，是结果和目的；行动动词是学习者的行为表现，是实现性能动词的过程和方式。加涅的五成分目标陈述法虽然清晰、精准，但操作起来过于复杂，如同他的九大教学事件一样经典、专业、令人叹服，但只在专业圈里流传，难以全面推广应用。

罗伯特·马杰在《准备教学目标》一书中提出编写好的教学目标应包括三个要素：

一是表现（Performance）：目标总是说明期待学习者能做到什么，有时描述学习者得到的产品或结果。

二是条件（Conditions）：目标总是描述重要条件（如果有的话），在这些条件下学生将产生预期的表现。

三是标准（Criterion）：无论如何，目标就是通过说明学习者须表现得多好才可以被接受，来描述可以接受的表现性标准。

例如，当在课堂情景模拟客户打电话咨询时，客服人员能够【条件】使用客户服务系统【表现】提供及时、专业的解答，【标准】准确率不低于98%。

本书认为，一个合乎标准的课堂教学目标（行为表现目标）应该是具体的、可衡量的、可达成的，当然也可以被观察到的。那么，设定课堂教学目标具体有哪些要求呢？课堂教学目标通常包含四个要素，即对象（Audience）、行为（Behavior）、条件（Conditions）、标准（Degree），因此，也被称为"教学目标设定的ABCD法则"。

对象，即学员，学习的主体就是学员。

行为，即做什么。使用外显的行为动词来描述学员的具体行为，这个行为一定是可观察、可衡量的行为，比如陈述、说明、识别、判断、分析、装配、实施、选择等。

条件，说明行为是在什么条件下产生的，这个条件一般指课堂提供的模拟情境，但训战有时候也能够提供真实的工作情境。例如，在课堂角色扮演向客户介绍××新款手机产品时。再如，在门店展厅向客户介绍××新款手机产品时。有些培训内容，课堂连模拟情境的条件也无法提供，此时就要想办法改为课堂可以提供的条件。比如培训主题是《单元式幕墙施工中的漏水隐患问题》，在培训现场无法提供真实幕墙，那该怎么办呢？换个思路，将幕墙施工的漏水隐患问题和处理措施拍成视频，课堂提供的条件就变成了播放幕墙施工视频。相应的行为描述也要随之改变为：指出幕墙施工视频中存在的问题点以及采取的有效措施。

标准，即做到什么程度。它是指完成的质量或可接受的最低标准。这个标准主要涉及合格率、不良率、准确率、错误率、投诉率、满意度、时间等指标。比如，客户投诉率低于5%、产品合格率大于99%等。

把ABCD四要素串起来，就构成教学目标的标准模式：参加本次培训后，学员能够在什么样的条件下，做什么事，达到什么样的标准或水平。符合标准的教学目标示例如下：

例1，参加本次培训后，【A】学员能够【C】在不查阅资料的情况下，【B】清晰描述管理的定义及管理者的四项基本职能，【D】错误率不高于5%。

例2，参加本次培训后，【A】学员能够【C】在课堂模拟销售角色扮演环节中，【D】在两分钟内【B】向高净值客户介绍财富世嘉产品的五大优势，【D】准确率不低于98%。

例3，参加本次培训后，【A】学员能够【C】使用课堂提供的正压式呼吸器，【B】按照操作规程演示穿戴过程，【D】正确率100%。

例4，参加本次培训后，【A】学员能够【C】在观看合规警示视频案例后，【B】分享自己的感受及对合规意义的理解，【D】初步建立合规意识。

教学目标撰写的难点是行为动词的选择，本节前文已经指出内隐体验动词的模糊性、难以衡量和无法被观察的问题，为了方便查询和应用，表11专门列出了三大目标领域各个层级可供参考的外显行为动词，这些动词都满足具体、可衡量、可达成和可被观察的要求。

表11 外显行为动词示例

目标分类	目标层级	特征释义	参考外显行为动词
认知领域	（1）概念	知道知识的概念（内涵、外延）	回忆、说出、描述、陈述、复述、概述、背诵、列举、查找、识别、找到、匹配、认出、再认、重复、报告、列出、写下
	（2）领会	理解知识的内涵，形成个人版本	澄清、确认、辨别、讨论、区别、复制、说明、延伸、检索、收集、整理、阐释、释义、预测、猜测、估计、重申、引申、比较、分类、归纳、举例、转换、提示

续表

目标分类	目标层级	特征释义	参考外显行为动词
	（3）应用	运用知识解释现象，解决问题，完成任务	应用、运用、使用、按照、实行、计算、估算、利用、估计、执行、试验、实施、制定、示范、修改、操作、表演、演示、练习、展示、模拟、勾画、演算、验算、套用、改编、解决
	（4）评价	分析关系、结构、差异，判断价值	估量、辩论、主张、评价、核对、得出结论、说服、批判、评论、辩护、评估、假设、判断、推理、评级、评分、推荐、支持、看重、分级、修正、总结
	（5）综合	提出假设方案，解决复杂问题	实现、组合、创建、创作、创新、策划、构建、谋划、设计、开发、发明、构想、整合、结合、替代、转化、模块化
心理动作领域	（1）知觉	知道"动作技能"的相关流程知识	听到、看到、观察、摸到、触摸、尝到、闻到、感觉到、指出、描述、解释、发现、准备、预备、感知
	（2）模仿	在指导下或跟着做简单、不连贯动作	模仿、模拟、探索、尝试、试错、练习、复习、跟随、机械化操作、重复、再现、例证、临摹、扩展
	（3）生成	动作复杂、精细连贯，合乎标准	完成、表现、制定、拟定、安装、绘制、测量、操作、装卸、修理、固定、校验、组合、改正、示范
	（4）外化	维持熟练水平，按需调整重组动作	调试、调整、解决、改变、改组、应变、适应、调适、修正、统合、统筹、变换、重新安排
	（5）精熟	完善与创新动作，臻于至善	创作、创造、设计、建构、制作、独创、建立、设计、发展、规划、编制、结合、创立、建立
情感领域	（1）接受（注意）	意识到，并愿意去注意和关注	关注、关心、注意、重视、聆听、回应、意向、听讲、容忍、感兴趣
	（2）反应（认同）	认可，愿意去做，认为值得付出	认同、愿意、同意、选择、答应、执行、遵守、听从、称赞、欣赏、欢呼、表现、帮助、采用、采纳、喜欢、讨厌、反对、拒绝

续表

目标分类	目标层级	特征释义	参考外显行为动词
	（3）价值化	赋予意义，与价值标准相联系	承认、影响、支持、尊重、爱护、珍惜、评价、认定、判定、决定、蔑视、怀疑、摒弃、抵制、克服、拥护、帮助
	（4）信奉	形成深信不疑的信念，身体力行	相信、确信、确定、确立、深信、坚持、加入、坚信、信仰、笃信
	（5）性格化	展现与信念和价值观一致的行为	养成、建立、秉持、建构、形成、塑造、涵养、发展、具有、热爱、树立、保持、追求

将传统教学目标改编成行为表现教学目标，应该怎么操作呢？例如，目标是：学员掌握招聘面试的STAR提问法。这个目标使用了掌握这个内隐体验动词，是一个典型的传统教学目标，如果要将其改成合乎四要素标准的教学目标应该如何改呢？查找一下认知领域与"应用水平"所对应的外显行为动词，"运用"和"使用"这两个动词都比较合适，于是可以改编成：在招聘面试的课堂角色扮演中，不查阅STAR提问手册的情况下，学员能够运用STAR提问法向被面试者提问，所提问题均在提问手册中。

四、目标的六大作用

教学目标对教学内容的取舍、教学策略的设计、教学方法的选择、教学效果的评估等有着重要影响。

那么，教学目标究竟有哪些重要作用呢？

1.目标对学习动机的激发

培训部组织了一场培训，计划参训学员45名，开课实际签到28名，这缺席的17名学员虽然各有各的理由，但归根结底是大部分学员认为本次培训课程对其没有吸引力，也就是没能在训前成功激发他们的学习动机。这种情况并不罕见，究其原因，如果排除课题与岗位关联性的因素，那么大概率是教学目标的设定与书写出现了问题。一是教学目标没有能够指向学习成果，也就是没有告知学员参加培训后能够做到什么；二是教学目标所使用的行为动词含糊不清，无法准确衡量，例如了解、理解、懂得、掌握等。这两个原因导致学员认为课程不实用，没有必要为此浪费时间耽搁工作。

　　企业员工参加培训往往抱有很强的目的性，更多的想法是解决工作中的实际问题，而不是耗费时间听一堆有理无用的废话。如果教学目标（培训内容）与工作内容有密切关系，有助于解决工作中的实际问题，那么，学员参加培训的兴趣就会大涨，动机就会高昂。要做到以目标激发学习动机，就要特别注重教学目标的设定与书写规范。

2.目标对教学内容的约束

　　这是一段学员对课程满意度的评语：老师幽默风趣，内容充实丰富，课堂气氛热烈，学习体验极佳，但是时间太短，后面的部分还没讲完就草草结束，而且进度过快，有些内容还没听懂就过去了。这段评语先扬后抑，最让培训师吃不消。从这段评语可以推断出，这位老师的口才极佳，但教学设计显然还欠火候，主要表现在内容太多、以讲为主两个方面。

　　一门课程的底层逻辑是这样的，组织要解决的问题或完成的任务派生出课程开发主题和课程开发目标（也称宏观教学目标），据此来设定课堂教学目标（也称行为表现目标），根据课堂教学目标规划内容大纲，组织详细内容。因此，教学目标对教学内容有严格的约束作用，内容如何取舍和编排，必须依照教学目标进行。

　　培训师之所以讲不完内容，就是因为对教学目标的贯彻落实不够到位，另外，培训师还有一个习惯就是超量准备内容，以备不时之需。殊不知，以讲为主的教学方式遇到一个能说会道的培训师，原本以备不时之需的内容很可能就喧宾夺主，鸠占鹊巢了。于是，就有了上面的评语。

　　14世纪英格兰圣方济各会修士威廉是一个传奇人物，他知识渊博，能言善辩，被人称为"驳不倒的博士"。他曾提出了这样的一个原理：如无必要，勿增实体。它的本意是：如果有两套理论都可以解释一件事情，用那个简单的理论；空洞无物的普遍性理论都是无用的累赘，应当被无情地"剃除"。后来由于反对教皇，威廉和他的原理一起出了名，因为威廉来自奥卡姆这个地方，后人为了纪念他，称之为"奥卡姆剃刀"。现在大家提到"奥卡姆剃刀"，更多是取它的延伸含义：把复杂的事情简单化。两步可以做成，不要三步。也就是"简单有效原理"——抓住本质。

3. 目标对教学方法的选择

教学方法就是教学的形式，形式服务于内容，内容依从于目标，因此，也可以说目标决定着方法。知识的教学目标要求参加培训后，学员能够用自己的话复述流程或解释原理，那么就要选择案例教学、小组讨论、辩论竞赛、变式练习、课堂测验等教学方法；智慧技能的教学目标要求学员能够按照某种规则或程序做事，就要选择演示、情景演练、角色扮演、点评反馈等教学方法；动作技能的教学目标要求学员能够运用技能、使用工具或操作设备，就要选择演示、练习、实操（操练）、点评反馈、辅导等教学方法；态度的教学目标要求学员能够形成某种观念、树立某种意识，就要选择多媒体教学、案例研讨、经验分享、总结、主题演讲等教学方法。

10多年前，有很多培训机构和培训师喜欢在培训过程中穿插各种游戏活动。有的游戏活动确实与教学内容非常匹配，能起到增强体验、加深理解的效果；但大多数游戏活动与教学内容和教学目标没有什么关系，仅仅是为了活跃气氛。几年过后，客户和学员就对此感到了厌倦，认为没有什么实质性的作用，反而会浪费时间，渐渐地游戏活动在培训课堂上已经难觅影踪。

另外，教学方法的选择还要考虑"促进学员思考"这一根本目的，在教学目标的指引下，凡是有利于达成这一根本目的的教学方法都可以在选择之列，否则应被剔除，达成效果越好的教学方法越应该被优先使用。

4. 目标对教学过程的管控

目标是教学活动的结果，过程是达成教学结果的途径，要追求预期的结果，不是在结果上做文章，而是在过程上下功夫。因此，教学目标对教学过程管控的第一层含义是：教学策略必须专业。在一般意义上，教学过程、教学过程模式与教学策略的意思基本相同，均有"按照一定顺序展开教学内容"的含义。如果教学目标要求学员能够使用某项技能，那么就要按照"先搞清楚技能运用的步骤与要点，再模仿老师的示范动作形成自己的动作套路，然后在老师的指导下做出完整的动作，最后自己能够独立使用该项技能"这样的教学过程来实施教学。而这个教学过程就是五星教学模式的通俗化描述，它告诉我们：只有专业化的教学策略才能达成既定的教学目标。

教学目标对教学过程管控的第二层含义是：教学进度严格执行。执行教学进度对于缺乏经验的培训师而言是一项有挑战性的工作，而经验丰富的培训师几乎每次都能做到"到点讲完，准点下课"，两者的差别就在于对教学内容的合理安排和教学进度的精准把控。也就是要明确什么内容是重点，安排充足的时间，以深度互动（如团队列名、世界咖啡）的教学方法实施教学活动；什么内容是非重点，给予短暂的时间，以简单互动（如提问抢答）的教学方法实施教学活动。

5. 目标对培训老师的要求

当教学目标设定得比较含糊、难以衡量时，如了解、理解、懂得、掌握等，培训师可以自由发挥的尺度和空间就相对比较大。反正教学目标难以衡量，该讲的老师都讲了，学员了解是肯定了解的，至于能否理解、懂得、掌握，那就是学员自己的问题了，与老师无关。

如果教学目标设定得具体、明确、可衡量，如描述、识别、运用、创造、操作、设计、建立等，那么对培训师的要求就相对严格得多，要根据教学目标来开展教学活动，如哪些知识要研讨，哪些技能要操练，哪些经验要总结，哪些感悟要分享，都有一定之规，不能随意发挥。

教学目标对培训师的要求主要体现在角色与功能的转变：由讲师转变为引导师，由讲授为主转变为引导为主。由此衍生出两项具体要求，一是教学方法讲求互动性，旨在促进学员深度思考；二是教学活动讲求平衡性，讲授时间大大缩短，研讨（思考）和练习（操练）时间大大增加，三者占比为1：1：1。

建构主义学习理论与学习的本质完全契合，强调学员在老师创设的情境中，通过协商和会话的方式，实现意义建构。在这个过程中，培训师的作用是创设情境。五星教学模式的聚焦问题是培训师发挥主导作用，激活旧知是学员发挥主导作用，示证新知时主导作用回到培训师手中，应用新知和融会贯通都是学员发挥主导作用。由此可见，建构主义和五星教学两者对培训师占据主导作用的时间都有较大的限制，均在30%左右。

6.目标对效果评估的规定

培训效果柯氏四级培训评估，第一级是反应评估，通过满意度调查表评估学员的满意程度；第二级是学习评估，通过训前与训后知识、技能测试的结果对比，测定学员的学习获得程度；第三级是行为评估，通过观察学员真实工作情况、访谈学员同事与直属上司等方式，考察学员的知识运用程度；第四级是成果评估，从部门和组织的大范围内了解因培训而带来的绩效改善成果，计算培训创出的经济效益。

课堂教学目标（行为表现目标）与第二级学习评估和第三级行为评估相对应，课程开发目标（宏观教学目标）与第四级成果评估相对应。目标既是效果评估的依据，也是效果评估的规定，柯氏四级评估的每一级别都有明确的评估标准和评估方式，但是具体的评估项目却要从目标中分解。例如，第三级评估知识、技能的运用程度，具体是什么知识、技能的运用程度呢？柯氏四级评估里面没有给出具体信息，也无法给出，因为它只是一个评估框架，里面具体的评估内容包含在目标中。

本章作业任务

在完成了需求分析工作，明确了课程开发目标，确定了课程开发主题，选定了培训学员对象，设定了课程教学目标之后，就需要完成本章的作业任务：填写课程定位表。如表12所示。

表12　课程定位表

一、课程基本信息	
课程主题	
开发人员	开发日期

续表

课程时长	最佳人数

二、课程开发目标（绩效改善目标：企业开发本课程的深层原因）

本课程要解决业务场景中的哪些问题或挑战？	解决这些问题或挑战后，能够达到什么效果或目标？

三、培训对象情况

本课程的培训对象	本课程培训对象的特点和挑战

四、课堂教学目标（行为表现目标：参加本次培训课程后，学员能够……）

理解目标
释义：知识、技能和态度的认知理解水平
参考行为动词：陈述、概述、复述、说明、识别、区分、匹配、解释、澄清、推断、辨别、举例、归纳、预测
1. 2. 3.
应用目标
释义：知识与技能的应用水平、态度的形成水平（或价值观内化水平）
参考行为动词：运用、实施、解决、使用、完成、操作、安装、制定、认同、选择、遵守、抵制、建立、形成、树立、坚信
1. 2. 3.

五、教学设计策略

六、主要教学方法

下表13是课程定位表的示例，在填写时可以参照。

表13 课程定位表的示例

一、课程基本信息	
课程主题	
《赢在厅堂——厅堂客服力》	
开发人员	开发日期
张××	2021-5-1
课程时长	最佳人数
360分钟	30人以内
二、课程开发目标（绩效改善目标：企业开发本课程的深层原因）	
本课程要解决业务场景中的哪些问题或挑战？	解决这些问题或挑战后，能够达到什么效果或目标？
1.网点老年客户较多，为了完成业务目标，会对他们营销手机银行、理财产品等，但客户觉得手机银行产品不安全，是在忽悠他们，极易造成投诉。 2.大堂经理在接待客户时，一般在语言上没有尊重客户，比如不使用敬语、说否定的语句等，给客户造成店大欺客的印象，也会造成客户投诉。 3.由于网点转型，造成一些业务无法在网点办理，如查冻扣业务等，大堂经理只是生硬地告知是网点升级原因造成的，随之产生执法人员对网点运营的投诉	1.营造安全、整洁的厅堂环境，符合星级网点评价标准。 2.规范服务话术与技巧，使有效投诉为零。 3.提升厅堂营销业绩10%
三、培训对象情况	
本课程的培训对象	本课程培训对象的特点和挑战
新员工	1.应届毕业生没有任何服务经验。 2.社招人员的服务意识和服务技巧欠缺
四、课堂教学目标（行为表现目标：参加本次培训课程后，学员能够……）	
理解目标	
释义：知识、技能和态度的认知理解水平	
参考行为动词：陈述、概述、复述、说明、识别、区分、匹配、解释、澄清、推断、辨别、举例、归纳、预测	
1.概述大堂经理八大岗位职责及工作内容。 2.说出大堂管理营业前中后的主要工作事项及注意要点	

续表

应用目标
释义：知识与技能的应用水平、态度的形成水平（或价值观内化水平）
参考行为动词：运用、实施、解决、使用、完成、操作、安装、制定、认同、选择、遵守、抵制、建立、形成、树立、坚信
1.在处理客户不满的情境演练中，快速判断客户不满的关键原因，运用SERVICE服务技巧帮助客户解决问题，化解不满，成功率100%。 2.在客户营销的角色扮演中，通过望闻问切技巧识别潜在客户，运用营销促成话术说服客户达成销售，成功率60%以上
五、教学设计策略
建构主义五星教学
六、主要教学方法
视频案例研讨、小组讨论、MEWEUS、迷你世界咖啡、角色扮演

第九章 搭框架——搭建内容框架

做事情，要抓主要矛盾，在主要环节上下功夫；主要矛盾解决了，次要矛盾就会迎刃而解；主要环节抓住了，次要环节自然会被带动起来。具体到课程开发上面又有什么启发呢？开发课程，也要先拟提纲，然后按照提纲展开内容，这样，教学内容就会中心明确，重点突出，逻辑清晰，条理分明。

第一节 金字塔原理

"金字塔原理"是全球顶尖战略咨询公司麦肯锡的顾问芭芭拉·明托提出的，用她的话来说："金字塔原理除了能帮助人们以书面形式组织和表达思想外，还具有更广泛的用途。从具体方面来说，金字塔原理可用于界定问题、分析问题；从更广泛的方面说，金字塔原理可以用来指导组织和管理整个写作过程。"运用金字塔原理结合思维导图工具绝对是规划内容大纲、搭建内容框架的神兵利器，要想熟练运用金字塔原理，首先必须搞清楚金字塔原理的主要内容与核心思想。

一、金字塔原理是什么

简单来说就是：任何事情都可以归纳出一个中心论点，而此中心论点可由3~7个论据支持，这些一级论据本身也可以是个论点，被二级的3~7个论据支持，如此延伸，状如金字塔。如图9所示。

| 精品课程开发 |

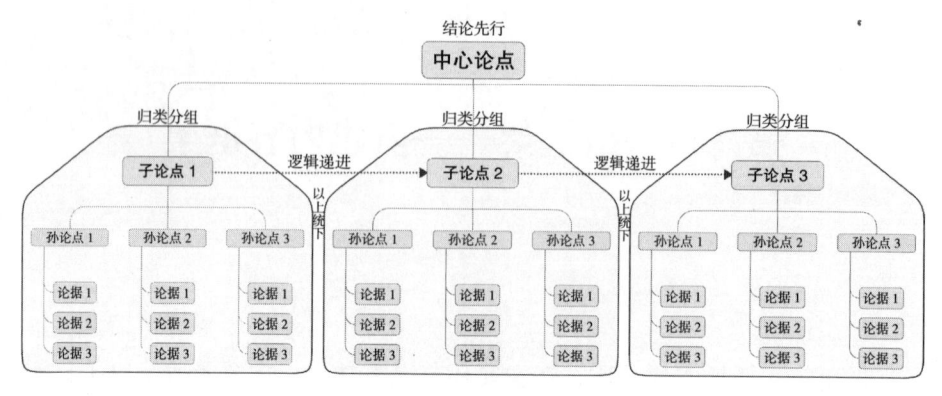

图9　金字塔结构

为什么金字塔原理有效？这是因为人类自古以来发展形成了一系列的认知偏好，比较偏爱有秩序的、结构化的、有逻辑的、视觉化的、有趣味的和有意义的事物。凡是符合人类认知偏好的事物，就更容易引起人的兴趣，也更易被大脑理解和加工。

大脑中结构化的知识体系都是经过大量主题阅读、交叉对比、归纳总结、整理分类等艰苦的思维活动才逐步建立起来的。

二、四个基本原则

搭建金字塔结构需要遵循四个基本原则，分别是结论先行、以上统下、归类分组、逻辑递进。

1.结论先行

结论先行，即每件事情（如文章、方案、课程等）只有一个中心思想，并放在整个结构的最前面。因为人的大脑只能逐句理解他人表达的思想，受众会假定一同出现的思想在逻辑上存在某种关系。如果不预先告知这种逻辑关系，而只是一句一句地表达思想，受众只能自己从中寻找共同点，将听到的信息归类组合，以便了解各个组合的意义。

但因为受众的知识背景和理解能力千差万别，很难对他人所表达的思想做出丝毫不差的解读，即使受众能够做出完全正确的解读，也增加了他们的认知负荷与理解难度。因此，提前说明自己想要表达信息的中心思想，并将之置于最上面的显眼位置，可以让受众更容易接收和理解我们所传达的信息。

2.以上统下（上层概括下层，下层论证上层）

以上统下是金字塔中的纵向信息的内在关系。上层概括下层，即每一层次上的思想必须是对下一层次思想的总结概括；下层论证上层，即每一层次上的思想必须是对上一层次思想的论证说明。

上下层之间本质上是一个疑问解答的关系，上层对下层提出问题，下层对上层解答疑问。

3.归类分组

横向上所有的思想（论点或论据）必须进行区分，同类思想归为一组，每一组中的思想必须属于同一逻辑范畴。即要求每一组中的思想必须在逻辑上具有共同点。

4.逻辑递进

横向上每一组中的思想（论点或论据）必须按照逻辑顺序排列。逻辑顺序展现了组织思想时的分析过程。

三、横向逻辑顺序

1.写作的三种逻辑顺序

芭芭拉·明托在《金字塔原理2》中提出了横向上组织思想的三种逻辑顺序。

（1）时间（步骤）顺序。时间顺序是将思想分组时使用最广泛的。在按照时间顺序组织思想时，首先要确定希望取得的结果或效果，然后指出为取得这一效果必须采取的行动。当必须采取多种行动以取得该结果时，这些行动就构成了一个过程、流程或者一个系统，即共同产生某种结果的原因的集合。因此，代表一个过程或系统的一组行为，必须是按时间顺序排列（第一步、第二步、第三步）。而对该组行为的概括，必须是采取这些行为要取得的结果或达到的目标。

（2）结构（空间）顺序。结构顺序就是当使用示意图、地图、图画或照片想象某事物时的顺序，如组织结构图、关键成功要素示意图等。想象的"某事物"既可以是真实的，也可以是概念性的；既可以是一个物体，也可以是一个过程，但是，这个"某事物"必须被合理地分入不同的组。

在绘制组织或行业结构图时，通常需要将整体分割为部分，或者将部分组成整体。例如，要找出"某公司成功的三个关键因素"。首先必须画出该行业的结构图，然后确定在各个部分成功的必需要素。这些要素之间的逻辑关系，与此前画出的行业结构图中各部分之间的关系一一对应，这种逻辑顺序就是结构顺序。

（3）程度（重要性）顺序。程度顺序是对一组因为具有某种共同特点，而被聚合在一组的事物所采用的顺序，也称为比较顺序、重要性顺序，如三个问题、四个原因、五个因素等。以三个问题为例，这三个问题之间肯定具有某种共同特性，因此将其列为某一特定种类的问题，而区别则在于每个问题所具有的共性的程度各不相同。

2. 演讲的五种逻辑顺序

美国顶尖的传播学者、威斯康星大学麦迪逊分校交际艺术学教授，被誉为"演讲之父"的史迪芬·E.卢卡斯在其《演讲的艺术》（第8版）一书中，提出了五种经典的逻辑顺序。

（1）时间顺序：按照事情发生的时间先后顺序来讲述要点。

（2）空间顺序：遵循方向模式讲述要点，即从上到下、从左往右、从里到外。

（3）因果顺序：按照事情的因果关系讲述内容，可以先因后果，也可以先果后因。

（4）问题求解顺序（问题求解模式）：显示问题的存在、原因，提供解决问题的可行性方案。

（5）主题顺序（要素顺序、要点顺序）：可以按照主次、轻重或同等三种关系讲述要点。

3. 课程的三种逻辑顺序

《金字塔原理2》是为写作而写的，《演讲的艺术》（第8版）是为演讲而写的，两者都不是为课程开发而写。因此，两本书中介绍的逻辑顺序在规划课程内容大纲时，绝不能不假思索地照搬照抄。在课程开发实践中，我们发现规划课程内容大纲运用最多的逻辑顺序是时间顺序、主题顺序和问题求解顺序。

（1）时间顺序：按照事情发生的先后顺序来讲述要点。横向上思想按照时间先后顺序展开，思想与思想之间是递进关系，思想在展开时其顺序不可以颠倒，一般按照"第一步、第二步、第三步"的方式排列。这种逻辑顺序常常应用于程序性知识、智慧技能和操作技能类的课程主题，比如产品生产、安装调试、业务流程、营销技巧等。

（2）主题顺序（要素顺序、要点顺序）：可以按照主次、轻重或同等三种关系讲述要点。横向上思想与思想之间是并列关系，思想在展开时其顺序可以颠倒，一般按照"第一、第二、第三"的方式排列。这种逻辑顺序更多应用于陈述性知识、态度类的课程主题，比如规章制度、产品卖点、安全生产、行为规范等。

（3）问题求解顺序（问题求解模式）：显示问题的存在、原因，提供解决问题的可行性方案。横向上思想与思想之间按照"问题、原因和对策"的方式排列，思想与思想之间本质上是递进关系，思想在展开时其顺序不可以颠倒。这种逻辑顺序特定用于问题解决类的课程主题，比如单元式幕墙漏水问题、服装门店客单价低怎么办等。

在实际应用中，还会经常使用"首先、其次、再次、接着、然后、再后、最后"的顺序表达方式，既可以表示时间的先后关系，也可以表示事物的重要性关系，使用灵活，用途广泛。

除了时间顺序、主题顺序和问题求解顺序之外，其他逻辑顺序在课程开发内容大纲规划时很少运用。另外，三种逻辑顺序可以互相嵌套，需要注意的是，嵌套只能发生在纵向上，也就是上下层级之间，横向上通常只有一种逻辑顺序。假如三个子论点之间是时间顺序，其中"子论点1"下面的三个孙论点之间可以是时间顺序、主题顺序或者问题求解顺序，以此类推。

4. 关于梅切法则（MECE）

梅切法则，即 Mutually Exclusive Collectively Exhaustive，中文意思是"相互独立，完全穷尽"。"相互独立"意味着问题的细分是在同一维度上并有明确区分、不可重叠的，"完全穷尽"则意味着全面、周密。

很多人认为，梅切法则是金字塔原理中被最为重要、实用的法则，横向上必须严格遵守梅切法则，做到"相互独立，完全穷尽"。对此，本书的观点是，在思考的过程中理应遵守梅切法则，尽可能做到"完全穷尽"，但在呈现结果时却必须抓住重点事项，抓住关键要素，抓住主要矛盾，绝不可以事无巨细、求大求全，要知道"物有本末，事有终始，知所先后，则近道矣"。

第二节　规划内容大纲

上一节介绍了金字塔原理的概念、四个基本原则和课程开发常用三种逻辑顺序，本节将运用这些概念、原理来规划课程内容大纲。根据金字塔原理规划内容大纲，需要搭配相关软件一起使用，例如 Word、Excel 和思维导图软件，其中思维导图软件与金字塔原理是最佳搭档，两者一起使用如鱼得水，如虎添翼。

搭建内容框架的意思与规划内容大纲的意思相同，这里使用了内容框架，而非课程框架，也是有深意的。以往在搭建课程框架时，很多人会将教学内容和教学策略、教学方法混杂在一起，大纲里面既有内容，也有方法、案例和练习，同一时间考虑多个层面的事项，很容易顾此失彼，思虑不周却不自知。况且这本身就是一种不专业的做法。根据梅里尔波纹环状教学开发模式（见图10），专业的做法应该是先完成成分分析，即教学内容的规划与开发，再实施策略适配，即匹配教学策略，选择教学方法。

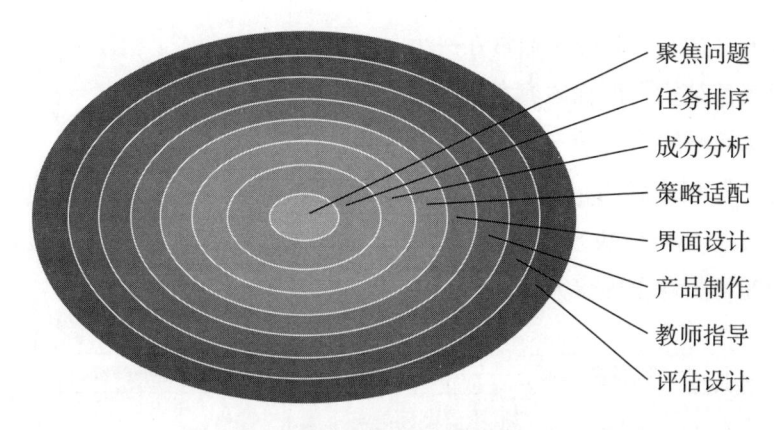

图10　波纹环状教学开发模式

规划内容大纲本身并不复杂，容易让规划变得复杂的是我们自身的思维方式，人脑不能并行思维，工作记忆区同一时间只有一个意识在活动，同时只能思考一件事情，因此事情要一件一件做，在规划内容时，绝不能牵扯到教学策略和教学方案，其中非常典型的错误做法就是迫不及待地将案例写进了内容大纲。案例属于教学方法的范畴，而非教学内容。

因此，在规划内容大纲时，特别需要提醒三个注意事项：

第一，大纲中纵向标题（思想）之间必须贯彻"以上统下，以下证上"的关系。上级标题对下级标题有规定性和约束性，下级标题对上级标题有扩展性和支撑性，简单一个词就是"上问下答"。

第二，大纲中横向标题（思想）之间必须体现逻辑性。无论是明托的三种顺序、卢卡斯的五种顺序，还是本书的三种顺序，都可以根据情况灵活使用。

第三，大纲中所有标题（思想）必须是知识点、技能点、问题点等纯内容，不涉及策略、方法和工具。

一、单任务结构

单任务结构的课程一般只包含一个教学任务，例如一个问题的分析与解决，一项技能的演示与训练等。通常所说的敏捷课程或微课程，一般都是单任务结构，课程时长通常在一小时以内。

单任务结构在课程内容大纲规划中的应用如下：

1. 单问题解决主题

此类课程主题可以从问题的表现、问题的后果、问题的原因和问题的对策等几个基本模块来规划内容大纲，应用的是问题求解顺序。图11、12为单问题解决课程内容大纲的示例：

图11 《强势型领导与下属沟通问题解决》课程内容大纲

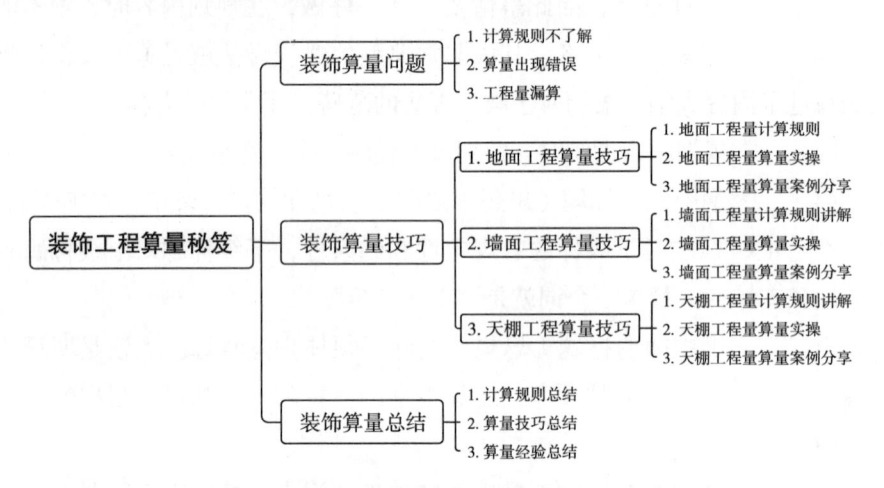

图12 《装饰工程算量秘笈》课程内容大纲

2. 单技能训练主题

此类课程主题可以从技能的重要意义、技能的基本知识、技能的操作步骤和技能的经验总结等几个基本模块来规划大纲，应用的是主题顺序。图13、14为单技能训练课程内容大纲的示例：

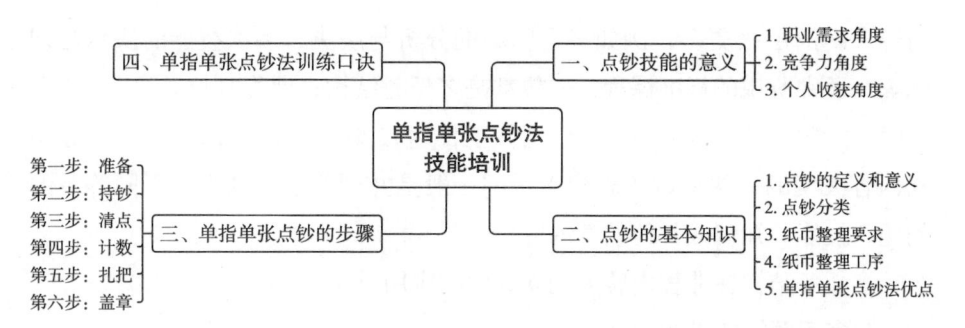

```
                                           ┌─ 1. 职业需求角度
         ┌─ 四、单指单张点钞法训练口诀    ┌─ 一、点钞技能的意义 ─┼─ 2. 竞争力角度
         │                               │                      └─ 3. 个人收获角度
         │          单指单张点钞法       │
         │          技能培训             │
第一步：准备                              │                      ┌─ 1. 点钞的定义和意义
第二步：持钞                              │                      ├─ 2. 点钞分类
第三步：清点 ── 三、单指单张点钞的步骤   └─ 二、点钞的基本知识 ─┼─ 3. 纸币整理要求
第四步：计数                                                     ├─ 4. 纸币整理工序
第五步：扎把                                                     └─ 5. 单指单张点钞法优点
第六步：盖章
```

图13 《单指单张点钞法技能训练》课程内容大纲

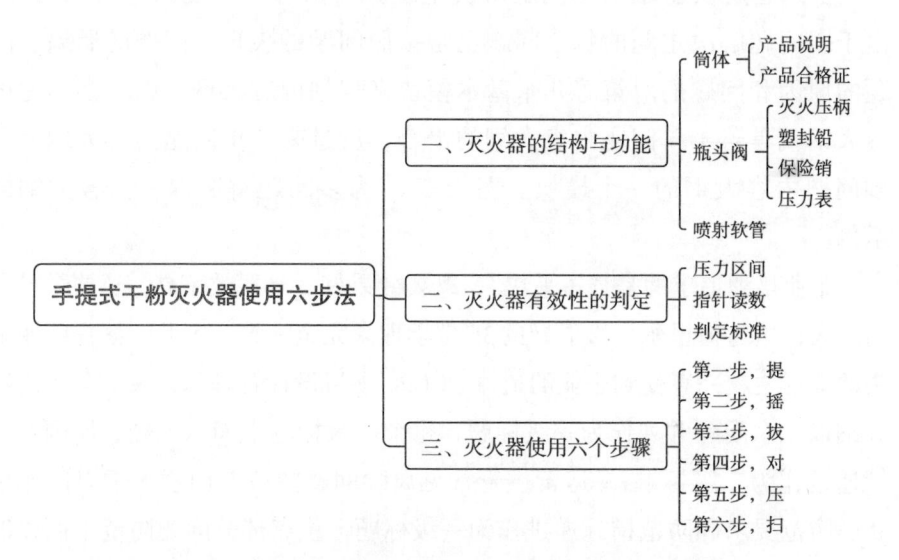

```
                                                              ┌─ 筒体 ─┬─ 产品说明
                                                              │        └─ 产品合格证
                                                              │        ┌─ 灭火压柄
                              ┌─ 一、灭火器的结构与功能 ──── 瓶头阀 ─┼─ 塑封铅
                              │                               │        ├─ 保险销
                              │                               │        └─ 压力表
                              │                               └─ 喷射软管
                              │                                    ┌─ 压力区间
手提式干粉灭火器使用六步法 ──┼─ 二、灭火器有效性的判定 ──────────┼─ 指针读数
                              │                                    └─ 判定标准
                              │                                    ┌─ 第一步，提
                              │                                    ├─ 第二步，摇
                              │                                    ├─ 第三步，拔
                              └─ 三、灭火器使用六个步骤 ───────────┼─ 第四步，对
                                                                   ├─ 第五步，压
                                                                   └─ 第六步，扫
```

图14 《手提式干粉灭火器使用六步法》课程内容大纲

需要注意的是，以上两类课程主题内容大纲的基本模块仅供参考，在具体的情境下可以根据需要灵活应用，并非一成不变。另外，诸如业务流程、规章制度、概念原理、方案共创等课程主题，也可以参考以上两类典型课程主题内容大纲的形式，加以借鉴和套用。

二、多任务结构

多任务结构的课程通常会包含多个教学任务，相比较单任务结构而言内容大纲的层级更多，例如多个问题的分析与解决，多项技能的演示与训练等。通常所说的标准课程，一般都是多任务结构，课程时长通常在2~3个小时，少数长达5~6个小时，个别甚至长达12小时（分成2天）。多任务结构内容大纲的一级标题（思想）之间一般是并列关系，列出若干同等级的问题、技能、知识或其他教学内容。

多任务结构在课程内容大纲规划中的应用：

1. 多问题解决主题

多问题解决主题与单问题解决主题，在内容大纲规划上是相通的。由于多问题解决主题的每个问题也是按照问题的表现、问题的后果、问题的原因和问题的对策等几个基本模块来规划内容大纲，因此多问题内容大纲就是若干单问题内容大纲的组合，反过来，单问题内容大纲就是多问题内容大纲的一个模块。图15、16为多问题解决课程内容大纲的示例。

企业培训追求的是"短平快"，既要效果好，又要效率高，还要学员参与度大，这与梅里尔一直倡导的3E教学理念完全一致，因此，聚焦问题解决的课程主题一直受到企业的追捧。《EPC项目设计管理问题及对策》内容大纲以三个问题并列作为一级标题，每个一级标题下面以问题、原因、对策递进作为二级标题；《运营主管常见风险问题防范》内容大纲以问题现状、防范要求和防范措施递进作为一级标题，重点部分问题防范下面以四个问题并列作为二级标题；这两门课程内容大纲规划的模式都体现了短平快的特点，也是非常典型的两种内容大纲规划模式。

2. 多技能训练主题

企业培训常见的课程主题，如果按照其实用价值和对组织绩效改善的贡献进行评价，在不考虑主题归属业务类型，只考虑主题自身类型的情况下，问题解决类课程主题无疑可以排在首位，然后是技能训练类。技能一词一般包括动作技能（也称操作技能、硬技能）和智慧技能（也称软技能）。多技能课程主题包含多项技能，通常以技能名称并列作为大纲的一级标题，再以具体的流程或步骤名称作为二级、三级标题。图17、18为多技能训练课程内容大纲的示例。

EPC项目设计管理问题及对策

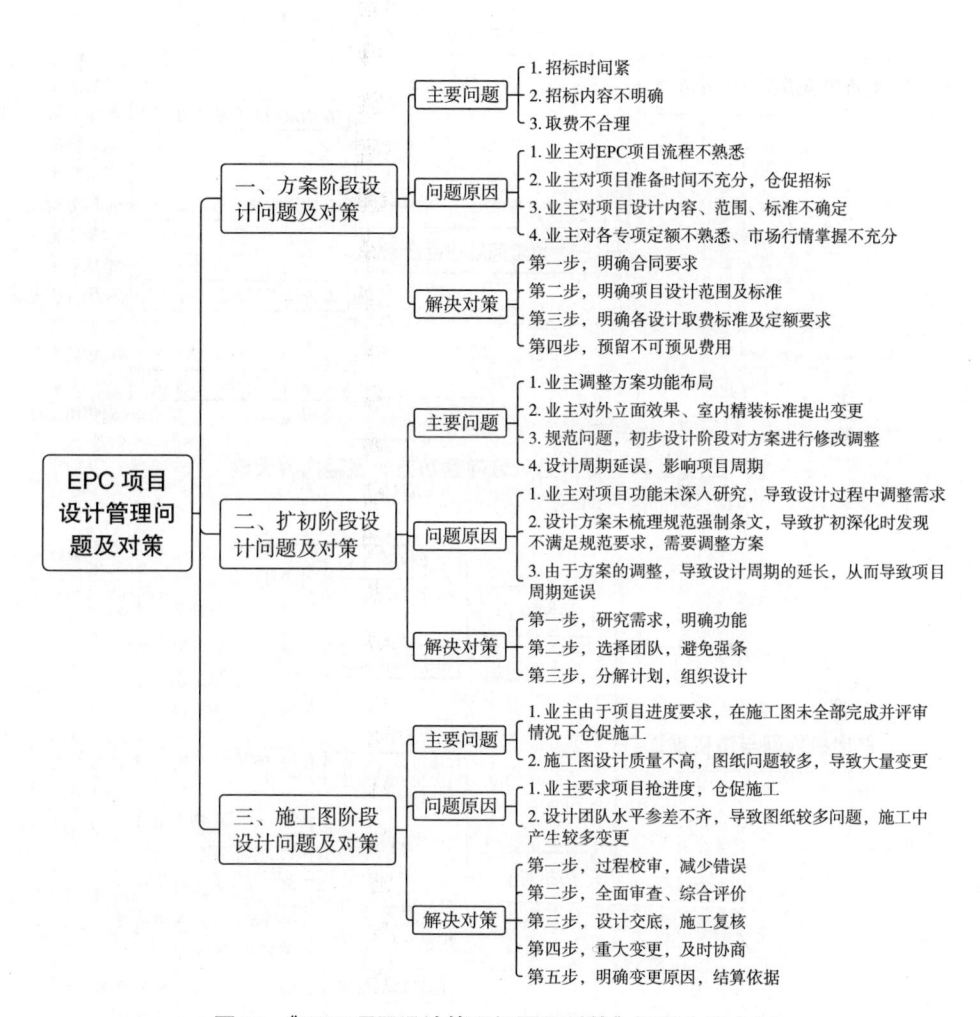

一、方案阶段设计问题及对策

主要问题
1. 招标时间紧
2. 招标内容不明确
3. 取费不合理

问题原因
1. 业主对EPC项目流程不熟悉
2. 业主对项目准备时间不充分,仓促招标
3. 业主对项目设计内容、范围、标准不确定
4. 业主对各专项定额不熟悉、市场行情掌握不充分

解决对策
- 第一步,明确合同要求
- 第二步,明确项目设计范围及标准
- 第三步,明确各设计取费标准及定额要求
- 第四步,预留不可预见费用

二、扩初阶段设计问题及对策

主要问题
1. 业主调整方案功能布局
2. 业主对外立面效果、室内精装标准提出变更
3. 规范问题,初步设计阶段对方案进行修改调整
4. 设计周期延误,影响项目周期

问题原因
1. 业主对项目功能未深入研究,导致设计过程中调整需求
2. 设计方案未梳理规范强制条文,导致扩初深化时发现不满足规范要求,需要调整方案
3. 由于方案的调整,导致设计周期的延长,从而导致项目周期延误

解决对策
- 第一步,研究需求,明确功能
- 第二步,选择团队,避免强条
- 第三步,分解计划,组织设计

三、施工图阶段设计问题及对策

主要问题
1. 业主由于项目进度要求,在施工图未全部完成并评审情况下仓促施工
2. 施工图设计质量不高,图纸问题较多,导致大量变更

问题原因
1. 业主要求项目抢进度,仓促施工
2. 设计团队水平参差不齐,导致图纸较多问题,施工中产生较多变更

解决对策
- 第一步,过程校审,减少错误
- 第二步,全面审查,综合评价
- 第三步,设计交底,施工复核
- 第四步,重大变更,及时协商
- 第五步,明确变更原因,结算依据

图15 《EPC项目设计管理问题及对策》课程内容大纲

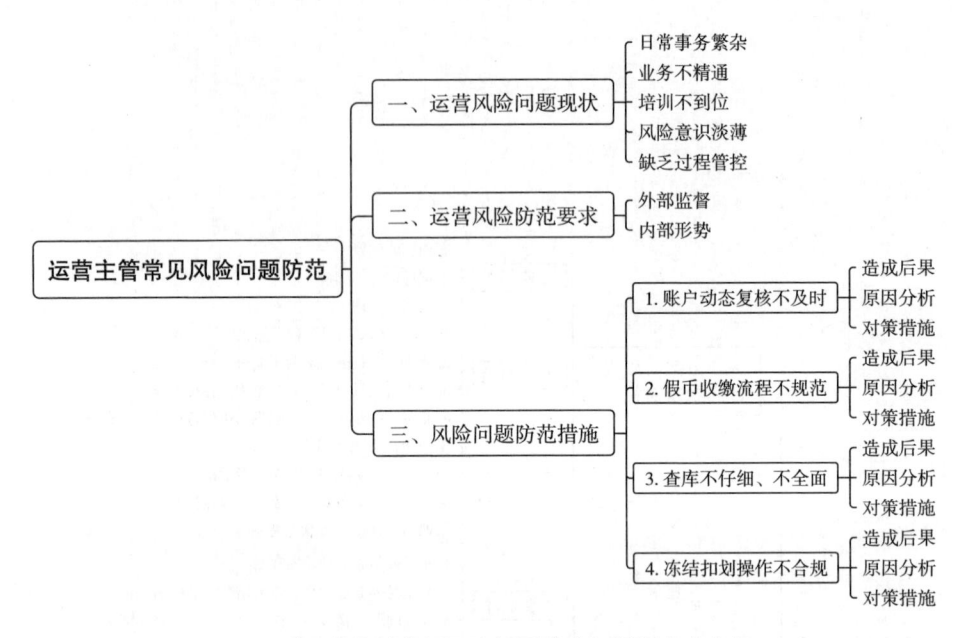

```
运营主管常见风险问题防范
├─ 一、运营风险问题现状
│   ├─ 日常事务繁杂
│   ├─ 业务不精通
│   ├─ 培训不到位
│   ├─ 风险意识淡薄
│   └─ 缺乏过程管控
├─ 二、运营风险防范要求
│   ├─ 外部监督
│   └─ 内部形势
└─ 三、风险问题防范措施
    ├─ 1. 账户动态复核不及时
    │   ├─ 造成后果
    │   ├─ 原因分析
    │   └─ 对策措施
    ├─ 2. 假币收缴流程不规范
    │   ├─ 造成后果
    │   ├─ 原因分析
    │   └─ 对策措施
    ├─ 3. 查库不仔细、不全面
    │   ├─ 造成后果
    │   ├─ 原因分析
    │   └─ 对策措施
    └─ 4. 冻结扣划操作不合规
        ├─ 造成后果
        ├─ 原因分析
        └─ 对策措施
```

图16 《运营主管常见风险问题防范》课程内容大纲

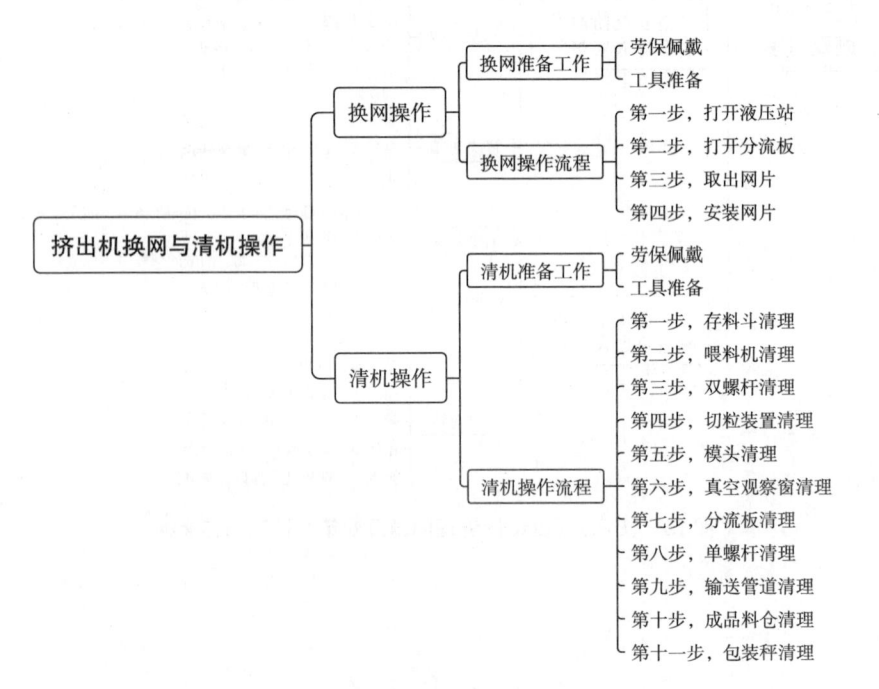

```
挤出机换网与清机操作
├─ 换网操作
│   ├─ 换网准备工作
│   │   ├─ 劳保佩戴
│   │   └─ 工具准备
│   └─ 换网操作流程
│       ├─ 第一步，打开液压站
│       ├─ 第二步，打开分流板
│       ├─ 第三步，取出网片
│       └─ 第四步，安装网片
└─ 清机操作
    ├─ 清机准备工作
    │   ├─ 劳保佩戴
    │   └─ 工具准备
    └─ 清机操作流程
        ├─ 第一步，存料斗清理
        ├─ 第二步，喂料机清理
        ├─ 第三步，双螺杆清理
        ├─ 第四步，切粒装置清理
        ├─ 第五步，模头清理
        ├─ 第六步，真空观察窗清理
        ├─ 第七步，分流板清理
        ├─ 第八步，单螺杆清理
        ├─ 第九步，输送管道清理
        ├─ 第十步，成品料仓清理
        └─ 第十一步，包装秤清理
```

图17 《挤出机换网与清机操作》课程内容大纲

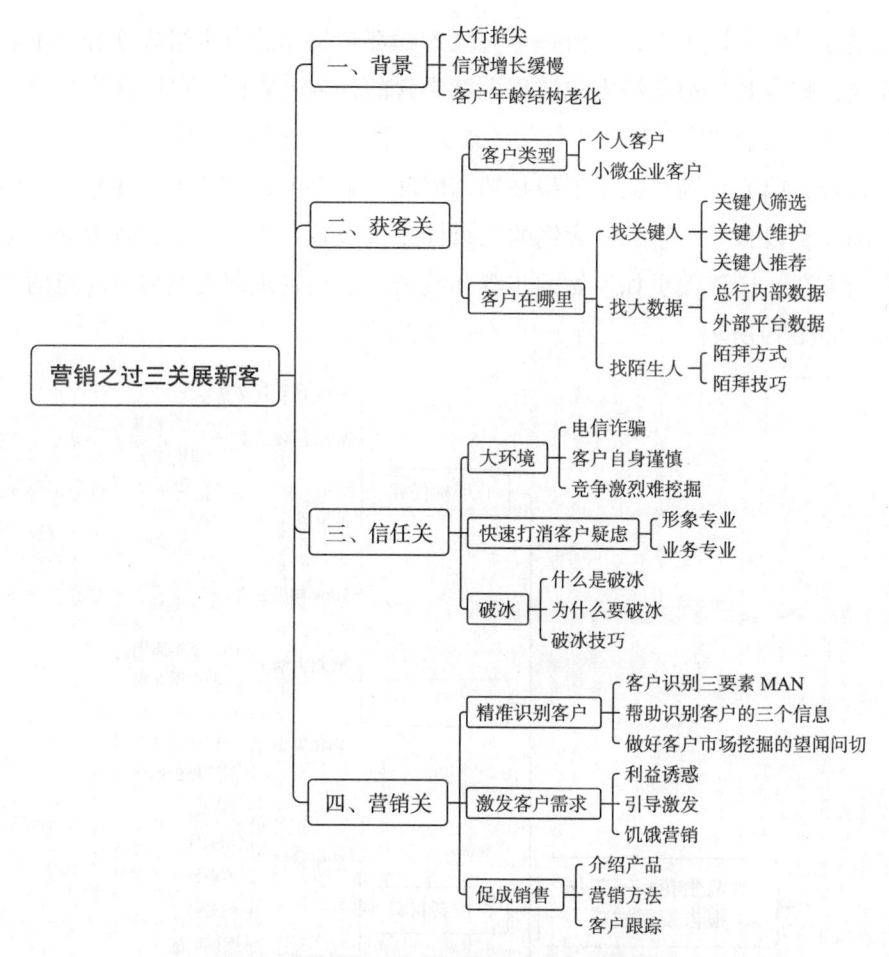

```
                              ┌─ 大行掐尖
              ┌─ 一、背景 ────┼─ 信贷增长缓慢
              │                └─ 客户年龄结构老化
              │
              │                ┌─ 客户类型 ──┬─ 个人客户
              │                │              └─ 小微企业客户
              │                │
              │                │              ┌─ 关键人筛选
              │                │  ┌─ 找关键人─┼─ 关键人维护
              │                │  │           └─ 关键人推荐
              ├─ 二、获客关 ──┤  │
              │                │  │           ┌─ 总行内部数据
营销之过三关展新客 ─┤        └─ 客户在哪里 ┼─ 找大数据 ─┤
              │                              │           └─ 外部平台数据
              │                              │
              │                              │           ┌─ 陌拜方式
              │                              └─ 找陌生人 ┤
              │                                          └─ 陌拜技巧
              │                ┌─ 电信诈骗
              │                │  ┌─ 大环境 ─┼─ 客户自身谨慎
              │                │              └─ 竞争激烈难挖掘
              ├─ 三、信任关 ──┤
              │                │  ┌─ 快速打消客户疑虑 ┬─ 形象专业
              │                │                       └─ 业务专业
              │                │
              │                │              ┌─ 什么是破冰
              │                └─ 破冰 ──────┼─ 为什么要破冰
              │                              └─ 破冰技巧
              │
              │                              ┌─ 客户识别三要素MAN
              │                ┌─ 精准识别客户┼─ 帮助识别客户的三个信息
              │                │              └─ 做好客户市场挖掘的望闻问切
              │                │
              └─ 四、营销关 ──┤              ┌─ 利益诱惑
                               ├─ 激发客户需求┼─ 引导激发
                               │              └─ 饥饿营销
                               │
                               │              ┌─ 介绍产品
                               └─ 促成销售 ──┼─ 营销方法
                                              └─ 客户跟踪
```

图18 《营销之过三关展新客》课程内容大纲

三、内容大纲案例分析

本书是从课程内容大纲教学任务的角度对大纲结构进行了分类，还可以从其他角度分类，例如层级数量、逻辑顺序等。

以下有三个课程内容大纲案例，将对其结构和内容（标题、要点）简要分析。

1.《妙笔生花——工作报告撰写技巧》课程内容大纲

该大纲从一级标题看，都在围绕工作报告这个主题展开；标题之间是层层推进的递进关系；任何一个一级标题都是整体的有机组成部分，不可或缺，缺少其一都无法完成课程主题隐含的任务。因此，可以认为是单任务结构。大纲中有两处可以优化的地方：第一，一级标题中前四个是关于撰写技巧，第五个则是关于汇报技巧，因此，第五个标题超出了课程主题的范围，予以舍弃；第二，大纲的三级标题大多是要求和效果，较少涉及流程与方法，应该偏重如何做的步骤和技巧，这也是规划大纲需要注意的地方。如图19所示。

妙笔生花——工作报告撰写技巧

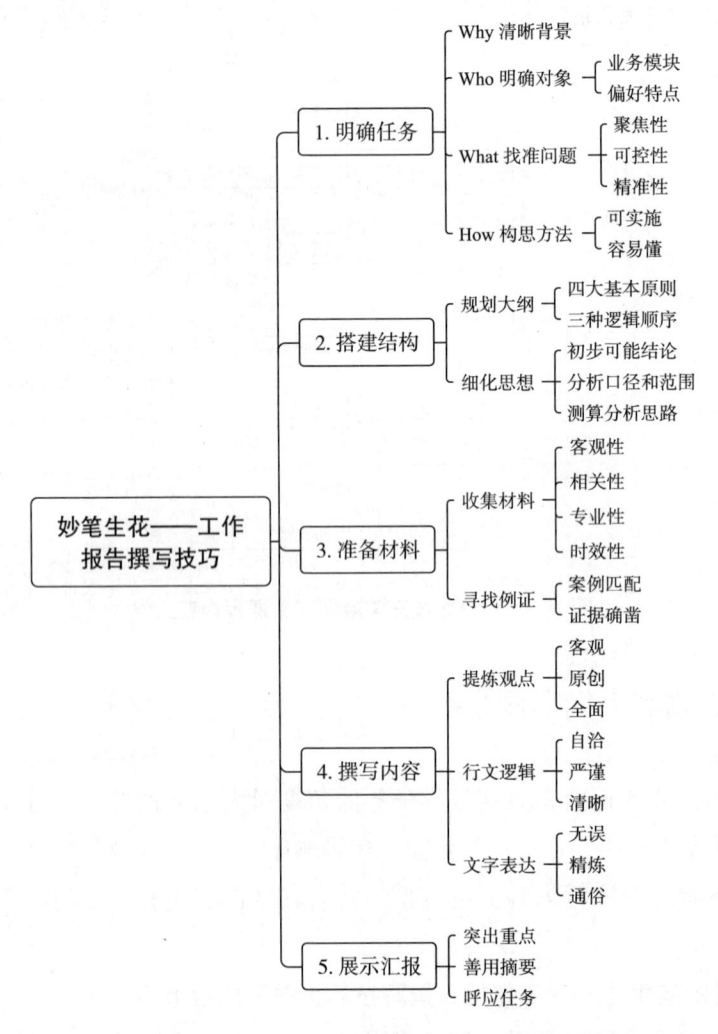

1. 明确任务
   - Why 清晰背景
   - Who 明确对象
     - 业务模块
     - 偏好特点
   - What 找准问题
     - 聚焦性
     - 可控性
     - 精准性
   - How 构思方法
     - 可实施
     - 容易懂

2. 搭建结构
   - 规划大纲
     - 四大基本原则
     - 三种逻辑顺序
   - 细化思想
     - 初步可能结论
     - 分析口径和范围
     - 测算分析思路

3. 准备材料
   - 收集材料
     - 客观性
     - 相关性
     - 专业性
     - 时效性
   - 寻找例证
     - 案例匹配
     - 证据确凿

4. 撰写内容
   - 提炼观点
     - 客观
     - 原创
     - 全面
   - 行文逻辑
     - 自洽
     - 严谨
     - 清晰
   - 文字表达
     - 无误
     - 精炼
     - 通俗

5. 展示汇报
   - 突出重点
   - 善用摘要
   - 呼应任务

图19 《妙笔生花——工作报告撰写技巧》课程内容大纲

2.《不良贷款处置难题与对策》课程内容大纲

该大纲从一级标题看，两个标题是并列关系，第一个标题为次要，第二个标题为主要；根据第二个一级标题的二级标题来判断，每一个二级标题所涉及的难题都是独立的，标题之间是松散结合的并列关系，缺少任意一个并不会对完成课程主题的隐含任务造成太大影响。因此，可以认为是多任务结构。

在难题与对策这个部分，二级标题提出问题，三级标题给出解决问题的方法措施，完全符合课程内容大纲规划的要求。如图20所示。

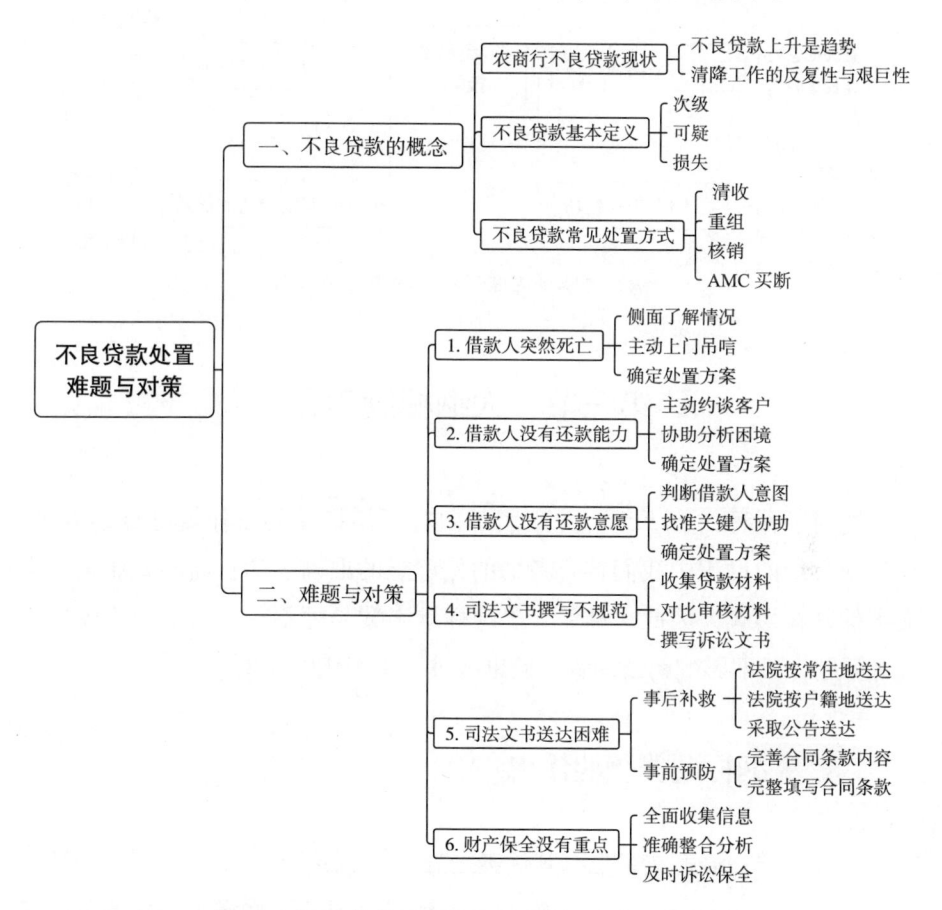

图20 《不良贷款处置难题与对策》课程内容大纲

3.《职场沟通技巧》课程内容大纲

该大纲可以说是课程内容大纲中最为典型的一种，总体来看前三部分是理论知识，后三部分是方法技巧，方法技巧中内含问题表现与解决对策，理论知识与实践经验相结合，学员参加培训之后知其然，知其所以然。结构清晰，安排合理，尤其难得的是所列沟通技巧均是本组织内实际经验的总结，非常有内部针对性和实用价值。如图21所示。

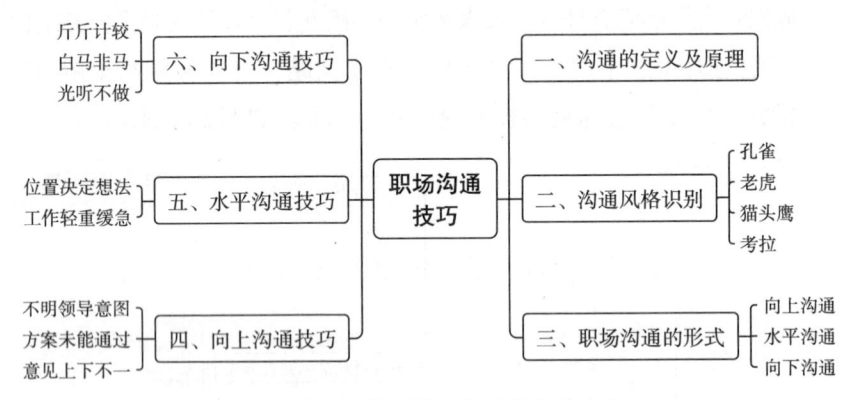

图21 《职场沟通技巧》课程内容大纲

第三节 大纲标题美化

规划了课程内容大纲，并不表示内容框架搭建的工作就已经结束了，在规划大纲的过程中我们首要考虑的是思想的准确表达，而不太注重语言文字的外在形式。因此，难免会出现标题字数长短不一，短语句式风格各异等问题，虽不影响阅读理解，但也有进一步美化的需要。

一、大纲标题美化的作用

与人一样，语言文字也有其优美之处。《三字经》全书文字凝练，结构严谨，句式短小齐整，朗读协韵上口，易诵易记，堪称文字美的典范。课程内容大纲标题美化之后有哪些作用呢？

第一，工整对仗，整齐划一，造就形式之美。大纲标题字数一致，既简短明了，又工整对仗，使大纲整体规律整齐，令学员观之一目了然，在第一印象中留下形式之美。

第二，合辙押韵，朗朗上口，造就韵律之美。 平仄、对偶、押韵，让人不禁想到律诗和春联，还有那些脍炙人口、流传千古的名诗佳作。合辙押韵的内容大纲令人忍不住要多读几遍，细细品味其中的韵律之美，情绪性学习兴趣已经被唤起。

第三，重点突出，凝练精准，造就内容之美。 美化的过程是内容上追根溯源的过程，是形而上求道的过程，是进一步概括提炼的过程，是意思更加凝练、意义更加浓缩、表达更加精准的过程。美化的内容大纲使学员一眼洞悉课程重点和价值，认知性学习动机悄然被激发。

二、大纲标题美化的技巧

1.关键词

关键词是将大纲标题提炼出一个关键字或关键词语来指代的美化技巧。提炼的过程不需要太讲究语法结构，文字内容越少越容易记忆，重要的是关键词的字数要一致。比如，《新媒体短视频制作技巧》课程的原内容大纲一级标题如下：

第一步，短视频内容设计；

第二步，视频拍摄；

第三步，手机软件剪辑合成。

用提炼关键词的方式美化内容大纲之后，一级大纲就简化成工整的四字词语，如下所示：

第一步，内容设计；

第二步，视频拍摄；

第三步，剪辑合成。

再比如《会议内容快速记录的诀窍》，原有的内容大纲已经很简要了：

第一，书写运笔快；

第二，择要点而记；

第三，使用省略法；

第四，简便代替复杂。

进一步将大纲标题进行概括提炼后，全新的一级大纲标题只有四个关键字：

第一，快；

第二，要；

第三，省；

第四，代。

不仅如此，课程主题也借此优化升级，变成了《会议记录有技巧，四字口诀要记牢》。美化后的课程主题和内容大纲双双实现了朗朗上口、简单易记的效果。

2.动宾式

动宾式是通过使用动词加宾语的语法结构美化大纲标题的方式。动宾式是提炼内容的方法之一，只是提炼过程中需要注意短语的动宾结构语法；另外，在选用动词时要做到恰当性和统一性，也就是动词与名词搭配要恰当，多个动词的使用要有统一的规则，比如动词是都是一个字或都是两个字。使用动宾式美化大纲，可以使标题简洁有力，朗读节奏感强。

比如，《企业内部新闻策划要点》课程原内容大纲标题过于朴实，信息量大且不容易记忆。

第一，要么第一，要么唯一；

第二，不单你有，而且你尖！

第三，平凡人+不平凡事；

第四，要想感动他人，先能感动自己。

使用动宾式美化大纲后如下：

第一，找角度；

第二，比高度；

第三，挖深度；

第四，传温度。

美化后的大纲既整齐又押韵，内容的专业度与文字的表现力扑面而来，主题也优化成《"四度切割法"教你做好新闻策划》，爆款课程即将诞生。

3.数字式

数字式是将数字有机嵌入短语或短句中的大纲标题美化技巧。数字式美化技巧运用时贵在一个"巧"字，只有当条件恰巧允许才能实现，否则无中生有，生搬硬套，可能会画虎不成反类犬。人们天生对数字敏感，因为数字给人有秩序、有结构、有逻辑的感觉，符合大脑的认知规律，所以也很容易被记忆。

比如，《对公客户经理的管理技能提升》课程内容大纲标题就嵌入了数字：

第一，对公客户经理的一个角色；

第二，对公客户经理的两手准备；

第三，对公客户经理的三种境界；

第四，对公客户经理的五项原则。

从一、两、三、五这些数字就能够基本判断出课程内容的体量以及带给学员的收获。

再比如，《一二三四五，轻松了解××公司基本法》课程内容大纲标题也嵌入了数字：

一本大法；

二条路线；

三种关系；

四类收入；

五项保障。

4.顺口溜

《现代汉语词典》的解释：顺口溜是民间流行的一种汉语口头韵文，句子长短不齐，纯用口语，念起来很顺口。顺口溜节奏鲜明，富有极强的节拍感，语音形式上的最大特色是押韵，听起来悦耳和谐，念起来顺口易记。

比如，《五步搞定银行保险双录引导》课程内容大纲的每一个标题都是一句顺口溜：

第一步，初次沟通要推荐；

第二步，再次见面提意见；

第三步，资料齐全是关键；

第四步，录前提醒讲要件；

第五步，签字保全乃明鉴。

又比如，《导购如何快速了解产品特性》课程内容大纲标题也是顺口溜：

第一，观察触摸勤试穿；

第二，对比研究勤回顾；

第三，大胆提问勤表达；

第四，知己知彼勤记录。

顺口溜的语句比较长，表达的含义也比较多，所以比较适合那些无法提炼成一个关键词的课程内容大纲标题。

5.提问式

提问式是以问题作为内容大纲标题的美化方式。大纲标题经过前面四种技巧美化后，得到的都是陈述性的词语或短语，其实还可以反其道而行之，在大纲中不给答案，只提问题，每个标题是一个问题，每个章节解答一个问题。这样做的好处是，可以通过疑问句来引发学员的好奇心，从而激发学习动机。

比如，《学习党章，不忘初心》课程内容大纲标题就用了提问式：

一、党章有什么样的作用和地位？

二、党章和宪法的关系是什么？

三、时代变化了，党章需要修改吗？

四、党的二十大后党章对党员有哪些新要求？

提问式美化技巧在使用时，可以不必要求大纲标题字数统一，韵律韵脚也无须在意，以准确表达思想为先。

6.混合式

混合式是组合运用以上五种方式美化大纲标题的技巧。混合式美化技巧运用时重在一个"妙"字，两种或两种以上的美化技巧组合在一起使用，没有奇思妙想和反复推敲很难实现，但是一旦组合成功，其美化效果往往也是精彩绝伦的。

比如，《一二三四，步步为赢——银行网点场景营销》课程的内容大纲，

其标题就组合使用了数字式、动宾式和顺口溜三种美化技巧,读来有种惊艳之感:

一探究竟,挖掘需求;

二种思维,引来客流;

三个步骤,匹配诉求;

四轮驱动,盈利持久。

美化大纲标题的六种技巧在运用时,可以根据课程内容,以及课程开发人员的语言文字驾驭能力等情况而定。经过美化后,课程内容大纲标题就会更加生动形象、好记易用。

本章作业任务

1.根据金字塔原理,使用思维导图软件规划拟开发课程的内容大纲。需要注意的事项:

(1)金字塔结构搭建的四个基本原则:结论先行、以上统下、归类分组、逻辑递进;

(2)课程内容大纲规划三种逻辑顺序:时间顺序、主题顺序、问题求解顺序;

(3)课程内容大纲规划两类结构模式:单任务结构、多任务结构。

2.运用六种技巧,美化拟开发课程的内容大纲。

(1)关键词;

(2)动宾式;

(3)数字式;

(4)顺口溜;

(5)提问式;

(6)混合式。

第十章　挖内容——挖掘优秀经验

知识为何？经验为何？知识与经验的关系是什么？学习背后的机制是什么？遵循什么样的规律？课程的教学内容来自哪些渠道？什么教学内容才是最具价值的，也是最为组织所看重的？复盘与萃取各自有哪些应用场景，谁更擅长产出什么教学内容？教学内容应该如何整合公共知识与个体知识？以上这些问题都将在本章加以阐述，并给出专业的建议。

第一节　教学内容的要求

一、知识与经验的关系

康德在《纯粹理性批判》导言中这样写道："我们的一切知识都从经验开始，是没有任何怀疑的。"

康德认为，凡是真正的知识，都是经验知识。科学知识是经验的，数学知识也是经验的形式，也属于经验知识的成分。比如牛顿的《自然哲学的数学原理》，就是说数学知识属于自然哲学的原理，它是自然哲学里面的规律。

在这里，需要特别注意"开始"这个词，因为康德接着又写道："但尽管我们的一切知识都是以经验开始的，它们却并不因此就都是从经验中发源的。"如果对经验知识进行分析会发现，在同一个经验知识里面包含有不同的成分，这些成分包括纯经验的后天成分和独立于经验、超脱于经验、先于经验存在的先天成分。

这些先天成分不是作为外来因素夹杂在经验知识里面可有可无的东西，而是作为经验知识的一个架构，没有这个先天的架构，经验知识是形成不起来的。例如，时间、空间和形式逻辑都属于先天的，时间、空间是人的先天直观形式（感性直观中的先天形式），是人的先天认知能力，没有时间我们就无法感知先后顺序，没有空间我们就无法感知上下左右，形式逻辑则是人们进行判断、推理等思维活动所必须遵守的规则。正是因为有了先天的架构，人们感知到的经验材料放置于先天架构中，才能形成经验知识；离开先天架构，人们感知到的经验材料仅仅是感性材料而已，是构成知识的材料，而不是知识本身。

综上所述，最初是客观事物触动了人的感官，在感官中形成了客观事物的表象，同时激活了人的先天认知能力，对这些表象进行比较，根据比较的结果进行联结或分开，把这些表象加工成一个经验知识。因此我们可以说，知识是从经验开始，但产生于人的先天认知能力对经验材料的思维加工。这句话既回答了知识是如何产生的问题，也表明了知识与经验的关系。

二、知识理性的标准

康德说，人类所有的知识有两个要素：直观和概念。直观和概念是构成知识的两个要素，但是还不够，知识是一种判断，所以还要把直观和概念连接起来，才能形成知识。比如，香蕉是黄色的、西瓜比桃子更甜等判断，但这些知识显然是经验知识，具有偶然性，不具有普遍性和必然性。经验知识要想具备普遍性和必然性，成为真正的知识，就必须经过验证。那么，真正的知识究竟是什么？有什么标准吗？

高秉江教授在《西方知识论的超越之路——从毕达哥拉斯到胡塞尔》一书中指出，古希腊哲学史上第一次知识理性的系统超越是从感觉实在论向数字确定性的超越，是由毕达哥拉斯完成的。知识理性的含义就是知识的四个标准：

第一，知识必须是确定的、毫无疑问的，具有确定性；

第二，知识是可以被分析的，具有可分析性；

第三，知识必须具有普遍性和必然性，个人的、偶然的感悟不能称之为知识；

第四，知识必须是可以被言说的，具有可言说性和可传达性。

我们通常会对数据、信息、经验知识、知识、智慧、技能等概念的含义模糊不清，以至于在准备课程教学内容的时候取舍不定，甚至误入歧途。现在，基于知识与经验的关系，以及知识的四个标准我们可以将这些概念准确地区分开，并且明白什么才可以作为课程教学内容。

首先，经验就是经验知识。经验直接来自人的感官体验，是对客观事物的直观反映，是关于客观事物的现象和外部联系的认识，经验有先天的成分，但就其内容而言都是后天的。知识是一种判断，例如"S是P"，经验本身也是一种判断，判断表明人对某个事物或某件事情有了一定的认识，从这个意义上讲，经验与经验知识是同样的意思。

其次，知识一般是指公共知识。公共知识是经过验证的知识，满足知识理性的四个标准。在公共知识前面加上限定词，就可以成为某一范围或某一领域的公共知识，比如社会公共知识、组织公共知识、数学公共知识、化学公共知识等。

再次，数据是原始信息。数据直接来自于对事实的记录，可以通过原始的观察、度量或系统采集来获得，其形式可以是数字、文字、图像、符号等。

然后，信息是数据之间的关系。对数据进行组织和处理后，得出数据间的关系，包括量化关系（如总和、平均、最大值、最小值等）和逻辑关系（如递进、并列、因果、包含、交叉等），数据就有了意义，有意义的数据就是信息，就能为分析、判断提供材料。

最后，智慧和技能是知识的高级应用或组合应用。智慧是知识作用于人脑的认知行为从而外化出来的对外办事能力和对内调控能力；技能是知识作用于人脑认知行为和肌肉协调行为后外化出来的动作能力或操作能力。

数据、信息、经验都是流变的、冗余化的和不确定的，三者都不具备普遍性和必然性。经验充斥着个体的偶然感悟，本身还是碎片化的、不可分析的、隐性的、不可言说和不可传达。这三者都不属于真正意义上的知识，有待上升为知识。

三、三种知识的区别

公共知识是一个群体乃至全人类共知共有的知识，满足知识理性的四个标准，即确定性、可分析性、普遍性和必然性、可言说性和可传达性，除此之外还具备社会性和交往性。

个体知识是个人所拥有的知识，其来源主要有三个：第一，经由个人实践经验升华而成的个体知识；第二，经由个人纯粹理性思维得出的个体知识；第三，经由个人吸收公共知识而来的个体知识。

按照知识理性的四个标准来判断，个体知识与公共知识的区别在于经由个人实践经验和纯粹理性思维得出的个体知识不具备普遍性、必然性，如果要具备普遍性和必然性就需要进一步的验证。即便是公共知识，其普遍性和必然性也不是永恒不变的。例如，牛顿力学三定律一开始被认为是普遍的、必然的，随着量子力学出现以后，前者的适用范围就不得不进行调整；一开始人们以为行为主义"刺激—反应"就是学习理论的全部，后来发展到认知主义认为信息加工就是学习的本质，再到如今的建构主义认为主观建构才是真正的学习，未来可能是人本主义或其他形式的主义。公共知识的普遍性、必然性会随着科学研究的深入而不断得到强化。

个体知识与公共知识是可以相互转化的，由个体知识向公共知识转化，即个体知识的"社会化"过程；由公共知识向个体知识转化，即公共知识的"个体化"过程。

经验知识是人在实践中获得的感悟和认识，具有主观性、个性化、情境化、冗余化、碎片化、无序和隐性等特征。例如，某净水器门店的优秀导购人员，他们在表述自己销售秘诀的时候，往往将客户、产品、时间、地点等具体化的、情境化的信息都包含进去。如果运用复盘、萃取等技术对经验进行挖掘、梳理和提纯，去除情境因素使之抽象化，去除冗余信息使之概括化，联结碎片内容使之结构化，梳理无序内容使之逻辑化、秩序化，再用恰当的文字表达出来，那么，经验知识就能够上升为个体知识。

经验知识与个体知识是可以相互转化的，人们从书本上和他人那里学到了知识，经过思维的建构形成自己的认知，这个过程是将公共知识或他人知识转换成个体知识，然后运用个体知识完成任务或解决问题获得了实践经验，最后经过复盘、萃取等技术把经验知识挖掘出来上升为个体知识。

表14 经验知识、个体知识与公共知识特征比较

项目	经验知识	个体知识	公共知识
主体构成	单一主体性	单一主体性	复合主体性
知识的向度	感悟——个性化	理解——个性化	认知——公共性
主体的关系结构	个人性、独立性	个人性、独立性	社会性、交往性
显性状态	隐性	隐性或显性	显性
认识论	经验论（注重生成、建构）	经验论（注重生成、建构）	科学认识论（注重发现、继承）
获得途径	直接经验	直接经验	间接经验
产生来源	经验感悟	经验感悟+理性思维	理性思维
性质特征	主观性、冗余化、情境化、碎片化、流变性、隐性的	主观性、概括化、抽象化、结构化、确定性、可分析性、显性的、可言说性和可传达性	客观性、概括化、抽象化、结构化、普遍性和必然性、确定性、可分析性、显性的、可言说性和可传达性

四、教学内容的要求

一门课程究竟是以内容为重，还是以形式为重？内容不好，课程没有价值；形式不好，培训没有效果。内容是课程价值的保证，形式是培训效果的保证。因此，两者应并重。那么，一门课程的教学内容具体有什么要求呢？什么样的课程教学内容才是好的内容呢？

在企业，内部公共知识一般是指企业文化、规章制度、业务流程、岗位手册、产品知识、岗位技能，当然还包括发展战略、经营策略、管理模式等，并以电子文档和纸质文档等显性的方式存在；外部公共知识泛指一

切社会公共知识，包括但不限于管理、领导力、人力资源、财务、采购、行政等与通用能力相关的知识。个体知识是指员工在完成任务或解决问题的实践过程中所获得的直接经验知识，还包括学习公共知识和他人个体知识转化而来的间接经验知识，并对这两类经验知识进行理性思维后得到的私人知识。例如，营销话术中的促单技巧、设备使用的操作技巧、规章制度执行或业务流程实施过程中的注意事项等。

一般来说，公共知识的形态是显性状态，以电子文档或纸质文档的形式存在；经验知识的形态是隐性状态，存在于员工的头脑中；个体知识的形态可能是隐性的，有可能是显性的，这取决于认知主体对经验知识进行思维加工后，有没有使其以显性化的方式存在。企业的公共知识是公用公知，个体知识是自用自知，经验知识是自用而不自知。

一门课程的内容具体有何要求，其实要根据培训对象分析的结果而定，例如学员相关知识储备、起点技能、最近发展区（ZPD），当然这种细致深入的分析耗时费力，如果仅是粗略地划分标准，可以从任职时间长短这个维度着手。

1. 新员工入职培训应以公共知识为主、个体知识为辅

新员工对企业的情况一无所知，此时急需学习企业文化、规章制度、业务流程、岗位手册等公共知识，同时也需要基础的工作技巧。

2. 入职六个月至一年的员工公共知识与个体知识并重

在这个阶段，员工一方面要持续学习和运用公共知识，以达到更加全面和更加熟练的程度；另一方面在企业组织的内部培训中向其他员工学习实用性、技巧性更强的个体知识。企业的规章制度、业务流程、岗位手册等公共知识是在过往实践经验的基础之上总结出来的，必然具有一定的滞后性，个体知识是当前实践经验的总结，紧密联系工作实际，恰好能够弥补公共知识在及时性和细致性方面的不足，帮助员工快速胜任工作，提高绩效。

3. 入职一年至三年的员工应以个体知识为主、公共知识为辅

这个阶段的员工对企业内部公共知识已经了如指掌，并开始承担重要的工作职责和任务，经常需要完成一些有难度的任务，或者解决一些有挑战的问题，此时的公共知识已然不敷使用。在这种情况下，有的员工能够从过去的实践中总结出一些做事原则、工作套路、方法技巧等个体知识，但是新情况、新任务、新问题层出不穷，公共知识用不上，自己总结的个体知识不够用，这就需要有经验的资深员工分享和传播他们的个体知识，帮助这个阶段的员工突破能力瓶颈，创造业绩高峰。

4.入职三年以上的员工应以经验分享为主、个体知识为辅

这个阶段的员工工作绩效能够达到高水平，经历过各种各样的困难、挑战，积累了丰富的实践经验，不仅自己归纳总结出了很多直接个体知识，同时也跟企业内部优秀员工和行业内优秀人才学到了很多间接个体知识，通常在任务完成、问题解决等操作执行层面有了充分的积累，但是在战略决策、方向原则等思维理念层面仍然比较缺乏。思维理念层面的提升就不是公共知识和个体知识能够解决的了，而是要从他人的成功案例和失败教训中汲取经验启示，获得感悟，提升认知。

第二节　学习的循环与螺旋

一、从经验到知识

将经验转化成知识，就要知道经验和知识的区别，所谓经验是经验知识，所谓知识是个体知识和公共知识。经验知识具有碎片化、隐性化、特殊性和偶然性等特征；个体知识是首先结构化的，而状态可以是隐性化的，也可以是显性化的；公共知识除了是结构化和显性化的之外，还具有普遍性和必然性的特征。

人类在进化初期，从生产和生活实践中积累了有用的经验，一开始这些经验是在个体内运用，当时没有语言，更没有文字，无法记录或传承。一个人想要学习他人的经验，就需要长年累月的观摩、模仿，并在大量的试错后方能掌握，因此经验传播的效率和效果都极差。当有经验的个体消亡后，他的大部分经验也随之消失。

语言的出现让这一切发生了巨大的改观，使得经验知识上升为个体知识。而这个过程背后蕴含的是大脑信息加工的原理和能力。

心理学家米勒的实验结果表明，大脑的短时记忆容量一般为 $7±2$ 个单元，也就是说大脑同时能加工的信息单元非常有限，这就制约了人的学习能力。经验知识是人对客观事物的感知、感受、感悟和认识，这其中有少量有效的成分和大量无效的成分，而信息过载和无效信息过多是导致经验直接传播效果差的根本原因。只有将经验知识加工提炼成个体知识才方便大脑的理解、加工和记忆，才更方便在个体间传播。

当文字出现以后，知识的传播范围和速度逐渐变得更大、更快了，这就是个体知识社会化的过程。当个体知识在更大范围和更长时间的尺度上被更多人验证后，就会自然而然地转化成公共知识。

二、从知识到认知

每个人的大脑中都有自己的一套认知结构，广义是指个体头脑里已有观念的全部内容和组织结构，狭义主要是指头脑中的知识结构。因此，知识是认知最重要的、最有用的组成部分，但不是全部，而观念有可能是知识，有可能不是知识，例如，价值观、道德观、信念、信仰、偏见、执念等。

认知，是指人们获得知识或应用知识的过程，或信息加工的过程。人脑接收到外界输入的信息，经过大脑的加工处理，转换成内在的认知，包括对事物的认识、对概念的理解、对事实的判断和对规律的总结等，进而支配人的行为，这个过程就是信息加工的过程，也就是认知过程。总之，人类将自己对事物的诠释，称之为认知。因此，来自于外部的知识要不要被意识加工，存在于内部的知识要不要被意识调用，需要由个体的认知作出判断，可以说认知代表着个体的意识和理性。

康德认为，物自体不可知。客观对象是人们在认知"它"的过程中主观建构的，人们赋予意义，给出定义，这其中体现了人的主观能动性。人有主观认知能力，但人的主观认知能力是有限的，人在有限的认知能力范围内来认识客观事物，客观事物必须满足人的主观认识形式才能被认知，由此建立起人类知识大厦的巴别塔。对此，恩格斯从实践的角度表达了更加唯物主义的观点，除了人以外的其他动物只能适应物质世界，而人的意识却可以通过人的行为作用于物质世界，即人的意识可以改造物质，人在改造物质世界的实践过程中就完成了对物自体的认知，也实现了主客体的统一。

但是无论康德还是恩格斯，都无法否认一个事实：即使物自体已经被明确定义了，甚至被改造了，不同的人还是有不同的认知。

建构主义认为，世界是客观的世界，但每个人所认知的世界是自己主观建构的。人们学习知识的过程也是认知主观建构的过程，书本上的公共知识、他人的个体知识对于学习者来说都是外部知识，必须经过主观建构才能形成学习者的个人认知。认知建构的过程，用皮亚杰的话来说，就是当个体学习新知识时，其认知结构出现了不平衡，个体通过同化和顺应来达到认知结构的平衡。

从知识到认知的过程是一个建构的过程，那就不是简单地把知识装到学习者大脑中的装箱过程，而是学习者要运用已有的经验和知识对新知进行分析、解构、整合、创造的过程，最终形成个人版本的理解。

三、从认知到能力

布卢姆将教育目标分为认知、心理动作和情感三大领域，加涅将学习结果分为言语信息、智慧技能、认知策略、动作技能和态度。学术界一般将加涅的言语信息、智慧技能和认知策略与布卢姆的认知领域等同，而动作技能和态度则分别与心理动作领域和情感领域对应。其实，仔细分析一下，两人的观点异曲而同工，教育目标就是学习要达到的结果，两者在一定程度上是一回事。

从两人的理论中，我们还可以得出这样一个观点：人有认知智慧的能力，也有行为动作的能力。但人的认知能力和行为能力往往处于分裂的状态，而不是天然地就达到知行合一的状态。

从认知到能力有两条途径，一是大脑中的程序性知识支配人的认知行为，将知识转化成智慧技能（软技能）；二是大脑中的程序性知识同时支配人的认知行为和肌肉协调行为，将知识转化成动作技能（硬技能）。从认知到能力的转化过程就是从知识到技能的生成过程。

每个人都有一套内部协商的语言系统，每个人的肌肉协调行为也只听得懂自身独特的内部协商语言，也就是自己的行为只能接受自己的认知发出的指令。

那么，如何进行刻意练习呢？安德斯·埃里克森建议：

第一，刻意练习要有明确的目标和计划。为了有效提升技能，需要进行有目的的练习，而非简单的重复练习。这就需要制定明确的具体目标，并对目标进行分解，形成分步执行的计划，还要制定监控练习结果的标准以判断目标是否达到。

第二，刻意练习要发生在舒适区之外。刻意练习不能在舒适区，而是在学习区，学习趋势没有完全掌握的区域，有一定挑战，会感到不适应，但还不至于太难受。这样做还有一个好处，就是刺激练习者保持提高自身技能水平的动机，在练习过程中不断为自己设置新的、更大的挑战。

第三，刻意练习需要及时的指导和反馈。刻意练习的动作套路不一定都是正确的，每个人的理解都会带有个性化的色彩，每个人的版本可能都不一样。这就需要得到及时有效的指导，指出问题所在，反馈优化建议。

第四，刻意练习要能够形成有效的心理表征。心理表征是一种我们大脑正在思考的某个物体、某个观点、某些信息或者其他任何事物相对应的心理结构，或具体或抽象。简单来说，就是在大脑中印刻事物超级细节的印象。比如，提到蒙娜丽莎，一般人只会在脑海中看到这幅油画模糊的形象，但有的人却可以很详细地回想起这幅画中的各个细节，这种高度复杂和精密的心理表征，就是大师和常人的区别。

心理表征能够帮助练习者快速找到规律，进行有意义的记忆；快速处理大量的信息、组织信息；精准预测未来，在瞬间做出更快更准确的决策；制定计划，选择最佳路径；有助于高效学习，可以敏锐地察觉到自己的错误。技能和心理表征之间的关系是一种良性循环，技能越娴熟，创建的心理表征越好，而心理表征越好，就越能有效地提升技能熟练度。

四、从能力到经验

当知识转化为技能，认知生成为能力之后，下一步就要运用能力解决问题或完成任务，积累新的、更多的经验。在运用能力解决问题的过程中，有几个事项需要注意：

首先，运用能力解决问题的时机。课堂练习的时候老师也会出题要求学员解决，但那是课堂情境，老师出题也是刻意为之，现实中很少有刻意运用某种能力解决问题的机会，当需要用到某种能力的时候，往往所面对的问题都是突然发生的。也就是说现实情境中，解决问题时一般不会留给我们充分准备的时间。

其次，现实情境与课堂情境的差异。现实情境中的问题可能更简单，也可能更复杂，但大多数情况下都比课堂情境下更复杂，也更困难。这是因为现实情境中，影响问题的因素要比课堂情境中要多得多。

最后，解决问题需要组合多种能力。现实情境的问题多数是复杂的，单一能力往往无法胜任，这就需要组合多种知识、技能形成综合能力，甚至整合具有各种能力的专业人士组成专家团，共同解决一个问题。

五、再从经验到知识

在解决问题或完成任务的过程中积累了新的经验，就需要及时将经验挖掘提炼出来，形成新的知识，在个体间进行社会化传播，这个过程需要使用复盘和萃取技术。

当经验在案例事件中时，需要使用复盘技术，先将事件按照时间顺序还原出来，再按照复盘流程分析其中的成败得失，找成功要因，找失败根因，最后总结提炼出规律原则和经验启示。

当经验在个体头脑中而非事件中时，需要使用萃取技术，先通过归纳法找到解决问题的关键步骤，再探询每一步骤的详细操作技巧与注意事项，最后得到解决问题的流程和方法。

无论是经验启示，还是流程方法，都需要进行进一步的加工、提炼，使其结构化、模型化成为个体知识，以便在特定范围内快速、广泛地传播。当经验完成循环，被再次知识化之后，新知识的含金量可能要远高于循环前的旧知识，那么，即将开始的新循环就与上一循环拉开了高度距离，如此多轮循环下来就形成了学习的螺旋。

六、CCEK学习螺旋

学习应该是螺旋式上升，我们用一个模型将学习螺旋呈现出来，这个模型是一个坐标系（见图22）。纵坐标的下面是隐性的经验知识，上面是显性的个体知识和公共知识，从下往上表达的是隐性经验显性化的过程，从上至下表达的是显性知识经验化的过程；横坐标的右边是知识的内化，左边是知识的外化，从右向左表达的是个体知识在组织内向外扩散的社会化过程，从左向右表达的是公共知识和其他个体知识被组织内个人吸纳向内聚集的个体化过程。

显性：个体知识、公共知识

Knowledge
经验知识化

4
复盘萃取
生产知识

Cognitivization
知识认知化

1
学习新知
建构认知

外化：社会化

内化：个体化

3
解决问题
形成经验

2
刻意练习
转化能力

Experience
能力经验化

Competence
认知能力化

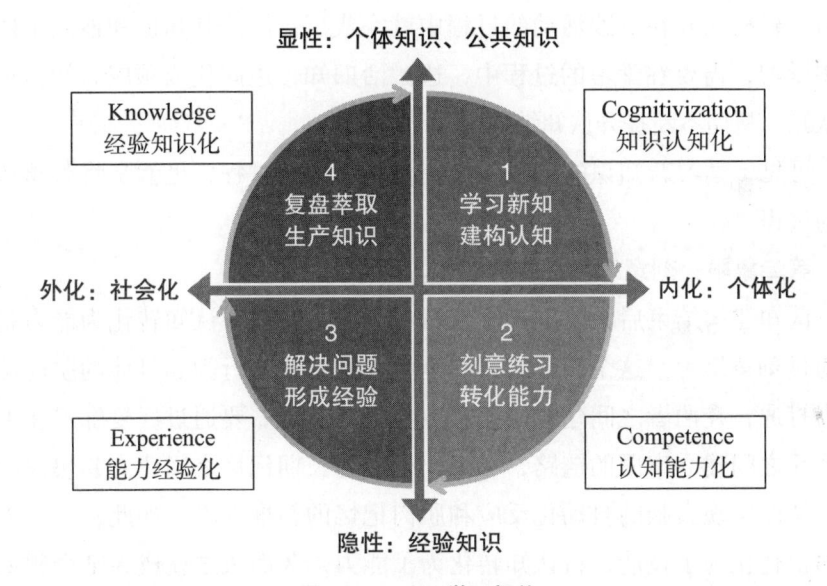

隐性：经验知识

图22　CCEK学习螺旋

我给这个模型起了一个名字，叫作CCEK学习螺旋，接下来具体解释这个模型：

第一象限：学习新知，建构认知。

成人学习一般有两种方式，一是从自己的实践中学习，也叫体验式学习，这种学习方式理解深刻，效果最好，但是效率太低，因为每一点滴的收获都需要自己亲身经历，从投入产出比的角度来看不划算，但从对个人成长的作用来看又是非常重要的；二是从公共知识和他人的个体知识中学习，这种学习方式以阅读和听读为主，学习效率高，短期内就能完成对别人一生经验的学习，但是学习的过程比较枯燥，学了还要思，思了还要行，因为是别人的知识和经验，如果自己不思不行，只是囫囵吞枣地死记硬背，那么学习效果就会很差。

直播平台上有些博主分享的是公共知识，如数学、语文、哲学、历史、法律、金融等；有些博主分享的是自己的个体知识，如个人的烧菜技巧、个人的穿搭技巧、个人的化妆技巧、个人的软件使用技巧、个人对国学的理解等。

无论是哪种学习方式，学习新知都有一个建构认知的过程。从实践中学习，建构认知在实践活动的过程中就完成了；从公共知识和他人个体知识中学习，需要在学习的过程中，边激活旧知，边同化或顺应新知，边建构认知，从而不断提升认知结构。

可见，学习新知识的过程就是建构新认知的过程，也就是将知识认知化的过程。

第二象限：刻意练习，转化能力。

认知建构结束后，并不等于就具备了能力，要将认知转化为能力就需要通过刻意练习。这个转化的过程是将大脑的认知行为和身体的肌肉协调行为打通，在两者之间建立快速反应连接，这就需要通过反复练习在大脑神经元之间建立牢固的链路，在工作记忆与长期记忆之间建立起快捷的通道，从而实现大脑的自动化反应和肌肉记忆的精准动作。如此，一个人就将知识转化为了技能，将认知转化为了能力，久而久之就成为某个领域的大师。

可见，刻意练习的过程就是转化能力的过程，也就是将认知能力化的过程。

第三象限：解决问题，形成经验。

人具备了能力，要运用能力解决问题或完成任务才能发挥能力的作用，从而体现人的价值。就好比一件功能强大的商品，只有把它卖出去才能实现它的价值，而只有在使用中才能发挥它的作用。问题和任务往往是复杂的、困难的，因此，需要组合运用多种能力或者整合多位专家共同解决问题或完成任务。在这个过程中受到环境条件因素、能力组合因素、认知差异因素等多种因素的交叉影响，就会伴随形成很多情境化、碎片化、无序化的经验知识。

可见，解决问题的过程就是形成经验的过程，也就是将能力经验化的过程。

第四象限：复盘萃取，生产知识。

一切知识都开始于经验，没有经验知识就无法形成。经验本质上也是一种知识，只不过它是隐性的、非结构化的，经验知识只是被个体自用，发挥作用的范围非常有限，要想让经验知识发挥更广泛的作用，就要运用复盘和萃取技术将其挖掘提炼出来，形成个体知识，在个体间传播、应用、验证、优化、迭代，进而上升为公共知识为全社会所用。

可见，复盘萃取的过程就是生产知识的过程，也就是将经验知识化的过程。

至此，就完成了知识的上下贯通和内外交互的转换循环，就形成了学习的螺旋上升。

第三节　教学内容的来源

一、来自公共知识

教学内容的来源之一是公共知识，这包括组织内的公共知识和全社会的公共知识。由于公共知识是已经公开的知识，每个人都可以通过一定的渠道获得，因此公共知识在课程教学内容所起的作用往往是铺垫性的、过渡性的、总结性的，甚至是普及性的，在改变学员认知方面能够起到积极的作用，但是对于帮助员工解决实际问题或完成真实任务就显得力不从心，价值不大了。

在开发教学活动时，如概念、原理、原则、模型、流程等公共知识，一般设计成案例研讨或小组讨论的互动教学形式为宜，而不是以讲解为主的单方面灌输。

二、来自复盘的经验

复盘不仅可以得到做事情的决策经验和方法经验，还能将事情的经过原原本本地梳理出来，其中决策经验和方法经验是一门课程最具价值的教学内容，而事情经过对于一门课程而言又是不可多得的教学案例。两者相结合，相辅相成就能打造一门基于五星教学和结构化研讨的精品课程。以下将从概念、分类和流程三个方面了解复盘的相关内容。

1. 复盘的概念

复盘是围棋中的一种学习方法，指的是在下完一盘棋之后，再重新摆一遍，看看哪里下得好，哪里下得不好。对下得好和不好的地方，都要进行分析和推演。

用到企业管理中，复盘指的是从过去的项目、案例、事件、实际工作、经营活动等经历中进行学习，帮助管理者有效地萃取经验知识、总结规律原则、提升能力、实现绩效的改善。

复盘也可以叫反思或总结，但复盘比一般意义的总结和反思要系统，是一种机制化和系统化的总结与反思，这也是其有效的关键之处。

复盘的目的性极强，一般是从回顾最初的目标开始，一路探究导致结果与目标之间差异的根本原因，有什么经验、启示、反思、体会，可以说是一次目标驱动型的、刨根问底式的学习总结。

2. 复盘的分类

邱昭良博士在《复盘+：把经验转化成能力》一书中，按照复盘涉及的"人"与"事"，也就是参与人员的范围与规模、主题内容的性质，将企业中常见的复盘分为四类,如表15所示。

表15 复盘的四种类型

区分	个人	团队	组织
事件、活动	个人复盘	团队复盘	
项目、任务		项目复盘	
整体经营、战略	—	—	经营与战略复盘

（1）个人复盘。个人复盘适用于个人对其亲身经历的项目、案例、事件、活动等,进行结构化的自我反思,以提升个人的领导力、专业力和执行力。

此类复盘是一种最简单、最具操作性的复盘方式,往往带有非正式的色彩,不受时间和空间等外在条件的限制,也不受事情本身进展的约束,可随时随地地进行复盘,进而养成复盘的习惯。

如果在个人复盘的过程中能够借助能力高的人的指点,那么就可以超越自己的层次,在一个更高的层面看待问题,发现更深层次的问题,个人复盘的结论也将更加可靠,更有价值,对于提升自己的能力会有意想不到的效果。

另外,复盘他人也属于个人复盘,就是从他人做的事情当中获得经验和教训。复盘他人有个前提条件,就是他人愿意配合访谈或者提供第一手的详细资料,否则用处不大。

（2）团队复盘。团队复盘适用于单个团队或多个团队协作进行的事件或活动。在事件或活动结束后,通过团队成员参加的复盘会,对目标、结果和过程进行回顾、评估、分析、总结,以增进彼此的相互了解与配合,提升团队协同作战能力。

此类复盘可能因复盘参与人员的规模、素质、能力、经验,以及复盘主题的复杂程度、问题多少的不同而有很大差异,有些可用简单的复盘流程便捷操作,有些则需要按照专业的团队复盘技术进行精心设计、准备、引导、推进。

除了极少量的简单团队复盘外,大多数团队复盘都会面临一系列挑战,如一言堂、不参与、跑题、冲突等，要想把复盘做到位，参与者、复盘引导师和组织等方面需要具备若干条件与核心技能，还要掌握一些诀窍。

团队复盘的宗旨是以真诚求知的态度来探讨问题，得出结论，再规划今后的目标和行动；要就事论事，而不是互相指责或推脱责任；大家保持一致、开放、真诚的心态，在过程中发现问题、提出疑问、商讨解决、形成共识，避免互相指责或流于形式。

（3）项目复盘。项目复盘适用于单个或多个团队执行的较长期或大型的项目，以及组织中某个职能性工作或任务，其特点是参与主体多（需要多人或多个团队协同实施）、时间长（通常持续较长时间）、工作任务繁杂（包含较多的工作内容）。

对于此类复盘，应将复盘嵌入项目运作之中，形成"多重迭代式复盘"。首先要在不同层次、单位中进行复盘，包括各个功能团队或职能条线，以及项目组层面上的复盘；然后要在不同时间段上进行复盘，如以月或周为单位进行复盘，在项目不同阶段进行阶段性复盘，在项目结束后对项目进行总体复盘，以提升组织协作能力，激发创新活力。

（4）经营与战略复盘。经营与战略复盘适用在事业部、业务单元或整个公司层面上，也可以定期对经营情况或战略的制定与执行进行复盘，以反思组织整体的组织、运作模式，以及规则、政策、制度、流程、文化等，促进组织创新、战略协同与绩效提升。

此类复盘遵从复盘的"底层逻辑"，但更加体现业务特色，也和公司经营与管理结合得更为紧密。

总体而言，上述四类复盘都遵循复盘的基本流程，但因其涉及的范围、主题特性不同，操作手法也有很大差异。

3. 复盘的流程

经典的复盘流程是 GRAI 四步法，即 Goal 回顾目标、Result 评估结果、Analysis 分析原因、Insight 总结经验四个步骤。但是实际上，这其中缺失了一个非常重要的环节，就是对复盘内容过程的梳理，复盘内容是指项目、案例、事件、活动、工作等。如果复盘会议需要半天，那么事先梳理复盘内容可能需要一周的时间，可见梳理复盘内容的工作极为重要，不容忽视。

而沈磊博士在《复盘》一书中提出来的"复盘五步法",与此观点不谋而合。

第一步,梳理过程(Process)。

梳理过程就是将有待复盘的内容,按照时间顺序将发展的过程梳理一遍。如果借助一个坐标系,梳理起来将更清晰。横坐标是时间和事件,表达的是在不同时间节点上发生的事件;纵坐标是人物,表达的是参与复盘的各位成员;坐标系的内容是想法和做法,整个坐标系表达的意思是在不同的时间节点发生的事件中,参与复盘的每个人是怎么想的,又是怎么做的。如图23所示。

在通常情况下,我们可以按照时间顺序将事情从一开始到现如今的进展情况盘点一遍。当然,这并不意味着要事无巨细地梳理,选择重要和关键的事项即可。

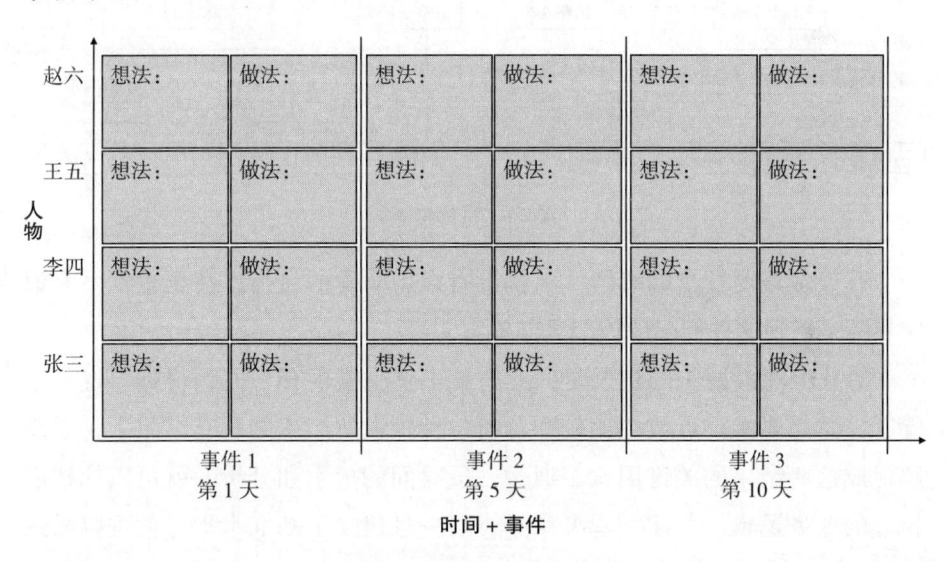

人物	事件1 第1天		事件2 第5天		事件3 第10天	
赵六	想法:	做法:	想法:	做法:	想法:	做法:
王五	想法:	做法:	想法:	做法:	想法:	做法:
李四	想法:	做法:	想法:	做法:	想法:	做法:
张三	想法:	做法:	想法:	做法:	想法:	做法:

时间+事件

图23 复盘之梳理过程

梳理过程最重要的一点就是要还原细节,如果只有概要没有细节,那么分析过程的时候就发现不了问题原因所在。因此,如果要梳理的过程内容比较长,细节比较多,可以使用电子表格。

第二步,回顾目标(Goal)。

回顾目标"回顾"二字的含义是,当初是什么样的,回顾时就还原成什么样的，不增一分，不减一分。如果对当初目标进行篡改，那就是弄虚作假，与复盘的目的背道而驰，实不可取。

复盘时遇到的情况是多种多样的，如果当初设定了目标，那自然很好，只需要将目标体系整理出来即可。完整的目标体系包括目标、策略、措施和关键任务等内容（见图24）。需要注意的是，每一个目标都要整理一套对应的目标体系，否则后续分析原因时就会出现千头万绪，一团乱麻的情况，严重者复盘流程难以为继。

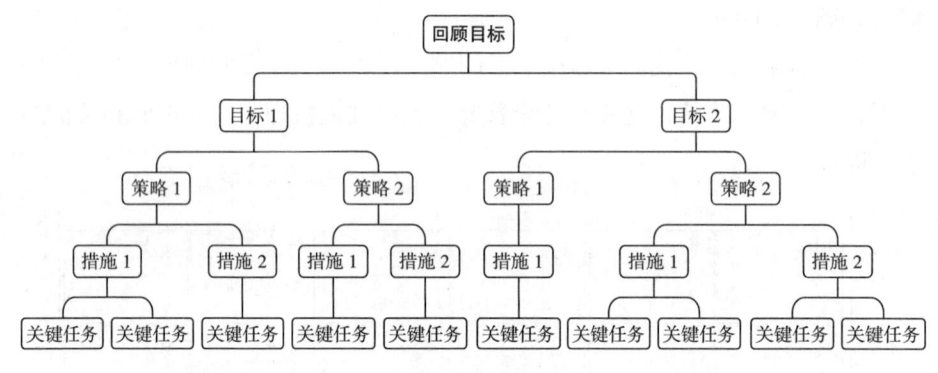

图24 目标体系

有很多需要复盘的事情，当初没有设定明确的目标，甚至根本没有设定目标，遇到这种情况应该怎么办呢？

对此，沈磊博士的建议是，此时就不要生搬硬套"回顾目标"这一步骤了，而是要将重点放在比较和分析各种探索所产生的所有结果上，以理解促成这些结果的关键因素。通过一段时间的探索和分析，就可以构建起核心的业务逻辑，并建立基准水平。而一旦建立了基准水平，就可以采用"目标管理"的方式，而在做复盘时自然也就可以"回顾目标"了。还可以让团队重温初心，也就是想一想、找一找、聊一聊：当初为什么要做这件事情？试图解决什么问题？期望实现什么样的结果？也就是说，即便没有具体的目标，但还是能找回当初的目的，让复盘得以继续。

而田俊国老师的观点是：①有目标的找目标；②没目标的找标准，标准是指普适的标准，比如销售4P模型、财务三大报表、项目管理三大框架、BSC平衡计分卡等，对照普适标准逐条分析；③找不到标准的找标杆，标杆是同类事情标杆企业是怎么做的，如华为、腾讯、京东、阿里等，对比标杆企业做法寻找自身差距。

总而言之，复盘建立在目标体系的基础之上，是以目标作为展开逻辑的切入点，来检核过往做过的事情，哪些有利于达成目标，而哪些阻碍了目标的实现，甚至还需审视当初设定的目标是否合适，以终为始地构建起复盘的逻辑体系。

第三步，评估结果（Result）。

将目标和结果放在一起比较就是"评估结果"。在第二步"回顾目标"搭建好目标体系之后，那么，第三步"评估结果"就会自然而然地将"结果"与"目标"进行比较，以发现哪些目标实现了、哪些目标没有实现。根据目标体系，对结果的评估大致可以分为三个层次，即评估目标达成情况、评估策略达成情况、评估措施达成情况。由此可见，回顾目标之所以重要，就在于如果没有清晰的目标体系，我们就很难对结果做出评估。

彼得·德鲁克曾说："无法衡量就无法管理。"其实这句话可以改编成：无法衡量就无法评估，无法评估就无法管理。因此，如何让结果可衡量就成为"评估结果"成败的关键。对此沈磊博士给出了三种方法：结果描述法、间接代表法和创新指标法，总之要想方设法让结果能定量的定量化，不能定量化的定性化、具体化，从不可衡量变成可衡量。

评估结果还有三个要点需要注意。

第一，评估结果有内在的前后顺序。先将"结果"和"目标"进行对比，掌握事情做成与否的总体情况；再评估各项策略的达成情况，对于那些影响目标完成决策因素形成初步的判断；最后深入措施层面，对执行层面的情况做出细致的评估。

第二，达成和未达成目标都具有重要意义。将"结果"和"目标"进行比较，如果结果超出预期就是达成，如果结果低于预期则是未达成。一般人都会对未达成更在意一些，毕竟错误、挫折和失败更令人警醒和印象深刻。实际上，失败的教训与成功的经验在复盘中都具有十分重要的意义。

第三，评估止于出现定论。一旦对结果的评估出现定论，就应该停止评估。在实际操作时，人的思维运转疾如闪电，一旦经过比较发现目标未达成，就会迫不及待地深入探究下去。有时候，在评估结果环节用时很长，这主要是因为大家都自发地进入下一步分析原因了。然而，之所以将复盘划分成五个步骤，就是希望一步一步地将混乱的思路理清，完成每一步的任务，同时，也为后续深入讨论指引方向。对于那些阅历多、经验足的人来说，这一点要格外引起重视。因为这些人往往会快速做出判断，一旦发现偏差，就立刻得出结论。无论这些结论是否正确，其实都会对大家之后的深入分析产生负面影响，要么限制大家的想法，要么削弱大家的动力，甚至有些先入为主的观点会将大家引上歧路。

第四步，分析原因（Analysis）。

在根据目标体系收集实际情况完成对结果的评估后，就会出现结果与目标对比的偏差，而对偏差的原因进行分析，并寻找产生偏差的根本原因，这就是第四步"分析原因"要完成的工作。

分析原因就是要透过问题的现象看本质，分析就是对因果关系的推理，核心假设是"有因必有果，有果必有因"。因果分析的最基本形式是：假设A是因，B是果；那么，出现了A，就会出现B。分析原因的过程一般要经历三个阶段。

第一阶段，穷尽所有原因。将所有可能的原因全都列出来，尽量不要有遗漏，可以使用鱼骨图或思维导图工具，按照与问题相匹配的分析框架，集合众人的力量展开头脑风暴进行全面分析。

第二阶段，确定主要原因。鱼骨图或思维导图的价值在于帮助我们全景式地把握影响问题的所有因素，根据"二八原则"，其中必然有一些是主要原因，另一些是次要原因，因此，还要识别出主要的影响因素。确定主要原因有两个基本思路：一是内归因高于外归因。外归因很多时候是在给问题找借口，对于解决问题毫无帮助，内归因是从自己身上找原因，潜台词是自己要做出改变，这才是解决问题的关键所在。二是影响权重对比判断。事物的性质是由其主要矛盾决定的，这句话也适用于原因，在众多原因中通过两两对比，逐一判断影响问题的权重，将影响权重最大的几项原因作为主要原因。

第三阶段，分析根本原因。确定主要原因后，通过对主要原因的深入分析，找到其背后的根本原因，我们将离解决问题更进一步。根本原因分析的常用工具是丰田公司的"五个为什么分析法"，也就是针对辨识出的主要原因连续追问多次为什么，继续深入分析直到触及问题的根源。

"分析原因"是复盘的第四步，若想通过复盘获得深刻的认识，关键就在这一环节。从主观角度内归因分析原因是复盘的基本导向，复盘之所以是一种有效的学习方法，原因就在于此。

第五步，总结经验（Insight）。

"总结经验"是复盘的最后一步，前面的各个环节是将一件完整的事情进行解构分析，而"总结经验"则是在最后进行概括和提炼，也就是回答一个问题：通过这次复盘，我们究竟学到了什么？

复盘的过程就是学习的过程，可以说，参与复盘的每个人都有可能在各个环节收获不同的学习心得，而如何将个人化、碎片化的学习收获集合在一起，形成结构化的团队共识，就是"总结经验"需要达到的效果，也就需要考查洞察力。

一是关于决策的洞察力。第一步梳理了事件的过程，其中重要一环就是要搞清楚所采取的策略。所谓策略就是决策的结果，所谓决策就是制定策略的过程。第四步分析出导致偏差的主要原因和根本原因。至此，就可以根据主要原因来分析当初在决策过程中是怎么考虑的？决策的原则是什么？决策的过程是怎样的？内外部的影响因素有哪些？经过分析之后，找出不足之处，制定决策改善方案。

注意，决策改善方案不是执行层面的具体措施，也不仅仅是下次遇到同类情况应该做出什么样的决策，而是反思决策过程本身的科学性、正确性、合理性，是对决策机制的洞察力。关于决策的洞察力要有两项结果：①决策模型或决策原则，这是下次遇到同类事情做决策的参照，是剥离具体情境的、具有一定抽象性和概括性的战略思想；②决策改善建议，指出当初决策过程的不合理之处，给出正确做决策的建议，可以参考与决策有关的模型，如决策效益矩阵、SWOT分析模型等。

二是关于过程的洞察力。如果说决策是为了做正确的事，那么过程就是为了把事做正确。IBM把结果与目标的差距分为两类：机会差距和执行差距。机会差距是由决策失误造成的，而执行差距是能力不够造成的。目标要求做到100分，但实际只做到了80分，就是因为执行不到位，执行不到位就是能力不足够。当然，这个能力不是指单一的做事能力，还包括应变、协调资源、凝聚人心、解决问题等诸多能力，这是一种组合能力。

对过程的洞察就要检视做事的流程和方法。做事的流程是一套程序或步骤，步骤之间是时间顺序递进关系，背后蕴含的是因果逻辑。首先，分析步骤与步骤的关系是否符合因果逻辑，如果出现不符合的情况，就需要调整步骤的顺序，这是洞察过程正确性的关键。其次，判断步骤的数量有无增减的可能，这包括步骤有冗余的需要删减，步骤有重复的需要合并，步骤有缺失的需要补充等。最后，评估步骤名称有无优化的可能，步骤名称不够恰当的需修改，步骤名称带有歧义的需修正，步骤名称参差不齐的需修剪。

做事的方法是每个步骤如何执行的细节，总体上包括做什么、为什么、如何做三大要素，在如何做的层面还要考虑行为动作、量化标准、陷进误区和绝招诀窍四个要素。检视每一个要素是否清晰具体、逻辑严密，这是洞察过程有效性的关键。

最后，分享一个简易的复盘工具表，详见表16。

表16 复盘工具表

复盘主题：×××	
发生日期：	当事人员：
复盘日期：	复盘人员：
第一步，梳理过程	
事情发生的起因经过结果（按时间顺序梳理细节）：	

续表

第二步，回顾目标	第三步，评估结果
当初的目标是什么？（期望的结果）	达成的结果是什么？（实际的结果）
当初制定的策略：	实际采用的策略：
当初制定的措施：	实际执行的措施：
第四步，分析原因	
主要亮点：	主要不足：
主观因素：	主观因素：
客观因素：	客观因素：
根本原因：	根本原因：
第五步，总结经验	
决策经验（侧重思路、原则、模型）	方法经验（侧重步骤、方法、技巧）
当初决策不足之处：	当初方法不足之处：
反思之后改善建议：	反思之后改善建议：

续表

行动计划
开始做：
停止做：
继续做：

三、来自萃取的经验

1. 萃取的概念

从内容和形式上看，萃取与复盘有一定的关联性，复盘流程第五步总结经验就需要使用萃取的技术。复盘从人数上区分有个人复盘、团队复盘，从内容上区分有案例复盘、项目复盘、经营与战略复盘；萃取从人数上也可以分为自我式萃取（1人）、访谈式萃取（2人及以上）、共创式萃取（多人），从内容上可以分为最佳实践萃取（问题解决、任务完成、操作技能、智慧技能）和典型案例萃取（与案例复盘等同）。

基于典型案例的萃取和基于最佳实践的萃取，两者的区别是前者有非常典型的案例事件。例如，发生了重要问题、包含了矛盾冲突、充满了一波三折、经历了失败考验等。而后者没有典型案例，例如，同样的问题被解决了多次，每次的原因既单一又各不相同，这种情况就是有若干非典型案例。对于只有非典型案例而没有典型案例的情况，就只能用萃取而无法用复盘了。

因此，从应用场景来看，萃取与复盘还是有所不同的，两者既有关联性，也有差异性。

萃取是指从最佳实践或典型案例中，挖掘隐性的、碎片化的经验知识，提炼形成显性的、结构化的个体知识的过程。因此，从本质上来看萃取的过程是隐性经验显性化的过程，是碎片知识结构化的过程。

2.萃取的分类

萃取分类的维度有很多种，从课程开发的角度只需要关注教学内容维度即可。教学内容的来源既可以是公共知识，也可以是个体知识，而个体知识正是个人经验或经验知识显性化和结构化的结果。

（1）依据教学内容分类。按照教学内容的属性，本书将教学内容分为知识、技能和态度三大类，其中知识包括事实、概念、原理和流程，技能包括智慧技能和动作技能，态度包括心态类知识（认知成分）、情绪与情感（情感成分）和行为成分。如图25所示。

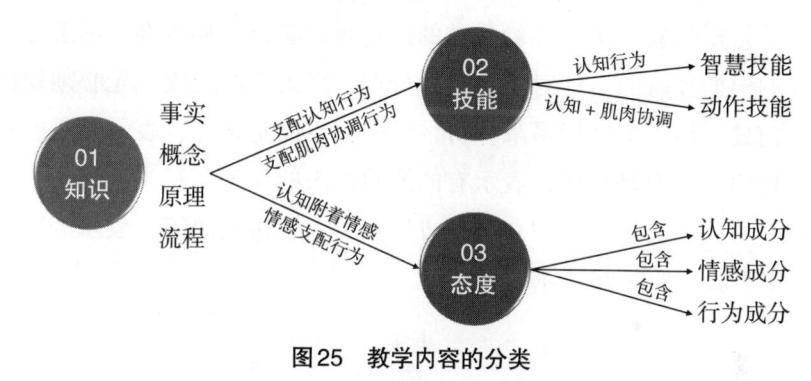

图25 教学内容的分类

这些教学内容，哪些能够萃取，哪些不能萃取呢？

第一，事实不能萃取。事实发生了以后，只能被发现或者被命名，无法通过一系列技术手段分析提炼出来。

第二，概念不必萃取。概念可以被创造、组合、解释，普通人没有创造概念的条件，网络上每年创造出来的大量新概念对于培训而言没有价值。专家或科学家创造或提出一个新概念，往往要与同行反复论证，然后公开发布，因此不是萃取出来的。

第三，原理和流程可以萃取。原理是某个事物运行的规律或者做某事的原则，例如公式、定理、模型等，每个人都可以在实践中形成做人做事的原理，这些原理掌握在个人手里，可以通过萃取挖掘出来。流程是做事的程序和步骤，同样可以在实践中形成，由个人使用，也是可以萃取的。

第四，智慧技能和动作技能可以萃取。剥离掉认知行为和肌肉协调行为，这两者本质上都是流程，因此也是可以萃取的。不过在萃取动作技能时，要特别注意挖掘动作行为的技巧，这一点是智慧技能所没有的。

第五，心态类知识可以萃取。心态类知识最初都是来自个人或集体的体验和感悟，逐渐上升为一种认知，例如，企业文化往往来自于创始人或创始团队的价值观和创业感悟，安全意识来自于对危险的认知。大多数心态的知识，最初可能是通过访谈式萃取而诞生的。

根据以上教学内容分类及能否萃取的区分，可以将萃取分为原理萃取、流程萃取、智慧技能萃取、动作技能萃取和心态类知识萃取五种类型。

（2）依据经验分类。经验分类的维度也很多，例如属性、形态等，在这里我们根据经验的出处对经验进行分类，因为萃取经验首先必须知道经验来自何处。用一个坐标系来分析，纵坐标上面是事件，表示有的经验包含在事件中；下面是个体，表示有的经验在人的头脑和行为动作中。横坐标左边是方法，表示经验中包含了方法经验；右边是决策，表示经验中包含了决策经验。如图26所示。

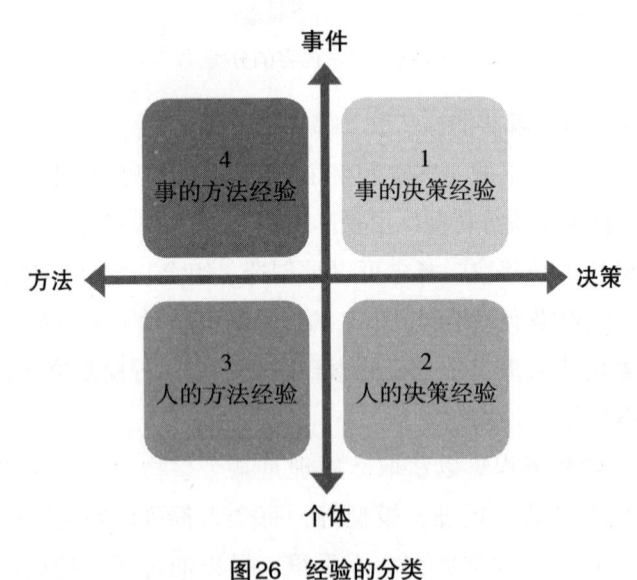

图26 经验的分类

坐标系形成了四个象限，右上角是第一象限为事的决策经验，右下角是第二象限为人的决策经验，左下角是第三象限为人的方法经验，左上角是第四象限为事的方法经验。

根据经验分类，可以将萃取分为事的决策经验萃取、事的方法经验萃取、人的决策经验萃取和人的方法经验萃取四种类型。

以上这两种萃取分类的结果有交叉性，其中原理萃取、智慧技能萃取与决策经验萃取有相似性，流程萃取、动作技能萃取与方法经验萃取有相似性。

3.萃取的流程

最佳实践经验萃取和典型案例经验萃取，两者的萃取流程是不一样的。因为前者没有案例事件，以萃取方法经验为主，决策经验为辅；后者是基于案例事件的，方法经验和决策经验都可以进行深度萃取。

（1）最佳实践萃取流程。最佳实践主要萃取问题解决、任务完成、操作技能、智慧技能等流程和方法的经验。具体萃取步骤如下：

第一步，明确萃取主题。萃取主题要与工作密切相关，要指定给具体的萃取人员，明确责任。萃取人员须对萃取主题具备丰富的实践经验，并对于萃取主题有绩优的工作表现。萃取主题应聚焦在一个问题、一项任务或一门技能上，若有多个问题、任务或技能应该分主题萃取。

第二步，分析核心要素。核心要素是解决问题、完成任务或运用技能最重要的特征或结构，掌握了它意味着成功，缺少了它注定会失败。这需要萃取师运用询问（开启逻辑思考）、追问（促进深度思考）、设问（引导破立思考）、反问（激发辩证思考）等提问技巧，纵深挖掘，反复确认。

第三步，确定关键步骤。在得出核心要素后，根据核心要素一一对应确定做事的关键步骤。注意，关键步骤在数量上可能与核心要素不一致，但内容上一定要对应上，不可遗漏。除此之外，还可以对关键步骤的名称进行概括提炼，尽可能做到字数和句式的一致性，比如都是三个字或四个字的动宾词语。

第四步，分解行为技巧。如果说核心要素和关键步骤是做正确的事，即"做什么"，那么行为技巧就是把事做正确，即"如何做"。行为技巧要分解到详细操作和量化数据的层面，详细操作也需要分步骤阐述，本质上它与关键步骤都属于程序。如果关键步骤使用了"第一步、第二步、第三步"的表述方式，那么为了避免重复和歧义，详细操作可以采用"首先、其次、再次、接着、然后、再后、最后"的表述方式。量化数据必须分解到每一个详细操作的步骤之中，量化数据只有放在详细操作之中才有意义，因为它定义了程度细节；同样的，缺少量化数据的详细操作就丢失了核心价值，因为它变得含糊不清。

第五步，补充重要细节。行为技巧中的详细操作，除了量化数据非常关键之外，操作过程中的陷阱误区和绝招诀窍也是极为重要的细节。陷阱误区就是注意事项，目的是用来防止重复犯错，颜回有"不贰过"，丰田有"防复错"，都是这个意思。绝招诀窍是比详细操作更高效率、更高质量或更低成本的做法，但往往带有附加条件，比如技能熟练程度、人力资源成本、先进设施设备、延长工作周期等。

第六步，提炼理念原则。在完成以上五个步骤以后，萃取师根据已经获得的经验内容请业务专家总结提炼解决问题、完成任务或运用技能需要秉承的核心理念，贯彻的指导思想，遵守的宏观原则。这一步的目的是抽象概括，升华理念，提炼口诀，建立原则，以达到高屋建瓴、提纲挈领的目的。若能根据理念原则的内在逻辑关系，建构模型，在模型的指导下将能产生事半功倍的效果。

以下是最佳实践萃取的基准模板（框架，见表17），适用于萃取问题解决、任务完成、操作技能、智慧技能等主题。具体使用时应根据左半部分的释义内容，在右半部分空白区域内进行填写，可根据萃取内容的需要增加或减少空白区域的列数。

表17　最佳实践萃取基准模板

主题	需要萃取的最佳实践主题	适合问题解决、任务完成、操作技能、智慧技能等	
场景	描述问题产生或任务执行的场景化信息，同时也是经验应用的场景	问题产生或任务提出的背景，技能运用的情境	

续表

核心要素	分析问题、解构问题、重构问题 分析任务、解构任务、重构任务		对问题或任务的反复确认和精准界定，以得出影响问题或任务的核心要素			
萃取内容	思维理念	信什么	核心理念 决策动机 宏观原则	属于方向性、战略性、宏观性的指导思想		
	流程方法	做什么	步骤或要点 （What）	递进用第一步、第二步…… 并列用第一招、第二招…… 通用为第一、第二、第三……		
		为什么	原理或原因 （Why）	解释步骤或要点的概念、意义、价值、原理、动机、必要性等原因		
	行为技巧	如何做	详细操作 （How+Why）	"1.2.3.4.5."或者"首先、其次、再次、接着、然后、再后、最后"		
		列数据	量化数据标准等，如无法量化则应尽量具体化	如高度、宽度、角度、温度、日期、时间、重量等参数		
		反面提	错误做法或陷阱误区或注意事项 （How+Why）	一旦做错，后果严重 必须提醒，避免犯错 【举例子、打比方、作比较话术、表单、模型、指南、视频】		
		正面提	成功关键或绝招诀窍或重要事项 （How+Why）	牛人高招，价值昂贵 一旦学会，事半功倍 【举例子、打比方、作比较话术、表单、模型、指南、视频】		

（2）典型案例萃取流程。此流程与复盘流程基本一致，以下只简要概述，不再详细赘述。

第一步，明确萃取主题。

第二步，梳理事件过程。

第三步，回顾当初目标。

第四步，评估案例结果。

第五步，分析成败得失。

第六步，总结经验启示。

第四节　教学内容的整理

教学内容来自企业内外的公共知识、从复盘中获得的个体知识和从萃取中获得的个体知识，当然也包括从其他方面获得的知识，但是较为常见的是以上三种。在获得这些知识之后，就需要按照课程内容大纲来对这些教学内容的知识材料，进行整理和编排。

一、内容大纲需要反复修改

需要注意的是，之前规划的课程内容大纲绝不是一锤定音的，也不是一成不变的。沃特·迪克认为，课程开发的过程是一个拉锯的过程，需要经历前前后后、反反复复和来来回回的修改。如果在完成了典型案例复盘或最佳实践萃取之后，在整理教学内容时发现原来的内容大纲需要调整，那么请不要犹豫，马上去做，这是极为正常和正确的事情。

二、教学内容划分四层结构

教学内容的整理一般建议在Excel表格中进行，原因是Excel表格比Word文档更便于全面性、直观性和结构性地管理文字内容。大量的课程开发实践表明，教学内容按照一级标题、二级标题、三级标题和四级内容的层级来建构比较合理。一级标题和四级内容分别确定头和尾，二级和三级标题若缺失，可以留空白；若层级超过四层，则可以在四级内容中继续分层。根据我们的经验，三个层级的标题加上一个层级的内容能够满足90%以上课程内容结构的需要。下面的表18是教学内容整理模板，可供参考。

表18　教学内容模板：《×××》教学内容

教学内容			
一级标题	二级标题	三级标题	四级内容

本章作业任务

1.整理公共知识

收集与教学大纲有关的组织内外公共知识，可能涉及规章制度、业务流程、操作规程、岗位手册，以及与通用能力素质相关的知识、技能。

2.萃取最佳实践

针对教学大纲中的问题点、技能点萃取最佳实践经验，形成个体知识的教学内容。

3.复盘典型案例

如果教学大纲中的重要知识点有与之匹配的典型案例，应采用案例复盘或案例萃取技术还原案例事件过程，分析成败得失，挖掘决策经验和方法经验形成个体知识，作为教学内容。

4.整理教学内容

根据本章提供的教学内容模板，结合《营销之过三关展新客》教学内容案例，完成对自己课程教学内容的整理。

第十一章　谋设计——设计教学活动

在挖掘到有价值的个体知识，并结合公共知识整理出课程教学内容之后，就需要针对教学内容设计教学活动。教学活动是根据教学内容（知识、技能或态度）选择最佳的教学策略（在梅里尔首要教学原理提出之后，五星教学模式成为公认首选的教学策略），匹配合适的教学方法（讲解、演示、案例研讨、情景模拟、角色扮演、实操、点评反馈、辅导等），运用相应的教学工具（文字案例、视频案例、扑克牌、记分牌、大白纸等），在一定的时间内完成教学任务，达成教学目标的教学过程。

教学活动既是教学设计的载体，也是教学设计的结果。教学策略和教学方法只有经由教学活动才能发挥作用，教学目标只有通过教学活动才能得以实现。因此，教学活动设计是教学设计工作最具挑战性，也是最有含金量的部分。本章将详细讲解基于五星教学模式的教学活动设计。

第一节　五星教学的深层解构

学习的目的是改变，学习成效的重要标志之一是形成个人版本的理解。对于五星教学模式，不同的人因实践产生不同的理解。

五星教学模式的第一星聚焦问题，主要是为了"吸引学生兴趣，激发学习动机"；第二星激活旧知主要是为了"提取过往经验，建立新旧联结"；第三星示证新知主要是为了"同化顺应新知，增强理解建构"；第四星应用新知主要是为了"知行相互促进，记忆技能转化"；第五星融会贯通主要是为了"真实情境迁移，行为业绩改变"。

一、聚焦问题主要是为了"兴趣"

聚焦解决问题或面向完整任务有两个目的：

第一个是通过真实问题或任务来吸引学习者兴趣，激发学习动机。兴趣可以分为两类，一是情绪性兴趣，二是认知性兴趣，前者可由幽默视频等产生，后者则是由与学习本身密切相关的真实问题或任务所激发。在聚焦问题阶段，学习者不知晓问题的答案，认知结构平衡被打破，同时希望知晓问题的解决方案，于是就产生了认知性兴趣。

如果说情绪性兴趣是兴趣本身，那么认知性兴趣本质上就是学习动机。学习动机的作用是推动学习者积极参与学习过程，而学习过程就是思考与应用。

第二个是以真实问题或任务创设情境，将知识、技能的学习置于真实情境之中，为激活旧知和理解新知提供线索。知识和技能只有在情境中才便于学习和理解，脱离情境的抽象知识理解起来困难重重。另外，创设适合的情景也有助于吸引学员的兴趣。

聚焦问题或面向任务，应满足以下三个原则：

一是问题或任务必须与学习者紧密相关。例如，内容是学习者所关注的、需要的或正被困扰的，如此才能迅速吸引兴趣，激发动机。

二是问题或任务应该处于最近发展区。问题或任务低于最近发展区，学习者缺乏兴趣，比如给大学生讲解二元一次方程，肯定不想听，因为太简单了；问题或任务高于最近发展区，学习者同样缺乏兴趣，比如给小学生讲解微积分，肯定也不想听，因为听不懂。问题或任务处于最近发展区，学习者跳一跳能够得着，才会产生认知性兴趣。

三是问题和任务应该是良构的。良构问题有完整的、有效的解决方案，这类问题适合做课程开发；与之相对的是病构问题，也就是只有问题而没有解决方案，这类问题不适合做课程开发，但是非常适合做行动学习。

聚焦问题或面向任务，有以下几种操作方式：

第一，直接提出问题或任务。此种方式直截了当，没有额外的修饰，但要交代清楚问题或任务所处的具体情境、涉及范围、产生背景、现有条件、达成目的等信息。这种方式难以引起情绪性兴趣，但能激发认知好奇心，进而引起认知性兴趣。

第二，讲述案例或故事。将问题或任务蕴含在典型案例或精彩故事中，案例、故事极易刺激人的情感脑，进而引发情绪性兴趣。

第三，视频（多媒体）素材。以播放视频案例、新闻消息、热点事件等方式来聚焦问题或任务，是一种常用方法，这种方式能瞬间让全体学员进入聚精会神的参与状态。需要注意的是，在播放视频素材之前须交代清楚需要大家聚焦的问题或任务，请大家带着问题或任务观看，边观看边思考。此种方式能够同时引发学习者的情绪性兴趣和认知性兴趣，是效果最佳的聚焦问题或面向任务的方式。

小结：聚焦问题吸引了学习者的兴趣，打破了原有认知结构的平衡（打开认知缺口）；此过程多数情况下先刺激情感脑，再激活行为脑，让学习者变得愿意学习，并产生"这是怎么回事"的困惑与好奇心；在聚焦问题阶段学习者的学习意愿和动机发生了改变；此阶段学习主导权主要掌握在老师手中。

二、激活旧知主要是为了"联结"

激活旧知的目的是建立旧知与新知之间的联结。

盛群力教授说："旧知是理解新知的基础。"田俊国老师说："旧知是消化新知的酶。"知识（认知）是以语义网络（命题网络）的形式存在于人的记忆中，形成了人的认知结构。心智模式则是建立在三观和认知结构基础之上的快速反应模型。心智模式的主要功能是价值判断与真相洞察，认知结构的主要功能是知识理解与意义建构。

理解一个新知识、新事物，首先要能对其进行表象（在脑海中想象其形象），进而对其进行表征（用言语对其进行描述），这就需要大脑先具有关于新知的过往经验（旧知）。只有在过往经验的基础上才能进行想象，否则既无法想象，更无法理解。如果没有关于新知的过往经验，那就需要临时为学习者提供一个能够理解的且与新知相关的经验，再在此基础上理解新知。

那么，如何激活旧知呢？激活旧知的方式是协商与会话，在实际教学中传统做法是小组讨论、案例研讨等，新颖的做法是在小组讨论和案例研讨中引入结构化研讨。结构化研讨通过流程和规则，令每一位小组成员都能在深度思考后积极发言，交流思想，碰撞观点，以达到在个体内和个体间充分激活旧知的目的。

旧知激活到什么程度呢？旧知激活不能仅仅是一个知识点，而是与新知有关联的所有知识点都尽可能地激活，然后再分析这些知识点之间的逻辑关系，梳理出一套知识结构。以旧知结构化的方式来理解新知才能达到多角度、多方面、多层次的最佳效果。

激活旧知的状态是什么样的呢？激活旧知的本质是从记忆深处（大脑神经元链接）将与新知有关的信息（过往经验）提取到前额叶的工作记忆区。也就是在协商与会话结束后，大脑工作记忆区多了一些用于联结新知的知识信息，为下一步理解新知奠定基础。

小结：激活旧知在旧知与新知之间建立了联结；原有的认知结构仍处于不平衡状态；此过程先刺激认知脑，再激活情感脑，让学习者感觉到"有些印象"或"有点意思"；在激活旧知阶段学习者的工作记忆和显意识发生了改变；此阶段的学习主导权主要掌握在学习者手中。

三、示证新知主要是为了"理解"

示证新知的目的是真正理解新知，实现意义建构。

新知包括事实性知识、概念性知识、原理性知识、流程性知识、智慧技能、操作（动作）技能、态度类（心态类）知识等，不同类型的新知示证策略（方式）不尽相同。

理解新知的过程是怎样的呢？理解新知的过程是以已有图式完成对新知的同化或顺应，理解新知的结果是新的意义建构和认知结构改变。那么，图式与认知结构是什么关系呢？一般意义的认知结构是指个体所有知识及其组织形式（结构），但认知结构并非单一的、宏大的网状结构，而是由一个个以命题或语义为单位的小型认知结构组成的，而每一个小型认知结构就是一个图式。因此，图式本质上就是一个认知结构单元，认知结构则由若干图式构成。

同化和顺应既是理解的方式，也是意义建构和认知发展的方式。同化是用已有图式解释和吸纳新知，已有图式发生量变；顺应是当已有图式无法同化新知时，修改已有图式以适应和融入新知，已有图式发生质变。无论同化或顺应，都必须有旧知作为基础才能实现，当旧知同化新知时，新旧之间"以同为主"，但可能"同中有异"；当旧知顺应新知，新旧之间"以异为主"，要做的是"异中求同"。

示证新知的方法有哪些呢？从"教"的角度看，讲解、演示等是常用的方法，此时示证的关键是刻画细节，例如提供概念的分类和实例，描述原理的运行机制和过程，演示操作技能的步骤和技巧等；从"学"的角度看，案例分析、结构化研讨等是有效的方法，此时示证新知的关键是案例的真实性、匹配性和结构化研讨流程的规范性。

小结：示证新知完成意义建构，使认知结构恢复平衡状态；此过程先刺激认知脑，再激活情感脑，让学习者感觉到"哇，原来如此"或"太棒了"的兴奋感；在示证新知阶段学习者的认知结构发生了改变；此阶段的学习主导权主要掌握在老师手中。

四、应用新知主要是为了"转化"

应用新知的目的就是记忆转化和技能转化，消除新知在应用中的困扰。简言之，应用目的是转化，而转化的方法则是练习。

随着意义建构的完成，新的认知结构形成，神经元细胞的记忆信息随之发生改变，但此时学习的过程还未结束，仍然面临两个转化问题：

第一个问题，对于概念性知识、原理性知识的学习而言，新的记忆并不牢固，亟待从短期记忆转换成长期记忆。知识的记忆从短期转换成长期需要通过练习来实现，反复练习能够不断刺激神经元突触链接，起到增强记忆作用，这个过程叫作"长时程增强作用"，其记忆效果会持续很长时间。知识记忆转化的练习方式主要有测验、案例分析、教会他人（费曼学习法）、解释现象或解决问题等。

第二个问题，对于流程性知识、智慧技能和操作（动作）技能的习得而言，学习进程仍然停留在知晓技能流程的层面，亟待将认知转化为行为，知识转化为技能。从知识到技能的转化需要大量的刻意练习，无论是智慧技能还是操作技能，刻意练习就是要先在同一个情境下反复训练，然后再变换情境反复训练，直至能够在不同情境下熟练地使用该项技能。将流程性知识转化为智慧技能的有效练习包括角色扮演、模拟演练、训战、指导、反馈等；将流程性知识转化为操作技能的有效练习包括模拟操作、实操、指导、反馈等。

练习是影响技能学习最重要的因素，练习的形式主要有：

一是部分练习与整体练习。一套完整的技能可以分解成若干局部技能，练习的时候有两种方式：整体练习是从开始到结尾完整地对技能进行练习；部分练习是对若干局部技能分别进行练习。一般来说，部分练习更适合复杂技能，而整体练习更适合简单技能。

二是集中练习与分散练习。集中练习是将练习活动时段安排得很接近，中间没有休息或只有短暂的休息；分散练习是指用较长的休息时段将练习活动时段分隔开。通常，分散练习更适合连续的动作技能，而集中练习更适合离散的动作技能。

练习的过程中离不开指导与反馈。一系列行为或一套动作做完之后，究竟怎么样，可以首先开展内在反馈，即学习者自行根据结果分析优劣得失；然后，再由老师开展外在反馈（矫正性反馈），给出评价，如果不好，则指出哪里不好，并分析原因，反馈优化建议。

练习的过程中离不开思考与总结。一方面要对新知进行深度思考和广泛关联，让新知与旧知中更多的图式、情境、经验等建立联系，进一步增强对新知的理解。另一方面在练习的过程中，思考和总结新知更多的应用情境、应用规则、应用技巧等，并结合自身条件形成个人版本的理解和个人套路的操作。

小结：应用新知完成记忆和技能的双重转化；在转化完成之前，知与行分离脱节，认知结构平衡被再度打破，而在转化完成之后，知与行和谐一致，认知结构重新恢复平衡状态；此过程先刺激行为脑，再同步激活认知脑和情感脑，让学习者感觉到"收获满满、获益匪浅"的成就感；在应用新知阶段学习者的记忆和技能发生了改变；此阶段的学习主导权主要掌握在学习者手中。

五、融会贯通主要是为了"改变"

融会贯通是"知行互促，知行合一"的延续，一方面要"温故知新，止于至善"，另一方面要"推陈出新，别开生面"。无论哪一方面，都要通过个体行为的改变和业绩表现的改变来实现。

1. 温故知新，止于至善

到了融会贯通阶段，新知已经变成旧知，但对于旧知的理解是否已经完全透彻，还有待商榷。子曰："温故而知新。"意思是：复习学过的知识，从而获得新的知识和体会。

师襄与孔子皆为鲁国有名的乐官。一天，孔子拜访师襄，师襄弹奏一曲。孔子听后感觉此曲出神入化，非同凡响，于是决定向师襄学习弹奏这首曲子。师襄应允。

孔子的弹奏技艺已经很好了，但他并不满足。这首曲子一弹就是大半个月，师襄觉得孔子的弹奏水平已经相当好了，就劝他说："这首曲子你已经熟练掌握了，学一首新的吧。"孔子却说："曲调是学会了，可是奏曲的技巧还没学到位。"过了几天，师襄觉得孔子的弹奏技艺也熟练了，又劝他说："技艺已经学好了，学一首新的吧。"可是孔子还沉浸在曲调中，好一会儿才回答说："我还没能完全领悟这首曲子的神韵。"又过了几天，师襄觉察到，孔子已经将曲子的神韵完全掌握了，便再次劝他："在你的弹奏中，神韵也有了，可以学习新曲子了。"但是让师襄出乎意料的是，孔子还是坚持练习这一首曲子。他对师襄说："还是再等等吧，等我领悟到这首曲子的作者是谁，并能想象出他的神情，再学新的曲子吧。"

终于有一天，孔子在琴声缭绕中站起来，遥望远方的天空，许久，才若有所思地说："我已领悟到作者的神情了，这样的曲子，除了周文王外还有谁能作得出来呢？"师襄听后大吃一惊，他立刻从座位上站起来，对着孔子连连作揖道:"是呀是呀,我的老师向我传授此曲的时候,说此曲的名字正是《文王操》呀!"

孔子的学琴过程是一次精益求精的探索之旅、发现之旅和精神之旅,也是个体行为与业绩表现发生重大改变的过程。他学习乐曲内容后,再研究弹奏技艺,进而发掘作品的情感意蕴,最后探究乐曲作者的人文精神。这是一个循序渐进的过程,也从一方面印证了温故知新的学习方法。新知识、新技能往往都是在旧知识、旧技能的基础上发展而来的,温故而知新就是要在旧知的基础上发展和创造新知。

2.推陈出新,别开生面

一方面要挖掘旧知中"新"的潜力,另一方面也要敢于创新,推陈出新,改变旧局面,开启新篇章。

学习的目的是改变,在五星教学的每一个阶段都会引发学习者的改变,聚焦问题引发学习意愿和动机改变,激活旧知引发工作记忆和显意识的改变,示证新知引发认知结构的改变,应用新知引发记忆和技能的改变,融会贯通引发个体行为和业绩表现的改变。

小结:融会贯通完成了对旧知温故知新和基于旧知的推陈出新;在此阶段,个体注重知行合一,认知结构处于从平衡到不平衡再到最终平衡的动态变化中;此过程认知脑、情感脑和行为脑形成了"循环无端,周行不息"的互促循环,推动学习和改变不断前进,永无止境;让学习者感觉到"内心充实,不假外求"的满足感;在融会贯通阶段学习者的行为和业绩发生了改变;此阶段的学习主导权主要掌握在学习者手中。

第二节 不同内容的教学原理

教学内容大致可以分为知识、技能和态度三大类。那么,知识技能态度究竟是什么?我们应该如何理解?

知识本质上是人脑中的观念,是主体对客观世界的主观建构,是个体对客观事物的认知,对应的是认知脑。技能是能够付诸实践、付诸行动的认知,技能由两个部分组成，一是关于技能的流程性知识，二是肌肉协调行为。技能对应的是认知脑和行为脑的组合。态度是附着了浓厚情感的认知和行为，态度由三个部分构成，一是知识部分，二是情感部分，三是行为部分。态度对应的是情感脑、认知脑和行为脑的组合，其中以情感脑为主。

认知脑的倾向是理性，情感脑的倾向是好恶（感性），行为脑的倾向是意愿（动机）。三者相互影响，但影响力有强弱之分，对于大多数人来讲，认知脑与情感脑意见不一致时，情感脑占上风；行为脑与认知脑意见不一致时，行为脑占上风；情感脑与行为脑意见不一致时，情感脑占上风。总的来说，情感脑的影响力大于行为脑，行为脑的影响力大于认知脑，认知脑的影响力最弱。

五星教学模式并非只有五个教学事件，而是有六个，多出来的那一个叫作呈现新知，属于示证新知的范畴。另外，应用新知教学事件是在模拟情境中进行练习，用"练习"这个词来指代；融会贯通教学事件是在真实情境中解决问题或完成任务，用"实操"这个词来指代。

于是，将五星教学的六个教学事件两两合并，形成了三段式教学模式，第一阶段是勾，即聚焦＋激活；第二阶段是学，即呈现与示证；第三阶段是练，即练习与实操。知识、技能、态度三种教学内容都可以运用三段式教学模式设计教学活动，只不过知识和态度的第三阶段无法实操，知识要靠总结来融会贯通，态度要靠分享来应用、总结来升华。

一、知识的教学原理

第一阶段：勾，即聚焦＋激活。通过故事、案例、提问、结构化研讨等引导学员聚焦问题，激发学习动机，激活旧知，建立新旧联结。

第二阶段：学，即呈现＋示证。通过讲解、结构化研讨等呈现新知和示证新知，帮助学员完成意义建构，形成个人版本的理解。

第三阶段：练，即练习＋总结。通过课堂练习组织学员应用新知，解释现象，"深度思考，广泛关联"，实现记忆从短期向长期转化。

二、技能的教学原理

第一阶段先通过反面案例（多媒体）引出真实问题，引起学员对所学技能的重视和兴趣；再通过结构化研讨激活与新知有关的过往经验，建立新旧联结。

第二阶段先播放操作技能的视频材料，组织学员讨论操作流程的步骤和技巧；再点评各组观点，提供操作技能的标准手册，帮助学员矫枉纠错、查漏补缺，形成对技能流程的正确理解；最后老师亲自示范操作技能的步骤和细节，学员尽可能同步跟随练习操作。

第三阶段通过课堂分组模拟练习、实际操作等组织学员应用新知解决问题或完成任务，老师提供指导和反馈，实现从流程性知识向技能的转化。

智慧技能的教学原理与动作技能基本相似，只是细节方面略有不同。

三、态度的教学原理

第一阶段通过故事、案例（视频形式效果更好）刺激学员的情感脑附着情感，激发学习热情；再组织学员分享自身真实经历，引发全员情感共鸣，同时激活已有经验。

第二阶段通过结构化研讨引导学员共创态度的精神实质，完成态度知识部分的意义建构，形成个人、群体等多版本的理解。

第三阶段先组织各小组针对相同或相似的态度类案例进行研讨分析，重新赋予其意义；再请各组学员分享感受，总结启示，制订未来行动计划。

第三节　常用教学方法

一、梅里尔对教学方法的分类

在众多大师关于教学设计的专业著作中，很少有关于教学方法这部分内容的阐述，梅里尔是一个例外，他在《首要教学原理》一书第四章介绍了教学方法。

由于中外文化的差异，对于课堂教学活动的形式，我们一般称之为教学方法，而梅里尔则称之为教学方式，本质上两者是同一个概念。

梅里尔从两个维度对主要教学互动进行了分类。一是向学习者提供内容，教学方式包括讲解（呈现）和展示（示证）；二是让学习者对内容作出反应，教学方式包括提问（回忆）和操练（应用）。梅里尔进一步强调，对任何一种教学策略来说，这四种教学方式都是最主要的教学互动形式，教学方式和教学内容要素的结合就是教学事件，教学事件的组合就是教学策略。

除了以上四种主要的教学互动之外，梅里尔还给出了"我说你做"、集中注意力指导、匹配指导、变异指导、从易到难指导、矫正性反馈、内在反馈、辅导八种教学互动形式，一共十二种教学方法。

二、皮连生对教学方法的分类

皮连生教授在《教学设计（第2版）》第六章根据学习过程的阶段将教学方法分为六大类。

1. 激发动机

引起学生注意与告知教学目标的方法，如讲述、板书、提问、改变语音语调以及利用差异的刺激等。

2. 激活旧知

提示学生回忆原有知识的方法，如复习性提问、小测验，或者启发学生回忆与新知识有关的感性经验等。

3. 呈现新知

呈现新知识，促进选择性知觉的方法，如设计先行组织者、呈现图表、指导学生自学教材、改进教材的版式、采用各种符号标志技术等。

4. 建构新知

促进新旧知识相互作用的方法，如解释、列举概念和规则的正、反例，引导学生辨别、抽象、概括、分析材料的内在组织结构，写课文概要等。

5. 巩固记忆

促进陈述性知识巩固的方法，如指导学生列表比较已学过的相关知识的异同，运用记忆术记住某些带有机械性的知识，如历史年代、人名、地名、外语单词等。

6. 应用新知

促进陈述性命题知识向智慧技能转化的方法主要有设计变式练习题，指导学生练习，并提供及时的反馈信息等。

皮教授认为，这样将教学方法分类的好处是能使教师清晰地意识到，教学方法是为达到一定的教学目的服务的。如采用提问法，可以达到引导学生的注意、复习旧知识、厘清知识的内在联系等不同的目的。离开了一定的教学目标，孤立地谈论某种教学方法的优点或缺点是没有意义的。

三、本书对教学方法的分类

1. 适合聚焦问题的教学方法

在聚焦问题教学阶段，适合使用的教学方法包括提问、案例教学和视频教学。

提问是直接提出一个或若干与教学内容密切相关问题的教学方法。可以从"是什么、有什么、为什么、如何做"等不同的角度提出问题。例如，针对"上下级沟通工作"的教学内容，可以提出这样一个问题："你认为在上下级沟通工作时，最需要遵守的原则是什么？"提问教学法简洁明了，单刀直入，适合时间紧、节奏快的教学情境。

案例教学是老师先提出一个或若干与教学内容密切相关的问题，再提供一个与教学内容密切相关的文字案例（或视频案例），让学员边阅读（或观看）边思考这个问题的教学方法。案例的形式可以是文字、图片，也可以是视频，视频案例创设情境的效果最好，图片次之。案例内容至少应包含一个事件，事件可以是完整的，也可以是不完整的。与提问相比，案例教学最大的优势是创设了情境，学员能够快速进入情境之中，兴趣马上被吸引，动机立刻被激发，不由自主地进入思考问题的状态。

视频教学在运用形式上与案例教学一致，区别在于视频内容可能不是案例，比如某位名人的讲话、某条热点新闻消息等。

需要注意的是，所提出的问题越少（一个最佳）越聚焦，与教学内容关联度越大越有利于后续围绕问题进行讨论。

2. 适合激活旧知的教学方法

在激活旧知教学阶段，适合使用的教学方法有小组讨论、结构化研讨。

小组讨论是针对聚焦问题阶段提出的问题展开讨论的教学方法。小组讨论一般是指传统的讨论模式，也就是非结构化讨论，通常是组长就问题询问组员的意见，也可以由组员自愿发表观点，其中并不强制每个人必须发言。遇到相互争论、批评指责、沉默不言、大嗓门等情况，身为组长却无权干涉，只能息事宁人。小组讨论一般能够在规定时间内产出观点，但其观点的深刻性和创见性往往不尽如人意。

结构化研讨是遵守一定的规则，按照一定的流程进行讨论活动的教学方法。该教学方法的优势是通过流程和规则保证在研讨过程中人人思考、水平思考、深度思考，以达到集思广益、群策群力的目的，可以用来给观点、析原因、做决策、定方案等。规则通常包括组织规则、环境规则和发言规则，流程分为议事流程和讨论流程。结构化研讨工具有上百个之多，在会议、复盘、行动学习等活动中被广泛应用，但在常规企业培训的研讨环节最为常用的是MeWeUs、迷你世界咖啡、团队列名、团队共创、头脑风暴等。

3. 适合示证新知的教学方法

根据在教学活动过程中培训师和学员的主导关系，可以将示证新知分为讲解式（培训师占主导地位）、探索式（学员占主导地位）和教练式（培训师和学员共同主导）三种模式。

讲解式示证新知教学方法是以培训师传输教学内容为主，在教学过程中培训师占据主导地位的示证新知方式。

讲解式的主要教学方法是讲解，也就是培训师按照一定的结构顺序讲授教学内容，学员以倾听和记笔记为主的教学方法。讲解往往要搭配其他教学方法一起使用，如案例教学、结构化研讨、角色扮演等，如果需要长时间单独使用讲解这一种教学方法时，一般要求教学内容本身浅显易懂或者培训师表达故事性强、幽默风趣、通俗易懂。

讲解式的另外一种教学方法是展示，也称演示、示范，是培训师一边展示教学内容细节，一边讲解概念、原理、流程、方法、技巧及注意事项的教学方法。展示教学的目的是刻画细节，让学员清楚地知道有关教学内容"是什么、有什么、哪一类、发生了什么、如何做"等详细信息。讲解与展示的关系是后者包含了前者，培训师在讲解的时候可以不展示，但在展示的时候必须要讲解，无声的展示不利于学员理解。

探索式示证新知教学方法是学员以探讨、发现的方式学习教学内容，在教学过程中学员占据主导地位的示证新知方式。探索式的主要教学方法有提问、小组讨论、案例研讨和情景演练，其中案例研讨就是案例教学加结构化研讨。情景演练是一名或若干名（通常三名以内）学员根据设定的情景信息演练流程性知识（智慧技能），令其他学员观察和思考其中的亮点与不足，以达到增进对新知理解的教学方法。根据演练难度可以分为有脚本情境演练和无脚本情境演练。有脚本情景演练是事先设定演练的情景信息，并提供角色的行为与对白脚本，演练人员按照设定和脚本表演。无脚本情景演练只设定情景信息、演练内容和演练目标，不提供角色行为与对白脚本，让角色在不确定情境中根据自身经验做出灵活应对。情景演练一般安排在教室空地处进行，由培训师组织实施；在演练过程中其他学员注意观察，做好记录；演练完毕，培训师会要求学员分组研讨演练的亮点和不足，并在各组充分发表后，点评反馈，概括总结，查漏补缺，以达到增进理解和建构新知的目的。

教练式示证新知教学方法是培训师展示操作步骤和技巧，学员模仿培训师做出与之一样的操作，培训师和学员共同主导教学过程的教学方式。教练式示证新知最适合操作（动作）技能的学习。教练式的主要教学方法是展示和操作。

操作是跟着老师的步骤，按照老师的节奏，模仿老师的动作，达到老师的要求的教学方法。操作通常与展示搭配使用，展示是老师示证新知的过程，操作是学员通过"以行促知"达到理解新知的过程。操作是练习的一种形式，解决的是操作（动作）技能从不会到会的问题。例如，培训师展示软件操作步骤，学员跟着同步操作软件；再如，老师展示工具使用步骤，学员跟着同步使用工具。

4.适合应用新知的教学方法

根据应用新知目的和作用可以将教学方法分为练习类和反馈类两种。

（1）练习类教学方法。课堂上练习类教学方法的目的和作用是：①增强学员对知识的理解，并形成个人版本的认知；②促进学员对技能的习得，并生成个人版本的套路。练习类的教学方法有测验、辩论、分享、案例研讨、角色扮演、操作练习。

测验是使用测试题目于培训前测评学员下位技能和起点行为，或培训中测评学员对所学知识理解程度和习得技能熟练程度的教学方法。针对知识理解程度的测试题目一般是选择题、判断题和案例分析题，这需要精心地设计和编写；针对技能熟练程度的测试题目一般是现场操作演练，这需要工具设备的支持和精心的准备。

辩论是以小组为单位围绕某一问题进行辩论的竞赛式教学方法，本质上是知识储备、思维反应、语言表达和综合能力的竞赛。辩论适合用于知识类和态度类教学内容。

分享是指在课堂上分享自己的亲身经历和经验感悟，一般用于态度类课程的教学，是态度教学极为重要的教学方法。分享作为一种教学方法，与通常在课堂上发表观点、表达看法不同，是以自身印象深刻的情感体验触动人、感染人，通过刺激情感脑的情绪反应，引起广泛的情感共鸣，进而影响认知脑建构符合预期的新认知。

角色扮演是全体学员三人一组根据设定的情景信息演练流程性知识（智慧技能），促进流程性知识转化为智慧技能的重要教学方法。角色扮演与情景演练主要有三大区别：①参与人数和练习范围不同，情景演练一般同时只有一组学员演练，其余学员观摩，而角色扮演通常则是以三人为一组，各组同时演练。②演练目的和目标水平不同，情景演练以演练做示范，引导其他学员观察思考，演练的目的是向学员示证新知，教学目标是达到领会（理解）水平；角色扮演要求全体学员全部角色轮流演练，在演练的过程中接受组员点评反馈，引发自身反思，演练的目的是让学员应用新知，教学目标是达到应用水平。③实施条件和所需时间不同，情景演练对教室大小没有要求，演练时间也相对较短，一般5~10分钟即可完成；角色扮演三人一组分散演练，要求教室空间较大，场地宽阔，同时由于三人轮流扮演角色，每轮都做组内点评反馈，所需时间通常在20~30分钟。总之，角色扮演与情景演练在内容设计方面基本相同，差异主要来自于演练形式，即是否全员演练。

操作练习分为同步操作和异步操作两种练习模式。同步操作练习是指学员在老师运用展示教学法的同时跟着老师一起操作，即老师边操作边讲解要点，学员边观察边听讲边操作；异步操作练习是指学员在老师运用展示教学法之后进行操作练习，即老师先操作和讲解要点，学员根据记忆和理解操作。同步操作练习适合较为复杂的动作技能教学，与整体练习相类似；异步操作练习适合较为简单的或化整为零的动作技能教学，与部分练习相类似。

（2）反馈类教学方法。根据发生源可以将反馈分为内在反馈和矫正性反馈（外在反馈），内在反馈是学员根据结果好坏获得的对过程不足的反思，矫正性反馈是教练或培训师提供给学员的关于结果和过程的评价和建议。作为一种教学方法，通常是指矫正性反馈，包括点评、指导和辅导。

点评是由培训师或学员提供矫正性反馈的教学方法。高明的点评遵循三明治法则，即将点评分为三个层面。第一层：肯定优点，显示认同；第二层：指出不足，给予建议；第三层：提出希望，表示鼓励。

指导是培训师指出学员存在的不足或问题，给出优化建议，并引导学员改善的教学方法。指导的发生可能是学员主动提请，也可能是培训师主动发起。指导偏重指问题和给建议，多是方向性和宏观思路方面的，一般不涉及具体操作层面。

辅导是培训师指出学员存在的不足或问题，给出优化建议，并亲自示范操作过程，再引导学员改善同时加以指导，直至学员正确运用或操作的教学方法。

点评的应用非常广泛，可以与提问、小组讨论、结构化研讨、操作练习、测验、情景演练、角色扮演、实操等联合使用；指导和辅导一般与操作练习、情景演练、角色扮演、实操等一起使用。

5.适合融会贯通的教学方法

在融会贯通阶段适合使用的教学方法有实际操作（课堂实操、现场实操）、课堂总结和课后辅导。

实际操作顾名思义就是在真实工作情境下实施的教学活动，包括操作真实设备、使用真实工具、解决真实问题、完成真实任务等。实操教学根据实施环境可以分为课堂实操和现场实操两类。

课堂实操是在培训课堂上实际操作的教学方法。例如，在老师的辅导下学员在课堂上开发一门面授课程、制作一个微课作品、萃取一个最佳实践、编写一个典型案例。

现场实操是在工作现场实际操作的教学方法。例如，在生产车间操作某台设备、在客户公司完成一次陌生拜访、在终端门店开展半天销售工作等。现场实操对实施条件有极高的要求，其中最重要的三项条件是：①不影响现场工作；②规避安全风险；③配套的评价方法。

实际操作的教学方法特别适合以结果为导向，以产出可见成果为目标的工作坊培训项目。

课堂总结是在课堂上组织学员回顾知识，升华认知，发现新知以达到初步融会贯通目的的教学方法。课堂总结可以从五个方面实施：①模块化，根据章、节、单元的课程结构分模块总结；②层次化，从思维理念、流程方法和行为技巧等不同的层面进行总结；③口诀化，对总结的内容进行概括提炼，加工成质数相同、结构一致的短语短句，但要注意内容的精准表达；④模型化，分析总结内容的内在逻辑关系，尝试绘制成各种模型，如二维矩阵、四象限、金字塔、时间轴、循环圈等；⑤竞赛化，以小组为单位总结内容，引入竞赛机制，既能激发参与动机，又能提高总结质量。

需要注意的是，总结只是手段而不是目的，总结的目的是要在总结的过程中通过运用抽象概括的手段，促进学员在认知上达到融会贯通的目的。

课后辅导是培训后持续一段时间跟进学员在实际工作中应用新知识、新技能的情况，评估应用效果，提供在线或线下辅导的教学方法。课后辅导的关键是要对学员在工作中应用新知的情况保持实时的了解，因此，企业内部培训师实施课后辅导更加便利、高效和可行，外部培训师实施课后辅导效果会更好，但成本也会更高。课后辅导的目的是促进学员在行为上达到融会贯通的目的。

需要注意的是，评价课后辅导效果优劣的标准是应用新知识、新技能后，问题有没有得到解决或任务有没有顺利完成，而不是业绩有没有提高，利润有没有增加。培训是针对人的认知、心理动作和情感产生作用，而不是业绩指标。如果培训对业绩提高没有效果，首先要检查的是培训课程开发立项有没有问题，课程开发目标设定是否合理，然后是培训内容（公共知识、个体知识）是否有用，教学设计（教学策略、教学方法、教学活动）是否有效，最后是学员理解知识、形成认知、生成技能的过程是否顺利。课后辅导效果的评价属于教学目标的评价，而非课程开发目标的评价，前者的指标是关于认知、心理动作和情感的，后者的指标是关于绩效的。

第四节　结构化研讨工具

一、结构化研讨概念与优势

1.什么是引导技术

所谓"引导"，英文为Facilitate，原意是"让事情更加容易、更加简单"。引导技术也叫促动技术，英文为Facilitation，是指通过创造他人积极参与的活跃氛围，从而达到预期成果的过程。引导技术的作用就在于积极引导他人主动参与的互动过程，实施这一技术的人叫作引导师、催化师或者促动师，英文为Facilitator。

引导是一种领导风格，让团队成员拥有决策的权力，这样引导者也能够更加聚焦在创建团体协作氛围、提供架构和工具、促进团队有效互动上。引导者不提供解决方案，但他们为团体提供结构化研讨工具，通过这些工具，大家能够找到解决方案。

引导者帮助大家确定目标，确保大家有合适的规则保证互动有效；他们提供一系列的活动，感知研讨的氛围和节奏；他们知道什么时候该继续，什么时候该小结一下。引导者始终保持讨论聚焦并最终得出结论。他们做到这些但始终保持对讨论内容的中立，也就是他们不干预参加者的决策。

引导技术主要包含两大类使用人群。一类是专业的引导者，他们参加专业引导课程的学习与认证，以丰富自身的储备，同时还要通过实际操作积累经验。另一类是企业或其他组织中的团队管理者，他们通过掌握一些引导工具，以便提升日常会议和研讨的效率。

不管是企业团队还是政府组织，谁能议而有决、决而有行，谁就掌握了先机。对团体而言，如何让会议更有效地运作，产生高效的决策是一项终身的挑战。引导者的出现就是为了帮助团体尽可能地减少空谈和争吵，提高团体决策效能。

2.什么是结构化研讨

结构化研讨是指依据水平思维、立体思维的理念，遵循一定的规则和流程，针对明确的目标或主题，运用适当的研讨工具，在引导师的引导下开展多角度、有深度、分层次和高质量的团体研究和讨论活动。

所谓结构化，是指采用"结构化"的方法把人们思维的不同阶段划分开，克服垂直思维、综合性思维的影响，在保证成员平等关系的基础上，用"建设性"的强制规定保证小组成员人人参与、深度思考、积极发言、友好辩论、群策群力、激发创见，使讨论保持正向，使结果富有成效。

综合性思维就是习惯使用综合、概括、提升等方法分析问题，喜欢一言以蔽之，常常用一种观点分析一类现象，说明一类问题，得出一种结论。这种思维方式的长处是：认识问题深刻，能够给人以启迪，有助于认识某一类事物或同类事物。短处是：第一，往往过快、轻易地把问题上升到宏观层面，将其抽象化，在认识问题、分析问题时不够精确，有时甚至对问题来不及深究，在抓大放小中忽略了问题间的些微区别。第二，往往不加思考地沿用过去的模式，使用已经使用过多次的工具分析处理新出现的问题，把重新思考的机会轻易放弃。第三，容易把问题本身和问题形成的原因混为一谈，从而混淆了对问题本身的认识，难以有针对性地提出解决措施。

结构化研讨需要借助结构化研讨工具实施，结构化研讨工具有很多，常用的包括以下12种：

（1）点子交换；

（2）MeWeUs；

（3）结构化头脑风暴或书写头脑风暴；

（4）智慧雪球；

（5）团队列名或团队共创；

（6）世界咖啡或迷你世界咖啡；

（7）GE群策群力；

（8）开放空间；

（9）鱼缸会议；

（10）漫游挂图；

（11）投票决策：点投法、分投法；

（12）矩阵决策：2×2矩阵决策、多维矩阵决策。

3.结构化研讨的优势

结构化研讨改变了"垂直思维"的单向性、"综合思维"的独断性，增加了"水平思维"的多向性、"立体思维"的全面性，模糊或缩小"乔哈里窗口（见图27）"中的未知象限，也正由于此，在教学设计方面必须更多地激发水平思维的产生，水平思维的活跃程度决定了结构化研讨的成败。

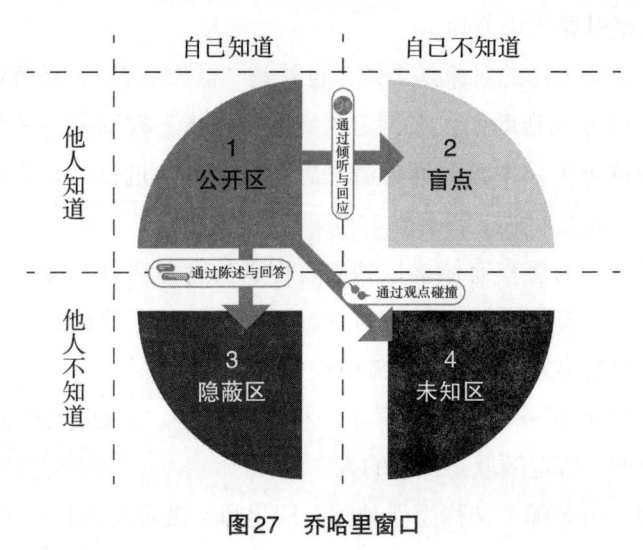

图27 乔哈里窗口

表19　传统小组讨论的垂直思维模式

思考＼人员	张三	李四	王五	赵六
问题描述	↓	↓	↓	↓
原因分析	↓	↓	↓	↓
对策建议	↓	↓	↓	↓
行动计划	↓	↓	↓	↓

表20　结构化研讨的水平思维模式

思考＼人员	张三	李四	王五	赵六
问题描述	←	←	←	←
		↓		
原因分析	←	←	←	←
		↓		
对策建议	←	←	←	←
		↓		
行动计划	←	←	←	←

4.什么是引导式培训师

教练：教练工作的对象是个体，也就是"被教练者"，教练通过一对一或小组工作的方式帮助个人在特定领域取得进步。教练是一种与客户的伙伴关系，在这种关系中教练通过激发思考的创造性过程，去激励客户最大化地挖掘其个人及职业上的潜能。

咨询顾问：为客户有偿提供独立、客观的管理建议，帮助客户更好地利用自身资源，厘清并达成管理目标。咨询顾问的工作内容包括诊断问题与机会、提出解决方案、协助实施改进等。

导师：导师是一种头衔，而非一种职业，是"聚焦于学习者的发展，传授个性化的、特定领域知识"的人。

引导师：引导师（又称为促动师、催化师）被定义为指引者、领导者、赋能者。在会议引导、团队复盘、行动学习等活动中发挥着重要作用，能够保证活动聚焦目标、包容并蓄、集思广智、富有效率、成果丰富。引导师的技能包括：制定引导计划、营造友好氛围、设计研讨过程、鼓励积极参与、引导研讨活动、达成预期成果等。

引导式培训师：培训师是所讲课题的内容专家，直接传授学员知识和技能。引导师是能够运用引导技术的人，也称过程引导师。引导式培训师既是内容专家，又是引导专家，在讲解展示、点评反馈、归纳总结时化身为培训师，在组织结构化研讨时化身为引导师。引导式培训师根据教学需要，在两种身份之间来回切换，以引导学员积极参与教学活动，协商会话、深度思考，打造"效率高、效果好、参与度大"的3E课堂。

引导式培训师是一个具有跨界组合能力的新职业身份，最近影响力越来越广泛，也越来越受到企业客户的青睐和培训市场的追捧。与引导师不同，引导式培训师并不需要掌握全部的结构化研讨工具，只需要熟练运用适合培训的几种结构化研讨工具即可。

二、结构化研讨规则与流程

1. 结构化研讨的规则

结构化研讨的规则通常包括组织规则、环境规则和发言规则。

组织规则即选举任命组长、秘书和发言人。其中组长负责按照发言规则和流程主持讨论活动，维护规则维持秩序，管理时间掌控进度，因此对组织协调和领导能力要求较高；秘书负责记录组员发言的核心观点，并归类分组，对速记和概括能力有一定要求；发言人负责代表本组在全班分享观点，因此应具备一定的演讲能力。

环境规则是为了营造和谐友好的研讨氛围。具体包括：①相互尊重的氛围；②相互信任的氛围；③合作而非竞争的氛围；④支持而非评价的氛围；⑤愉快且富有人情味的氛围。

发言规则是为了维持井然有序的研讨秩序。主要有三点：①畅所欲言，一人发言时其他组员不能打断、批评、指责、质疑、嘲讽，但可以在发言完毕后友好提问寻求释疑；②分轮发言，每轮每人只能发表一条观点，便于秘书记录、分类和整理，若本轮没有观点则轮空，直至所有观点发表完毕；③计时发言，发言之前会专门给出思考的时间，因此发言时应在规定的时间内完成，先围绕问题简明扼要表达观点，如有需要再展开论述。

2.结构化研讨的流程

实施结构化研讨一般需要遵循两大流程，即议事流程（大流程）和讨论流程（小流程）。议事流程是指每一个结构化研讨可以围绕主题或目标按照明确问题、分析原因、拟定对策三个大步骤展开；讨论流程是指每一个大步骤可以按照发散阶段、震荡阶段、收敛阶段三个阶段进行，这三个阶段就是著名的结构化研讨经典模型——钻石模型。结构化研讨的议事流程和讨论流程合起来可以称之为"三三制研讨流程"。

（1）议事流程包括：

第一，明确问题。这一步骤的目的是在研讨主题或研讨目标的框架下，首先明确需要解决的问题有哪些。小组成员按照主题或目标，查找当前急需解决的重、难、痛、疑等突出问题。注意选择的问题要是当前突出重点的、亟待解决的，并且通过努力可以解决的问题。

第二，分析原因。这一步骤旨在分析产生问题的原因，并找到根因。分析原因一般使用的工具是鱼骨图。

第三，拟定对策。这一步骤是为了制定解决问题的对策。注意，小组成员在思考对策时，应从可行性、有效性、经济性、创新性等几个方面着手。

议事流程三大步骤是结构化研讨的一般性流程，但不是所有结构化研讨活动都会按照这个流程来实施，这取决于研讨的主题和目标，在有些情况下，明确问题之前可以增加查摆现象的步骤，拟定对策之后可以增加制定计划的步骤。

（2）讨论流程就是结构化研讨的过程（见图28）。

第一，发散阶段。这一阶段的主要目的是收集更多的想法、分享各自的经验、提出不同的观点，允许提出不成熟或者不可行的观点；所起的作

图28 结构化研讨的过程

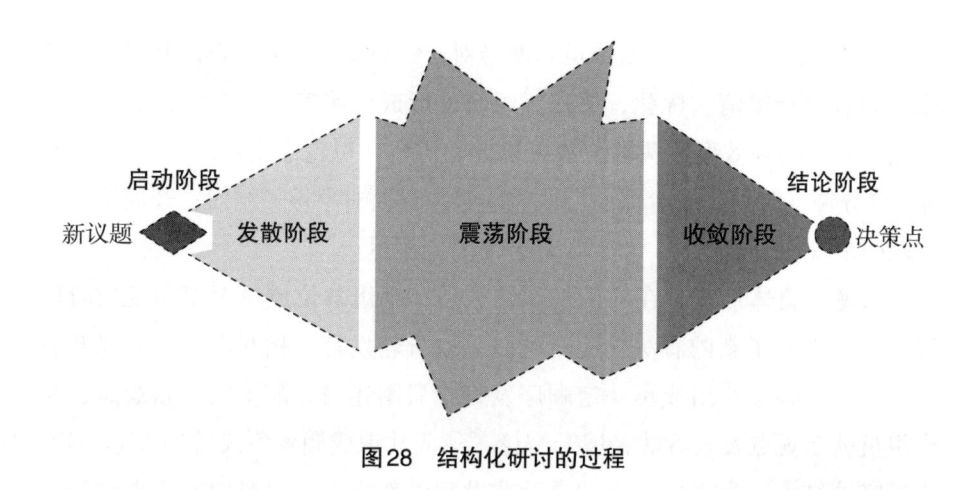

用是：多重视角、创新思维、开拓思路、鼓励参与，培养民主气氛和团队意识，避免少数人（弱势群体）的观点被代表。

发散阶段具体操作如下：

首先，独立思考。每位小组成员独立进行思考，不允许相互交流，现场保持安静，培训师（引导师）与各组组长应主动维持秩序。在规定时间内经过一番深入思考后，每位小组成员在纸上写下自己的观点，一般要求3~5条概要性的文字，不需要书写细节。

其次，分轮发言。组长根据发言规则组织小组成员分轮发言，一轮一人一观点，便于秘书快速及时对大家的观点进行记录和分类。一轮接一轮发言，若组员观点已经分享完毕则本轮发言轮空，直至搜集整理完组员的所有观点。

最后，确认观点。组长将秘书分类整理后的观点一一与组员确认，如有补充，则每人最多增加一条，若无补充，则发散阶段到此结束。

第二，震荡阶段。这一阶段的特点是更深入且更全面的讨论、从不同视角看问题、鼓励换位思考、允许辩论、思想碰撞更加有效。所起的作用是：促进理解、深度思考、提高认识、凝聚共识、深入激发新的观点、深度开发集体智慧、复杂的富有挑战性的问题分析、有利于摆脱传统方式、探索新思路新方案。

震荡阶段具体操作如下：

一是，两两汇谈。小组成员两两结对，针对感兴趣的观点展开讨论，对原有观点进行澄清、优化、桥接、组合，形成更明确、更有效、更创新的观点。为了提高效率，两两汇谈可以分轮进行，每轮汇谈限定一定的时间，如1~2分钟，时间到或者提前汇谈完毕必须更换对象重新结对，开展第下一轮两两汇谈，以此类推，直到该环节总时间用尽。

二是，集体汇谈。在两两汇谈结束后，小组各位成员对于在发散阶段得出的观点有了新的看法。此时可以采取分轮发言、相互辩论的方式开展集体汇谈，即按小组成员一定顺序发言，只阐述与之前不同的新观点，其余组员就新观点发表看法，展开辩论，达成共识或搁置争议后进入下一轮，直至辩论结束。秘书应注意记录达成共识的新观点，并对原有观点进行增删修改，重新归类整合。

在震荡阶段，汇谈比较耗费时间，在实施的过程中要注意把控时间节奏和汇谈进度，提高汇谈效率。同时，汇谈要有规则，分轮汇谈、有序发言、友好辩论、有理有据；不可以七嘴八舌、针锋相对、蛮不讲理、争论不休；若出现个别达不成共识的情况，可以求同存异，暂时搁置争议。另外，理论上汇谈的轮数越多、时间越长，成员思考的深度越深，集体智慧的开发越好。

第三，收敛阶段。这一阶段的特点是对前两阶段集体智慧的梳理、归纳，审视对策的有效性、经济性、合理性、可行性，以决策的方式达成共识，形成共同的理解框架。所起的作用是：让发散期和震荡期的研讨成果固定下来。

收敛阶段决策的操作方式如下：

点投法。点投法是以点数进行投票决策的方法。每位小组成员拥有一定的投票点数，投票点数不超过观点数量的50%。投票时，每位成员对每个观点最多只能投一点。

分投法。分投法是以分数进行投票决策的方法。每位小组成员拥有一定的投票分数，投票分数不超过观点数量的50%。投票时，每位成员对每个观点进行打分，单个观点的分值不超过总投票分数的50%。

2×2矩阵决策。将所有观点放入x-y矩阵中，通常称为2×2矩阵。这就需要两个标准，一般使用影响标准和投入标准，以x轴和y轴交叉形成四个象限。将所有的观点放入这四个象限中，通常第一象限的观点就是决策的结果，其他象限的观点视情况而定。这种决策方法适合具有一定难度的复杂问题。

多维矩阵决策。设定做决策的多个核心标准，将观点放在左侧首列从上到下纵向排布，将标准放在上方首行从左向右横向排布。观点用1~5分来表示符合标准的程度，标准用1~5分表示其权重。先依据第1条标准对所有观点进行打分，再依据第2条标准对所有观点进行打分，以此类推，直到所有标准都打分完毕。最后，每个观点的分值都乘以对应标准的权重数得出加权分值，累加之后得到每个观点的总分值，排序得出决策结果。这种决策方法适合需要从多个因素、综合考虑利弊的复杂性问题，决策过程更加科学合理，决策结果更加理性客观。

三、适合培训的结构化研讨工具

结构化研讨工具有很多种，由于结构化研讨工具最早是用于会议引导，因此并非所有的结构化研讨工具都适合在培训中使用。在教学设计、课程开发与培训授课实践中，我们总结出来以下几种结构化研讨工具适合在不同类型的培训或培训的不同环节中使用，具体如下：

（一）点子交换

引导技术的开创者芬兰牛培生在他的著作《点子交换》这本书中，详细介绍了"点子交换"这个结构化研讨工具在创建愿景、问题解决、部署会议、创新和行动计划等引导活动中的应用，在对这些引导活动流程交叉对比后，本书归纳提炼出了"点子交换"结构化研讨的一般操作流程。

1. 点子交换应用场景

点子交换可以被用于澄清信息、澄清问题或者澄清目标。

尽管点子交换也可以有效应用在大型的引导活动中，但是最合适的学员人数是在6~24人。

在人数少的活动中，如10人以下，可以选择"两两配对"取代"三人小组"。

在大型引导活动中建立共识会更难，因为需要联结现场数量众多的学员。

2. 点子交换实施流程

（1）发散阶段。

个人点子。一开始，学员被要求静默书写，独立写下自己的想法或观点。

每个人都有不同的思考方式或推理模式。同理，人们表达想法的方式也是不同的。有些人在表达前需要花时间思考一下，而有些人思考与说话可以同时进行。因此，重要的是，要考虑到这些差异，并分配相应的时间让其可以思考。对于每个人，甚至包括那些特别能说的外向的人，静默思考也很好：更多的点子会涌现，而且点子背后的逻辑也会变得更清晰。如果直奔小组讨论，往往第一个想法具有锚定作用，会限制新想法，因而出现新想法雷同的情况。而结构化研讨开始的个人点子阶段就是帮助团体发散，产生更多不同的想法。

个人点子阶段需要多少时间取决于话题的复杂程度和潜在想法的数量。如果思考一个与简单流程相关的特定任务，1~2分钟就足够了；如果想法比较抽象复杂，那么花5~10分钟也是可以的。

共享观点。每三人一个小组，轮流分享自己的观点，每位小组成员从其他成员那里获得自己认可的新观点，写到自己的纸上，成为自己的观点。

培训师需要解释：在该阶段邀请学员三人一组分享自己的点子、获取他人的点子，然后一起发展完善点子。在三人小组讨论中，点子不再属于某个人，而是成为小组共同拥有的点子。小组的团队共识也就此形成。

时间应依据讨论内容的复杂程度而定。通常一轮需要10~15分钟。

共享观点步骤说明：

①在自己的纸上收集最佳点子。②讲述、倾听、完善。③每三人一个小组。

（2）震荡阶段。

重复共享。离开原来的三人小组，形成新的三人小组，点子会被进一步激发、发展和完善。最简单的组成三人小组的方法就是告诉大家起立，快速地找到两个新的伙伴组成新的小组。为什么要以不同的小组重复共享呢？再次重复的目的是促进对不同点子进一步交流和相互理解。第一轮三人小组已经对相互之间的点子有了很好的理解，甚至很可能对最佳点子有了共同的认知。但是，他们还不知道屋子里发生了什么，所以需要通过重复共享，联结第一轮小组与其他小组成员之间的各种想法。

点子交换是一个创建共识的方法。进行小组分享的次数越多，整个团体形成的共识就越强。在实践中，通常会进行3~4轮三人小组分享。如果次数过多，人们对讲话、思考、发展点子的活动也会感到疲惫。

一般每轮10~15分钟。

（3）收敛阶段。

点子选择。当最后一轮共享活动结束时，以当时的三人小组为单位进行最佳点子的选择。一旦小组成员对哪些是最佳点子达成共识，组员用马克笔写在大一些的纸上，把它张贴在会议室或培训室前面，保证每个人都能看到该组呈现的最佳点子。

发散阶段与震荡阶段聚焦在个人，任务是将最佳点子收集到自己的纸上。现在小组成员之间需要达成一致和共识。在共享了几轮，有了对想法背后逻辑的理解之后，小组成员的共识也就相对容易达成。另外，因为每个小组只有三人，人数少，所以在达成共识的过程中也不需要使用决策工具，通常五分钟左右就可以选出最佳点子。

原则上最佳点子的数量是不做确切规定的，但可以设置一个范围，例如3~7个。

点子评估。当所有小组的最佳点子都呈现完毕后，培训师就要组织大家对点子进行评估。

如果时间允许，可以请各小组对呈现出来的最佳点子进行点评和打分，最终评出真正的最佳点子。如果时间不允许，培训师对各组呈现出来的最佳点子进行点评，直接评出最佳点子。需要提醒注意的是，老师要扮演引导师和培训师两个角色，在研讨过程中不输入内容扮演引导师的角色，在研讨结束后输入或点评内容时扮演培训师的角色。

在点子评估这个环节，还可以采用 2×2 矩阵、多维矩阵决策对各组呈现的最佳点子进行科学的、专业的评估，当然，这意味着需要花费更多的时间和精力。综合起来，点子评估环节 10~15 分钟完成为宜。

（二）MeWeUs

MeWeUs 在培训课堂案例研讨和小组讨论环节被广泛的运用，"个人—小组—全班"的过程框架是结构化研讨的普遍性规律，"时间短、节奏快、效果好"是它最大的优势。一般来讲，一次 MeWeUs 研讨活动 15 分钟就可以完成。

1. MeWeUs 应用场景

凡需要讨论的地方皆可使用，但在时间紧迫的场合更能大显身手。

人数方面没有具体要求，但为了提高研讨效率，每个小组一般五人左右，全班五组左右。

在全班分享环节各组的观点，应事先做好保密工作，不要提前泄露。

2. MeWeUs 实施流程

（1）启动阶段。

培训师组织各小组完成组长、秘书、发言人任命工作，可采取选举或指定等方式。

培训师宣布组长、秘书、发言人的职责：组长负责主持本组研讨活动，维持研讨秩序；秘书负责快速、准确记录、整理和分类组员观点；发言人负责在全班分享本组观点。

培训师讲解研讨流程的具体步骤和注意事项，这部分简明扼要即可。即使说的再细致，在没有亲身体验的情况下，大家也难以理解，反而会耗费大量的时间。

（2）发散阶段。

Me：个人观点。针对研讨的问题，在三分钟之内各小组成员每人在纸上写下自己的观点，一般 3~5 个。

注意，本环节课堂应保持安静，不允许相互交流。培训师应事先宣布规则，并请各小组组长监督执行。时间到则进入下一环节。

（3）震荡阶段。

We：组内分享。组长组织分轮发言，每轮每人只说一个观点。注意，只讲要点即可，如有人提出疑问再做详细说明。当一位组员在发言过程中，原则上其他成员只能倾听，不能质疑、批评、指责，但可以提出疑问请发言者解释。

组长应切实担负起营造友好研讨氛围，维持良好研讨秩序的职责，秘书应及时做好记录、分类与整理。若某位组员观点已分享完毕，则本轮轮空，直至所有观点全部分享完毕，秘书完成分类整理经组长确认后，则可进入下一环节。

组内分享一般五分钟左右可以完成，当然也受研讨问题复杂程度和小组成员数量的影响。

（4）收敛阶段。

We：小组观点。小组成员用投票的方式从秘书分类整理的观点中，票选出最能代表本组意见的3~5观点（具体根据培训师的要求而定），形成本小组的观点。通常两分钟之内可以完成。培训师确认所有小组观点均已形成后，进入下一环节。

Us：全班分享。全班分享有两种做法，第一种是发言人代表小组在全班分享本组观点，接受其他小组质疑并作出解释；第二种是各组发言人将本组观点拍照发到微信群，由培训师逐个点评。这两种方式各有利弊，前者互动性好，但花费时间较长；后者简洁高效，但学员失去了一次分享的机会。

无论是发言人全班分享，还是培训师微信群逐个点评，都要做好保密工作，既不可提前泄露本组的观点，也不可临时修改本组的观点。比如，针对第一种方式，可以将各种观点写在纸上提交给培训师，收齐之后再组织发言人全班分享；针对第二种方式，培训师可以安排在某个时间点同时发观点照片到微信群里，且不可撤回修改。

（三）书写式头脑风暴（结构化头脑风暴）

头脑风暴有四个基本原则：①聚合想法，相互激发；②大胆想象，自由畅想；③不要扼杀想法，不要评判、批评或质疑；④尽可能多，保证数量。当需要很多点子，尤其是创新想法时，适合使用头脑风暴。

书写式头脑风暴是头脑风暴的另外一种形式，与头脑风暴相比，书写式头脑风暴能够规避个别成员控制欲特别强，导致其他成员意见被裹挟的问题，同时也能规避性格内向的成员不善言辞的问题。

书写式头脑风暴实施流程：

（1）发散阶段。

每位参与者人手一张A4空白纸，在纸的最上方写上题目或标题。

在纸上写下一个观点（并标上序号1）。

写下的内容要用动宾结构的句子，有意义、可操作，符合SMART原则，避免写下单个词语。

把纸放在桌子中间（称为"交换区"）。

每个人从交换区拿走一张其他人的纸。

贡献新观点时，重复第三到第六步。

从此前的观点中获取灵感，相互补充或者写下新想法。

如果拿到自己的那张纸，可以补充想法，也可以还回去。

收集到大量的想法后（或既定时间到了）就停下来。

（2）震荡阶段。

小组成员分散到会场其他小组，分享最受欢迎的想法。

与其他小组成员展开讨论，澄清并互相激发想法。

既定时间到了，全体学员回归自己的小组。

（3）收敛阶段。

整合每个小组最受欢迎的观点。

通过决策过程，挑选出最优的想法。

（四）智慧雪球

头脑风暴法在发散阶段规定不许质疑，让小组成员自由地提出设想，但有的人对于当众说出见解犹豫不决，有的人不善于口述，有的人见别人已发表与自己相同的意见就不发言了，而智慧雪球法可弥补这种缺点，更便于激发团体智慧、创新观点，并充分凝聚共识。

智慧雪球实施流程：

（1）启动阶段。

培训师宣布和说明研讨主题。

培训师明确研讨目标。

培训师讲解研讨任务与过程。

培训师说明研讨工具和规则。

培训师分配每个环节的时间并安排计时。

（2）发散阶段。

初始观点：

分配首轮独立思考时间及要求每人书写观点的数量。

个人独立准备，写在研讨纸上，表达力求准确清晰，字迹工整。

书写期间保持安静，不准交流。

时间到，每人将观点交给自己右边的伙伴。

滚动雪球：

接到上一位伙伴的研讨成果，仔细阅读已有观点，期间不允许交流和发问。

在已有观点的启发下，写出与上一轮同等数量的新观点，该观点不能与研讨纸上及自己已书写的观点重复。

若不认同研讨纸中已有观点，则可反思自己背后秉持的假设并思考其是否有效。

可用叠罗汉、移花接木、桥接组合、唱反调法等技巧来整合产生新观点。

时间到，按顺时针将研讨成果传递给下一位。

此阶段一般进行3~5轮。

（3）震荡阶段。

梳理观点：

相邻的2~3个人为一组，分享各自手中的研讨成果。

整合出独立的观点并写在卡纸上，每张卡纸写一个观点。

观点归类：

在墙上张贴6~8个符号代表可能的观点类别。

读出每一张卡纸上的观点，并询问应该归类在哪一个符号下。

通常前三张卡不归类。

归类出现分歧则要求各方说明理由，并尽可能达成共识，无法达成则尊重原创意见。

所有观点上墙，对分类进行微调。

类别命名：

在标题卡纸上画框以区分普通卡。

引导小组成员对类别命名。

将名称写在标题卡上并覆盖在符号上。

补充完善：

个人自由发言。

首先思考我们是否忽略了重要的类别。

思考每个类别下我们是否有新观点。

将所有的新观点写在卡纸上并张贴在相应的位置上。

（4）收敛阶段。

建构模型：

用一个图描述本次研讨成果之间的内在逻辑。

基于模型的启发，完善研讨成果。

思考这个模型与理论的联系。

形成决策：

确定评估观点的标准。

依据标准做出评估。

做出最终的决策。

制订行动计划。

总结提升：

个人自我反思观点及其他小组成员的反馈。

整体反思（规则遵守、方法运用、参与程度、沟通有效性、反思有效性等）。

下一步改进思路。

感谢大家参与。

（五）团队共创或团队列名

团队共创与团队列名虽然名称不同，但在具体操作上基本一致，不仅如此，点子交换、MeWeUs、头脑风暴、智慧雪球、团队共创或团队列名等这些结构化研讨工具，在流程和规则上具有一定的相似性。团队共创的流程如下：

1.团队共创应用场景

适合在最佳实践经验萃取活动中使用，尤其是同时访谈萃取多位专家优秀经验。

适合在典型案例复盘活动中使用，尤其是多人参与的团队复盘或项目复盘。

适合在课程设计与开发的培训项目中使用，例如小组成员共同搭建课程框架、挖掘教学内容、设计教学活动等。

其他需要集合众人智慧，群策群力解决问题或制定方案的团体研讨活动。

2.团队共创实施流程

（1）启动阶段。

第一步，组长发言。

陈述并澄清议题。

规定时间并安排计时员。

安排记录人员。

说明规则。

鼓励所有人思考。

（2）发散阶段。

第二步，个人独立准备。

小组成员个人独立思考。

个人在卡片上写下自己的观点，数量不低于3个。

不允许讨论。

创造一个安静的环境，引导师一般不在这个过程中说话。

写卡片的规则：

一张卡片，一个想法。

字要大而清晰。

字数一般为8~15个字。

第三步，个人轮流发言。

组员按一定顺序轮流发言。

一次只讲一条，别人讲过的就略过去。

没有意见就越过去。

穷尽所有人的意见。

所有发言的卡片粘贴在大白纸、白板或活动挂图上，卡片内容不重复。

期间不评论其他人的意见，但是可以简单澄清。

（3）震荡阶段。

第四步，卡片观点分类（观点聚类，见图29）。

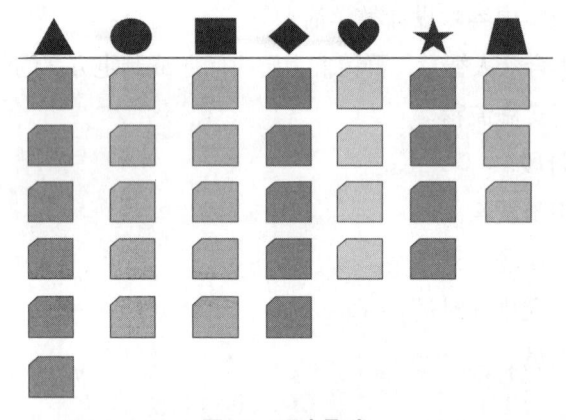

图29 观点聚类

根据卡片内容进行分类，相同或相似的放在一起，不同的分开。

为每个类别分配一个符号，如三角形、圆形、正方形、菱形、心形、五角星等，还可以用扑克牌作为类别符号。

卡片如果没有同类，则新增一个类别符号。

组长询问卡片应该放在什么符号下，如果出现不同意见，则请他们分别阐述各自的观点，然后团队再做决策。如果无法达成共识，则请提出该条观点的人决定应该放在什么位置。

整理类别符号与卡片的位置，排列整齐，不要急于给类别命名。

第五步，观点类别命名（类别命名，见图30）。

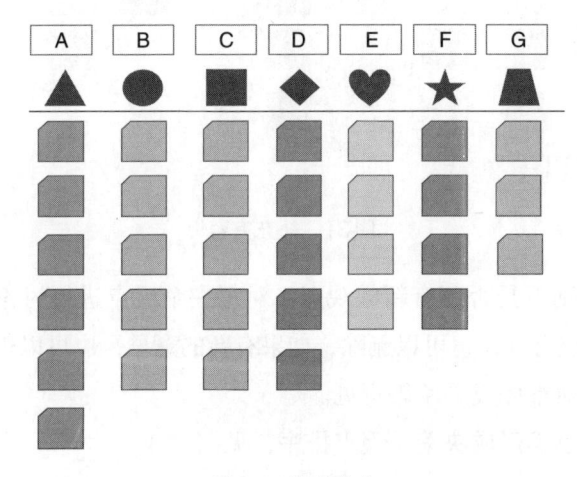

图30 类别命名

读出类别中所有卡片的观点。

提炼关键词和中心思想。

讨论确定类别名称。

先命名卡片数最多的类别。

重复以上动作为剩下的每个类别命名。

提示：

看一共有几个类别。

卡数太少的类别，是否可以同其他类别合并。

卡数太多的类别，是否有必要进一步分类。

是否有必要将某些卡调到其他类别。

（4）收敛阶段。

第六步，质疑与反思（补充完善，见图31）。

分析类别之间的关系，看是否遗漏了重要的类别。

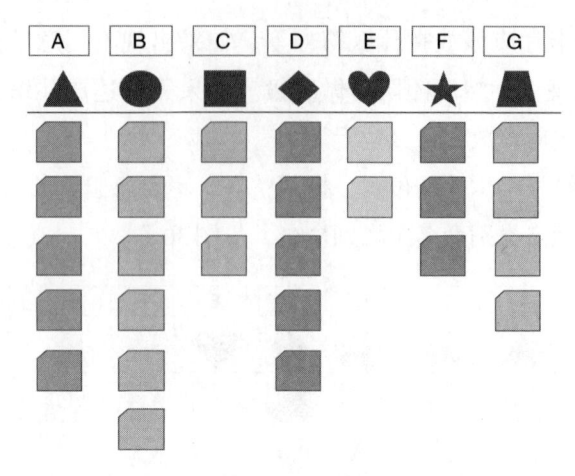

图31 补充完善

看每个类别下是否还有新的观点：对每一个观点进行讨论，可以澄清，可以同其他观点合并，也可以删除，如果有新的意见，也可以进行补充完善。

请参与者对整体成果发表意见。

第七步，小组形成决策（观点排序，见图32）。

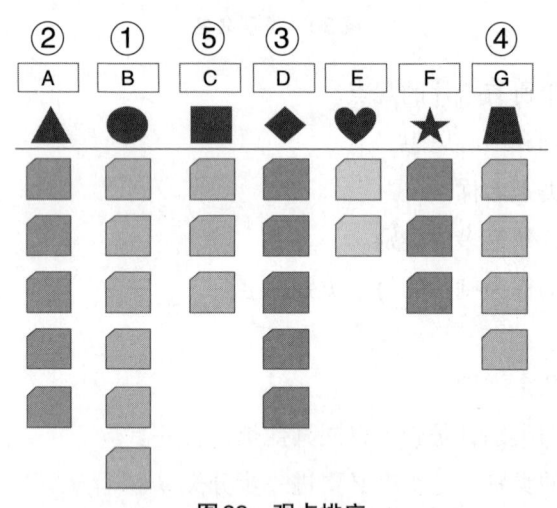

图32 观点排序

小组成员根据自己认为重要和准确的程度从所有观点选出若干条（如五条），并排列打分（如排第一的给5分，排第五的给1分）。

把每个观点的分数相加，得分最多的前五项即为集体意见。

（六）世界咖啡

1.世界咖啡基本概念

世界咖啡是通过营造轻松愉悦的氛围，约定"异花授粉"的跨界交流机制，包容多元化背景，设置多轮次转换，聚焦问题、激荡智慧、改善心智、激发创新的深度汇谈活动。

人们很容易被自己过去所学或是经验所限制，一个团体或公司也是很容易被既成文化或价值观所限制，同构性越高，越不容易产生新的观点。世界咖啡（World Cafe）的主要精神就是跨界（Crossover），不同专业背景、不同职务、不同部门的一群人，针对数个主题，发表各自的见解，互相意见碰撞，激发出意想不到的创新点子。世界咖啡让参与者从对个人风格、学习方式和情感智商所有这些人们惯用的评判人的方式的关注中解放出来，使人们能够用新的视角来看世界，让人们进行深度的汇谈，并产生更富于远见的洞察力。

2.世界咖啡应用场景

在企业经营中的应用：组织愿景与战略统一、经营目标分解、团队融合、工作创新、企业文化培训、组织氛围营造、会议效率提升、问题分析与解决、领导力发展、管理技能提升、内部讲师培养、课程设计与开发、读书会等。

在其他领域中的应用：教育方式优化、社区工作开展、社群互动交流、总裁班同学融合、慈善事业推进等都具有很好的应用效果。

理论上讲，世界咖啡适合任何内容和主题的讨论与交流，只要是需要发挥集体智慧和团队创造力的话题，都可以使用世界咖啡。

在下面这些情况中尤其适用：

为了分享知识、激发创新性思维、建立社群、考究现实问题的可能性。

为了深层次地考察重要的机遇和挑战。

为了让第一次参加汇谈的人们能够进行真正的对话。

为了加深现有小组成员的相互关系和对结果的共同负责。

为了在观众和演讲者之间建立一种有意义的互动。

然而，在下面这些场景中不太适用：

想让大家达成事先确定好的结论或答案。

想做单向的信息传递。

在做详细的实施方案和任务分配。

谈话时间少于一个半小时。

小组成员少于12个人。

3.世界咖啡内在原理（见图33）

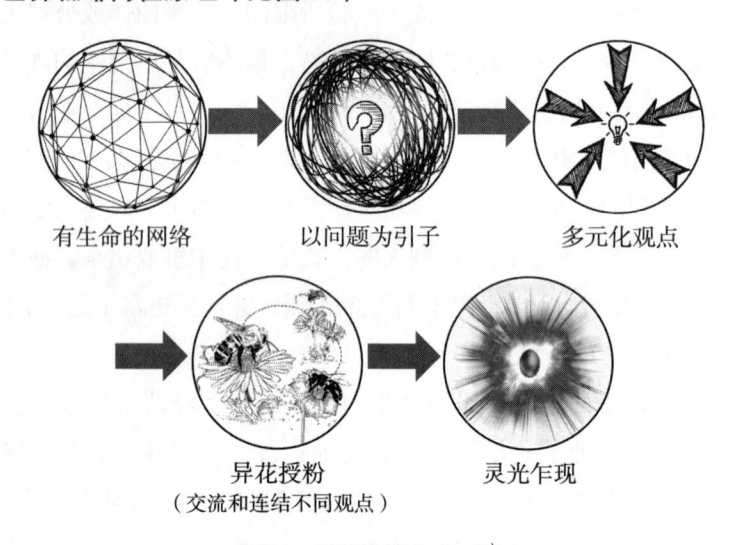

有生命的网络　　以问题为引子　　多元化观点

异花授粉
（交流和连结不同观点）　　灵光乍现

图33　世界咖啡内在原理

4.世界咖啡七大原则

原则一：设定情境。

即先定义参与者所处的情境，这个情境分成三个部分。①本次"世界咖啡"的目的是什么。提前设定好目的，可以让参与者更高效地进行讨论，同时不要局限于找到一个直接的答案，要关注在寻找解决方案的过程中，如何提出正确的问题，或是达到一些无形的结果——比如关系的建立、共识的形成等。②谁将是参与者。寻求不同的参与者，有助于参与者从多个角度去探索问题，多样化的思维可以孕育出丰富的见解和发现。③有什么外在因素。综合考虑好汇谈的其他因素，包括时间、地点、费用和需要的设备等，同时也要思考事后的跟踪活动，比如是否要将本次汇谈形成一个报告等。

原则二：营造友好的空间。

朱安尼塔·布朗用咖啡来命名这种汇谈方式的目的，便是希望参与汇谈的人能在一种轻松的环境下进行讨论，在这样热闹而欢快的场景中，孵化出新的思想。

汇谈开始前，要特别注意如何利用精美的邀请函和现场的布置，营造舒适、安全且友好的氛围。比如可以尝试在会场放置一些植物，或是一些家居的装饰等。

原则三：探索真正重要的问题。

纵观人类历史，所有知识的获得都源于好奇心，爱因斯坦曾经说过："提出一个问题，往往比解决一个问题更重要。"一个好的问题，能引导我们去创新。好的问题是开放性的，会引发人们去探索。

原则四：鼓励每个人积极参与贡献。

朱安尼塔·布朗用了一个非常形象的比喻来形容"世界咖啡"，即就像每个人自带饭菜的聚餐，你不仅仅参加聚餐，还贡献了一道菜。

世界咖啡强调每个人都为集体的观点和意见作出贡献，从而丰富了整体的智慧。同时汇谈安排每一桌人数为4~6人的小组，这样就让每个人都有发言的机会，而不像一些传统的会议一样，默默地听。

原则五：交流并连接不同的观点。

世界咖啡最精妙设计之处是参与者以不同的观点在不同的小组之间交换，所有参与者在汇谈开始之前被分成多个小组（每组4~6人），在每一轮讨论过后，每个小组保留一个人，其他人分散到另外的桌子参加下一轮的讨论（分散的原则是尽可能同组不同桌）。

这样，每一桌思想都会与其他桌子的想法进行碰撞，不断催生出新的想法。通过来回的走动，与不同人的交流，思考不断深入，新的模式、新的视角、新的点子不断形成，各种想法创造性地结合，促使了集体智慧的产生。

原则六：共同倾听其中的模式、见解和深刻的问题。

在世界咖啡中，认真倾听是非常重要的，每个人不要去预设自己已经知道了什么，而是要带着学习的心态参与每一轮的讨论中，只有这样才能有新的发现，不被自己的过去所束缚。反思是世界咖啡的核心，引导师引导大家去思考。

原则七：收获和分享集体的智慧。

在世界咖啡的最后环节，所有小组进行一次全体汇谈，这也是一个集体共同反思的机会，让每个人反思在这场汇谈过程中学到了什么东西，探索到了什么有意义的结果，然后进行简短的分享，让智慧做最后的一次碰撞。

5.世界咖啡五字真言

听（动耳）：用心聆听每一位参与者的发言。

说（动口）：勇敢地表达自己的想法。

思（动脑）：参与任何话题的交流与学习，不仅仅在于你听到什么，说了什么，更重要的是你想到了什么，只有积极地思考，才能让对话更具有价值。

画（动手）：每一轮讨论的集体成果都需要用图画的方式来呈现（不排斥文字），同时每一个小组成员都要讲得清楚画的是什么内容。

行（动脚）：听、说、思、画都是紧紧围绕着实际行为开展，一切问题来自于工作，而又回到工作，以解决实际的工作问题。

6.世界咖啡实施流程

（1）启动阶段。

第一步，准备工作、周到细致。

场地准备：一个开放的自由的场地，每桌4~5人，营造自由随意之氛围；会场前部为引导师单独准备一桌两椅，至少一个白板架及白板纸若干。

工具准备：每桌备大白板纸3~5张，A4纸10张及便利贴5打，黑、蓝、红三色水彩记号笔各一支。投影仪和话筒以及墙面海报（世界咖啡汇谈方式的介绍、本次汇谈主题等）。

茶点准备：在会场某一角落准备巧克力、小饼干、薄荷糖、咖啡、可乐、茶、水等休闲茶点，参与者可以自由取用。

人员要求：一般情况下要超过12个人以上参加，人数太少不利于搜集更多不同的思想，确定参加人员的专业性和多样性。要关注那些会提出独特视角的参与者，跨专业跨学科人才能够带来多样化的思维，多样化的思维可以孕育出丰富的见解和发现。

时间要求：最少90分钟以上。时间太少不能有效地整合思想。

第二步，聚焦话题、富有深意。

世界咖啡比较适合于探讨有深层意义和内涵的事情，例如，如何提升企业的创新力、如何发挥人才的潜能、如何提升公司的品牌影响力等问题。不太适合单向信息的传递，以及公布一些事先达成的结论。

第三步，形成小组、明确职责。

一般是4~6人一组，引导师开场介绍世界咖啡的汇谈形式、讨论主题和换组规则，宣布事先任命的各组桌长人选及桌长职责等。

（2）发散阶段。

第四步，主题研讨、产生观点（第一轮汇谈）。

桌长简单自我介绍，并邀请参与者逐一介绍自己（三分钟）。

桌长介绍本组的主题（两分钟）。

大家思考三分钟（独立思考，并将思考内容写在便笺纸上）。

每人分享两分钟。

集体讨论五分钟（质疑、反思、深度汇谈）。

桌长总结两分钟。

桌长可以在大白纸上用思维导图整理大家的核心观点。组员也可以用便笺纸写出自己的核心观点，贴到大白纸上。

（3）震荡阶段。

第五步，自由流动、异花授粉（第二轮汇谈）。

除桌长外，其他人换桌研讨（小组成员不出现在同一桌）。

桌长热情接待组员，还是按照第一次汇谈的流程，桌长介绍五分钟，把前面的汇谈的内容给大家介绍下，每人发言两分钟，桌长组织讨论，最后做总结并记录观点。

引导师根据问题和人员的实际情况，可以进行第三轮汇谈，或者更多轮。

第六步，前后贯穿、衣锦还乡。

桌长不动，各参与者回到自己的本桌。

桌长介绍本桌研讨成果，桌员补充，承前启后，累积研讨智慧。

（4）收敛阶段。

第七步，归纳总结、整合观点。

针对大家的讨论成果，进行深入思考后，使用投票或矩阵形成决策。

用思维导图将决策整理成解决方案。

第八步，分享成果、释疑解惑。

集体分享研讨成果，系统回顾。

每桌的桌长上台去分享小组的成果10分钟左右，解释为什么，并接受大家的提问。

引导师把控好时间和节奏，保证大家顺利地分享成果。

（七）迷你世界咖啡

迷你世界咖啡是世界咖啡的简化版，保留了世界咖啡"异花授粉，连接观点"的精神实质，但有三点不同：

一是在参与者背景上不再要求来自不同行业、不同岗位，可以是同一组织的相同岗位。

二是在研讨主题上不要求每个小组研讨不同主题，可以是不同主题，也可以是相同主题。

三是在研讨时间上不要求必须90分钟，30分钟也可以完成。

1. 迷你世界咖啡应用场景

迷你世界咖啡与团队共创一样有广泛的应用场景，在最佳实践经验萃取、典型案例复盘、行动学习、课程开发、会议引导等需要群策群力、集思广益的团体汇谈活动中都可以使用。

2. 迷你世界咖啡实施流程

（1）启动阶段。

确定每组组长，明确组长职责。

讲解汇谈流程、规则和主题。

分发汇谈所需相关资料：电子或纸质。

（2）发散阶段。

个人观点。 五分钟内在A4纸上独立写下自己的观点，注意保持安静，不允许交流。

一次汇谈。组长组织组员轮流发言，并对大家的观点进行快速记录和分类整理，形成一次汇谈结果。

（3）震荡阶段。

跨组交流。除组长外，其他组员分散到其他小组，原则上小组成员不出现在同一桌。

二次汇谈。组长组织新组员轮流发言，在一次汇谈结果的基础上，对大家的新观点进行快速记录和分类整理，形成二次汇谈结果。

此时，可以根据情况安排是否再次进行跨组交流，例如问题复杂程度和困难程度等。

（4）收敛阶段。

各回各组。所有人回到各自小组中。

末次汇谈。组长组织组员轮流发言，在上一次汇谈结果的基础上，对大家的新观点进行快速记录和分类整理，形成末次汇谈结果。

（八）投票决策

通过发散阶段和震荡阶段收集到众多观点之后，在收敛阶段如果需要对他们进行评估、筛选、排序、确定优先顺序或进行分类时，会用到投票方法。建立评估标准是实现对观点有效评估的基础。

1. 标准设定

设定具有一定普遍性的标准，包括但不限于重要性、紧急性、经济性（低成本）、可行性、挑战性、高质量、时间短、影响力。

2. 决策分类

根据决策标准的数量，也就是决策的维度，可以分为：一维决策、二维决策、多维决策。

3. 谁来设定标准

设定标准的人员包括管理层或发起人、参与者，也可由引导师与管理层、参与者协商。

4.什么时间设定标准

在收敛阶段之前最好不要将标准告知参与者,以免他们在提出观点时受到标准的影响。

如果由参与者设定标准,则需要在产出所有的观点之后,也就是在收敛阶段设定。

如果由管理者提供标准,则可告知大家,标准已经设定好,会在收敛阶段予以告知。

5.投票形式

投票的形式多种多样,当对所有的观点进行分类整理后,可以采取画圆点、打对勾、四竖一横、写五字、写正字等形式进行投票操作。

6.点投法

点投法又作做简单投票法。点投法是以点数进行投票决策,从众多选项中按照一定标准择优选出TOP项的决策方法。

这种决策方法可以比较直观、快速、便捷地对观点进行排序或筛选。

7.分投法

分投法又叫作加权投票法。分投法是以分数进行投票决策,从众多选项中按照一定标准择优选出TOP项的决策方法。

这种决策方法的优点是,既能体现观点重要性的差异,又能兼顾整体的均衡性,避免出现极端情况。

(九)矩阵决策

1.2×2矩阵决策

投票决策法是建立在单一标准的基础上,而用两个标准进行决策评估时,可以用2×2矩阵。常见的2×2矩阵工具包括时间管理四象限、SWOT矩阵、波士顿矩阵、乔哈里视窗等。

2.多维矩阵决策

两个标准评估可以解决大部分简单的决策和判断,但是实际工作往往复杂一些,一个事情的分析通常有3~5个评估标准。而所谓的"多维矩阵",就是由多个标准组合起来评估一些选项。

当然，任何事情的评估标准可以找出很多，但评估标准不是越多越好，一般不要超过七个。如果列出了大量的评估标准，可能是两种情况：

一是没有对这些评估标准进行提炼，很多重复或细碎的无关紧要的标准没有剔除。

二是不清楚这些这么多评估标准对结果是否是有用的。

在一次团队共创结构化研讨中，围绕"如何让学员积极参与互动发表观点"某小组得出了30多个观点，经过筛选之后剩下七个比较重要的观点，小组需要从多个维度对这七个观点进行评估打分，并排列出优先顺序，以供决策。

表21 "如何让学员积极参与互动发表观点"多维矩阵决策

标准	效果好 得分(1~5)	效果好 加权得分	易操作 得分(1~5)	易操作 加权得分	可行性 得分(1~5)	可行性 加权得分	效率高 得分(1~5)	效率高 加权得分	平台支持 得分(1~5)	平台支持 加权得分	总分	排序
权重（1~5）	5		4		3		4		2			
1.以案例吸引	3	15	4	16	5	15	3	12	5	10	68	5
2.变讲为问的设计	4	20	5	20	5	15	5	20	5	10	85	1
3.线上小组讨论	5	25	2	8	3	9	2	8	4	8	58	6
4.高频提问互动	4	20	4	16	4	12	5	20	5	10	78	2
5.老师逐个点评反馈	3	15	4	16	5	15	4	16	5	10	72	4
6.互动积分考核机制	5	25	2	8	4	12	5	20	5	10	75	3
7.老师幽默风趣	3	15	1	4	2	6	5	20	5	10	55	7

四、ORID在培训中的应用

1.什么是ORID

ORID（Focused Conversation Method），即焦点会话法，也被称作焦点研讨法、焦点讨论法、焦点呈现法（见图34）。第二次世界大战后，美军中有一位叫约瑟夫·马修（Joseph Mathews）的军中牧师，战后在大学任教，他一直在思考如何帮助那些参与战争的人们，将那些发生在他们生命中的事件进行有效的处理，从中寻找出更多的意义。在一位艺术教授那里他得到了启示，人们在体验或经验产生之后的对话能创造出意义，于是就创造出这种方法，目的是帮助人们进行更为有效的深度对话，以发现更多对自己有意义的价值。

Objective	Reflective	Interpretive	Decisional
客观、事实	感受、反应	意义、价值、经验	决定、行动
客观性层面	反应性层面	诠释性层面	决定性层面

图34 ORID焦点会话法

ORID包含了一系列的谈话的结构，是双方通过不断的深入交流将个人的内在感受和思考外显的过程，也帮助双方将并不外显的情绪和洞见浮现出来。它能在问出焦点问题的同时将双方的对话引入一个智慧的思考。焦点会话法运用四个层次的问题提供了一个从感知、感受、认知到决定的自然流动的内在过程。这四个层次分别是客观性层面（Objective）、反应性层面（Reflective）、诠释性层面（Interpretive）、决定性层面（Decisional），它们在我们的生活中无时无刻不在发生。

ORID可以用于很多的场合，例如课堂提问、学员引导、职场上级与下级的沟通，以及日常的自我觉察都可以应用。比如，今天早上上班开车途经中环，非常堵（O），我很后悔（R），为什么会这么堵呢？因为早高峰（I），以后上班我要乘地铁，不开车了（D）。

2. ORID的四类问题

（1）事实类问题（Objective）：问事实。事实类问题一般和人的感官相关联，是人的感觉器官直接感知到的信息，在人的认知层次上属于最基础的感性层次，这类问题来源于看到、听到、闻到、尝到、摸到的一切。事实的问题通常比较简单，提出此类问题的主要目的是获取信息，澄清事实，厘清现状。例如，培训师播放完一个视频案例后提问："在刚才的案例中，你看到了一件什么事？请客观地描述一下。"培训师展示完某个工具或软件的使用后提问："刚才老师做了什么操作？大概可以分几步？"

（2）感受类问题（Reflective）：问感受。感受类问题是与心情、情绪、回忆、联想等关联的问题，这类问题的核心是情绪反应。情绪反应是指人脑对外界刺激即感知的内在反应，包括喜、怒、哀、乐等情绪反应，以及对过去经验的回忆和联想。针对某个案例，培训师可以这样提问："看完这个案例后，你有什么感受？""这让你回忆起了什么或联想到了什么？"

情绪感觉层次，就是你的喜怒哀乐，开心、兴奋、失望、恐惧、难受等。

（3）想法类问题（Interpretive）：问想法。想法类问题也叫诠释类问题，关注的是深层次的意义与价值，通过事实类问题和感受类问题的铺设，获得知性的洞见。这类问题已经上升到知性的层面，本质上就是个人对事物的理解、反思和想法。例如，在案例研讨中培训师提问："当你遇到案例中的这种情况时，你的想法是什么？你认为什么才是正确的做法？"

（4）行动类问题（Decisional）：问行动。行动类问题关注的是未来，是关于未来可能采取行动或付诸实践的问题。这类问题一般与自身的成长、发展或利益密切相关，因此，需要制定行动计划，并立即付诸实施。想法类问题是在知性分析的基础上，获得的对事物本质规律的深刻洞察与认知，行动类问题则是在权衡利弊之后作出的理性决定，已经上升到理性层面，对于未来有一种前瞻性和预见性。例如，在案例研讨的尾声培训师这样问："这个案例给我们带来了很大的启发，那么，将来你会做出哪些改变呢？有什么具体的行动计划吗？"

3.ORID的脑科学原理

实践证明，通过ORID的提问方式可以得到令人惊喜的效果，而单刀直入询问解决方案的提问却得不到理想的结果，这是为什么呢？这就要从焦点会话法的脑科学原理说起。

人的大脑总在接收和处理信息，我们的意识总是在四种状态之间切换，即感知、联想、评估、决策。人们通常作出决策都是经历了一个感知（接收外部刺激）—联想（内在反应）—评估（分析判断）—决策（做出决定）

的过程。

人们首先是通过眼、耳、鼻、舌、身，去看、听、闻、尝、接触外部的世界，由此将相关信息传递给大脑。而人脑在每时每刻都会有大量的数据信息通过以上的途径进行输入，而这些信息完全进行处理根本就处理不过来，也没有这个必要。于是，人脑的天然机理就首先进行了第一轮的筛选。

筛选的主要依据就是基于自身原有的记忆内容，比如，回忆一件五年前的事情，不管回忆起来的事情是什么，在当时的情形下通常是大喜或者大悲的情绪状态，很少会有人对平平淡淡的事情记忆深刻。

信息经过筛选之后，人们会对保留的信息进行深入加工处理，也就是深度思考的过程，最终得出需要如何去对应的决策，并指挥身体的相应部分去执行决策。这就是人脑从外部感知到最终决策制定的过程。

ORID反映了人们认识活动的自然过程，即从感性认识、知性认识到理性认识的认识跃升过程，引导人们富有成效的思考。所以，基于这个原理，焦点会话法的提问方式完全符合人脑的思维活动与认识加工逻辑，在回答问题的过程，回答者就会感觉思路顺畅，十分舒服，也容易进行深度思考。

4. ORID培训应用案例

有一门《职场沟通技巧》的课程，其中有个问题是当上下级意见不一致时该怎么办，按照案例教学和ORID焦点会话法来设计教学活动如下：

培训师播放《大秦帝国之崛起》的视频片段，内容是秦昭襄王找白起谈话，恳请白起带兵攻打赵国都城邯郸，白起因不满秦王之前种种寒心的做法，再加上疾病缠身不愿出征，拒绝了秦王。两人对话中，白起与秦王针锋相对，不满之词溢于言表，秦王再三恳请仍遭拒绝。结局是秦王因攻打邯郸兵败，迁怒白起，贬斥其为士兵，并赐死。视频案例播放结束后，培训师提出四个问题，让大家开展小组讨论。

问事实（O）：在刚才的视频案例中，白起说了哪些话？

问感受（R）：如果你是秦王，听到白起的这些话，你有什么感受？

问想法（I）：如果你是白起，要达到既不带兵出征，又不被赐死的双重目的,你认为应该如何与秦王沟通?

问行动(D):今后在与上级沟通遇到意见不一致时,你将采取何种方式应对?

讨论时间为10分钟,培训师使用了MeWeUs的结构化研讨工具。讨论结束后,又花了10分钟由各组派代表分享本组的观点,最后培训师对各组观点进行了点评,并补充了自己的看法。

第五节　五星教学活动设计实例

一、教学活动设计的三大使命

教学设计的核心工作是设计教学活动,教学活动肩负着三大核心使命,可以称之为三个促进:促进思考、促进互动、促进转化。

第一,促进思考。学习的过程是思考的过程,学习就是要在思考中实现意义建构。以学员为中心,创设情境引导学员积极思考是建构主义教学的核心主张。设计教学活动首先要考虑有助于促进学员思考,学员思考的行为有可能是在学习的过程中潜移默化发生的,也有可能是在老师的引导下刻意而为地发生。

大脑一旦积极思考,人的学习能量就会倍增,学习能力随之显著提高;反之,大脑一旦停止思考,学习能量就会急剧衰减,学习能力也会下降至零。

第二,促进互动。教学的过程就是互动的过程,互动就是要有来有往,有去有回,而不是孤军奋战。

互动不是为了互动而互动,课堂上喊口号的互动方式只能起到暖场的作用,有效的互动设计包括师生之间的提问互动、学员之间的研讨互动,以及老师示范学员跟练、学员操练老师指导、学员展示老师点评、学员提问老师答疑、小组之间积分竞赛等。设计互动教学的目的是促进全体学员进行深度思考,从而实现建构新知的目的。

第三，促进转化。设计教学活动旨在促进学员发生从知到行的转化，这对教学活动设计提出了很高的要求，互动是教学的过程和手段，转化是教学的目的和结果。

要实现有效的转化，教学活动就要在"促思"和"促行"两方面下功夫。"学而不思则罔"，学习而不思考就会迷茫而无所适从，只有想明白了，真理解了，才能实现由知到行的转化。"以行促知，知行合一"，通过练习、实操等实践活动促进对知识的理解，实现知识向认知的转化，认知向技能的转化，以及认知向情感的转化。

二、知识的五星教学活动设计实例

作为教学内容的知识，通常是指概念、原理和流程。这并不是说事实不是知识，而是事实作为教学内容在学科类教育课程中常见，但在职业教育尤其是企业内部培训课程中不常有，因此不作为教学内容的重点。流程的本质就是程序性知识，当其保持静态存在的时候就是知识，当其作用于人的认知行为和肌肉协调行为，以动态方式存在时，就外化为智慧技能或操作技能。

一切教学活动都要以帮助学员实现新知建构为目的，都要围绕引发、引导和促进学员思考这一中心任务展开。因此，设计教学活动要讲科学、讲专业，而非凭感觉、靠本能。五星教学模式是教学活动设计的最佳过程框架；结构化研讨是促进学员参与教学活动、深度思考的方法工具；ORID是案例研讨设计研讨问题的原则依据。

知识的教学要实现两个目标，第一是对知识的理解，由五星教学的前三星完成；第二是对知识的应用，由五星教学的后两星完成。

如何综合运用五星教学模式、结构化研讨工具、ORID焦点会话法来设计知识的教学活动呢？以《家族信托产品介绍》为例进行说明。

1. 聚焦问题

教学活动以一位明星的案例开始，培训师首先讲述了某明星将自己的资产放入家族信托的案例。

【案例】

某明星自小家境拮据，五岁开始登台演出，多年的演艺经历让某明星存下了不少积蓄。至2003年底病逝前，某明星名下有中国香港地区、伦敦、新加坡等多处房产以及现金，资产总值1亿元。2003年12月初，某明星（委托人）立下遗嘱及家族信托，将自己两处物业赠予好友，预留140万元给4名外甥及侄女作教育经费。剩余的房产、现金等资产（信托财产）委托汇丰国际信托有限公司（受托人）管理，每月支付给母亲（受益人）约7万元作为生活费直至母亲去世。遗嘱中还特别指明，直至母亲去世，家族族信托所有资产会扣除开支捐给妙境佛学会。

某明星去世时留下价值3000万~3500万港元的资产，随着香港地区房价上涨，其家族信托财产2011年被认定升值到港币近1.7亿元。

讲完案例之后，培训师提出了五个问题请大家以小组为单位进行思考和讨论。

（1）问事实：在案例中某明星对自己的遗产的处置，做了什么操作？

（2）问感受：假如你是这位明星，在知道自己时日无多后，面对家人的现状，你有什么感受？

（3）问想法：这位明星为什么不将自己的财产直接留给母亲，而是放到家族信托中？你认为她是怎么考量的？

（4）家族信托在这位明星的资产传承中起到了哪些作用？

（5）归纳总结家族信托的概念，并给出一个完整的定义。

在设计案例研讨的问题时，并非每次都要涵盖ORID全部四类问题，如果非要去掉一类问题，首先是感受类，其次是事实类，再次是行动类，如果只能保留一个问题，那必然是想法类。在本案例中行动的问题就没有必要问。

案例教学的优点是能够创设一个具体的故事情境，让全体学员迅速从游离态进入学习态，背后的原理是故事情节满足了人的好奇心理，刺激了大脑的情绪性兴趣，情绪脑被激活后就会自发调动认知脑参与学习活动中。因为，通常情况下情绪脑对大脑的主导权要高于认知脑。

2.激活旧知

在这个环节，培训师组织一场迷你世界咖啡的结构化研讨来帮助大家充分激活旧知，具体安排如下：

（1）启动阶段。

培训师确定每组组长，明确组长职责：负责快速记录组员观点及分类整理，在每一轮结束时通过组员投票形成本轮本组观点。

培训师讲解迷你世界咖啡的汇谈操作流程、规则，进一步明确和解释研讨的五个问题。

确认各小组所需的汇谈物料，如A4纸、书写笔。

（2）发散阶段。

个人观点。每位学员在A4纸上独立写下自己对于以上案例五个问题的观点，此环节不允许相互交流，现场保持安静。此环节10分钟内完成。

一次汇谈。组长组织组员轮流发言，并对大家的观点进行快速记录和分类整理，形成一次汇谈结果。此环节10分钟内完成。

（3）震荡阶段。

异花授粉。除组长外，其余组员分散到其他小组，原则上同组不同桌，即同一个小组的成员不出现其他桌的同一桌。此环节1分钟内完成。

二次汇谈。组长组织新组员轮流发言，在一次汇谈结果的基础上，对大家的新观点进行快速记录和分类整理，形成二次汇谈结果。此环节10分钟内完成。

（4）收敛阶段。

衣锦还乡。所有学员回到各自原本的小组中。此环节1分钟内完成。

三次汇谈。组长组织组员轮流发言，在二次汇谈结果的基础上，对大家的新观点进行快速记录和分类整理，形成三次汇谈结果。此环节10分钟内完成。

（5）分享阶段。

分享成果。各组组长代表本组分享以上五个问题的观点。此环节5分钟内完成。

点评反馈。培训师对各组分享的观点进行逐一点评。对于有创建性的观点给予肯定和表扬，并鼓励其做进一步的分享；而对于偏差较大的观点，可询问其背后的原因，给予其进一步解释的机会。此环节5分钟内完成。

3. 示证新知

在聚焦问题和激活旧知阶段，培训师在维持教学活动的流程与规则，没有向学员输出任何教学内容，保持了客观中立的立场，发挥了引导师的职责与功能。在各组充分分享观点之后，到了示证新知阶段，培训师也要分享自己的观点，供大家参考和借鉴。

对于以上五个问题，事实类问题所起的作用是梳理案例事件的事实，感受类问题所起的作用是刺激情感，激发学习兴趣，对于这两类问题的回答相对都比较容易，重点关注后三个问题。

问题：某明星为什么不将自己的财产直接留给母亲，而是放到家族信托中？你认为她是怎么考量的？

培训师的观点：某明星的母亲嗜好赌博而且挥霍无度，某明星担心如果把这笔钱一次性给她，可能很快就会用完，她以后的生活反而没有着落。而通过设立信托基金，某明星将自己的遗产委托给专业的信托机构打理，信托公司每月按照嘱托支付7万元生活费给其母亲，一直持续到她去世，这样她就可以安享晚年了。

问题：家族信托在某明星的资产传承中起到了哪些作用？

培训师的观点：①按照委托人的意愿进行信托财产的管理；②进行财富传承；④避免财富被受益人迅速挥霍。

问题：归纳总结家族信托的概念，并给出一个完整的定义。

培训师的观点：家族信托指的是信托机构接受个人或家族的委托，代为管理和处置家庭财产的财产管理的方式，以实现个人或家族的财富规划及传承目标。

到这里为止，通过讨论某明星设置家族信托的真实案例，学员们已经清晰理解了家族信托的基本概念和三大作用。案例以其特殊性、具体性、情境性和生动性，在帮助学员理解家族信托这一抽象性、普遍性概念的过程中起到了非常重要的桥梁和媒介作用。

在学员们理解了家族信托这一普遍性概念的基础之上，接下来，培训师就要顺势介绍该公司的"家族信托产品"了，具体包括产品特点、投保事项、保险责任、责任免除和五大优势。

这个过程充分展现了知识学习的内在原理，首先以某明星的特殊性案例为媒介理解家族信托的普遍性概念，再从家族信托的普遍性概念聚焦到该公司"家族信托产品"这一特殊性产品，即从特殊性到普遍性再到特殊性的过程。

这一部分以培训师讲解为主，学员认真聆听，对关键要点做好笔记。为了帮助学员理解相关教学内容，培训师运用案例教学，以一位40多岁的企业老板李先生为保全身价、守富传富、隔离风险，给妻子、儿女的未来提供保障，从而主动投保了某公司的"家族信托产品"的案例，穿插讲解产品知识点，条分缕析投保利益点，为下一步应用新知，即向高净值客户介绍"家族信托产品"打下良好的基础。

4. 应用新知

五星教学的前三星是为理解新知而教，而后两星是为应用新知而教。应用新知是以知促行，应用之后就是以行促知，知行互促最终达到知行合一。应用新知的目的是促进短期记忆向长期记忆的转化以及知识向技能的转化。结合本教学活动，应用新知的目的是促进学员对"家族信托产品"的相关知识形成个人版本的理解，也就是能用自己的话语准确表述"家族信托产品"的知识点，进而转化成向高净值客户准确介绍"家族信托产品"的沟通技能。

应用新知的练习应以实战为目的，尽可能模拟真实的应用情境。课堂测验只能起到回忆知识的目的，磨练不到学员的心理素质，只有像华为一样模拟实战环境的训战，才能让学员在直面高净值客户强大的气场和压力之下，从容不迫、有条不紊地介绍"家族信托产品"。

因此，对于知识类、智慧技能类的教学内容而言，角色扮演是最佳的练习方式。

另外，在学员演练的过程中，培训师按照一定的顺序逐个小组巡视，重点关注各小组演练的情况：

（1）演练的困难。会有部分学员记不住"家族信托产品"的知识点，还有的学员会产生紧张情绪影响发挥，遇到这种情况培训师多给学员一些鼓励和建议，帮助学员克服。

（2）演练的进度。一定会有部分小组演练进度落后，遇到这种情况培训师应及时给予指导，并帮助小组快速分析原因找出问题，确保演练按进度完成。

（3）演练的质量。大部分小组都会按照培训师的要求认真演练，但也会有个别小组对演练的重要性认识不足，敷衍了事让演练流于形式，遇到这种情况培训师要予以纠正，强调演练的意义和价值，并适当停留一会儿监督该小组认真演练。

演练结束后，培训师就演练过程中大家的整体表现和出现的个别问题，进行点评和反馈。

5. 融会贯通

示证新知是从"不知"到"知晓"的过程，应用新知是从"知晓"道"真知"的过程，融会贯通是从"真知"到"深知"的过程。示证新知是帮助学员获得普遍性的知识，理解知识的一般性规律；应用新知是帮助学员将一般性的知识应用在特殊性的情境中，获得对知识特殊性和个性化的理解；融会贯通是学员在一段时间和一定数量的应用新知之后，从对知识多个特殊性理解的样本中归纳总结出知识本质性的规律，从而在对知识的认识和理解方面上升到"道"的层次。

融会贯通至少有两种操作方法，一是课堂总结，即课堂上归纳应用新知的经验，总结提炼原则、策略，形成口诀、模型；二是课后辅导，即课后跟踪学员在实际工作中应用新知的情况，点评应用效果，反馈优化建议。这两种方法都能够帮助学员增进对新知的理解，达到"深知"的境界。

回到《家族信托产品介绍》的课程，培训师做了两个动作来帮助学员在课堂上达到融会贯通：

（1）总结演练经验。以小组为单位（不是角色扮演的三人一组，而是常规的5~6人一组），通过MeWeUs结构化研讨总结在角色扮演过程中的经验和教训，包括但不限于这些方面：①有什么收获和感悟；②遇到了什么意料之外的问题，如何解决的；③有什么地方存在不足，如何改进。

经过个人、小组、全班三个阶段的研讨之后，培训师对各组研讨的结果进行分类整理，提炼有价值的观点和经验，供大家学习与借鉴。

（2）提炼知识口诀。仍然以小组为单位，通过MeWeUs结构化研讨将"家族信托产品"的产品特点、投保事项、保险责任、责任免除和五大优势提炼成三字经、顺口溜或打油诗。同时，还可更进一步分析这些产品知识之间的内在逻辑关系，寻找核心要素与深层结构，进而设计知识模型，例如金字塔结构、波士顿矩阵、PDCA循环、复盘四步法、黄金圈法则、5Why，等等。

经过个人、小组、全班三个阶段的研讨之后，培训师对各组研讨的结果进行点评反馈，评选出最有价值的口诀和模型，供大家学习与借鉴。

至此，《家族信托产品介绍》这个知识类教学内容的五星教学活动设计已经基本完成，《家族信托产品介绍》更偏重于概念性知识，这类主题在企业课程开发需求中比较常见，大家为此设计教学活动并不难，难的是设计出"效率高、效果好、参与度大"的3E教学活动。一方面是因为知识类教学内容比较抽象和枯燥，设计3E教学活动的难度较大；另一方面是因为课程开发人员对教学设计的专业理论、方法、技术和工具不够熟练。

除了概念性知识以外，原理性知识也经常作为教学内容而设计教学活动，田俊国老师在《金课开发15讲》一书中详细介绍了"促人改变的三驾马车"这一原理性知识的五星教学活动，提供了极佳的案例示范。诸如结构化研讨、五星教学模式、案例复盘、经验萃取等原理性知识，都可以按照同样的模式来设计五星教学活动。

设计3E标准的五星教学活动需要遵循以下原则：一切教学设计都应该围绕促进学员思考展开；以案例创设情境是建构主义的重要教学主张；结构化研讨有利于学员的互动、会话与思考；破除以讲为主的习惯，遵循引导为主的理念；前三星旨在理解新知，后两星是为应用新知。

三、智慧技能的五星教学活动设计实例

当流程性知识（程序性知识、产生式规则）支配人的认知行为做事，外化出来就形成了智慧技能。人们运用某项智慧技能的前提是，首先要在

大脑中建立对该智慧技能的认知，反过来讲智慧技能是能够运用于实践的知识。智慧技能主要与大脑的分析、判断、推理、洞察、评估和决策等能力相关，例如沟通、谈判、协调、营销、服务、管理、领导力等都属于智慧技能。

再看这个案例，某高端女装品牌的终端门店在营销过程中遇到了很多问题，经过数据分析筛选出对业绩影响最大的四个问题：随便看看、犹豫不决、讨价还价和退换货。于是，启动了经验萃取和课程开发的项目，首先挑选了10名业绩最佳的导购人员，然后通过访谈式萃取挖掘她们应对这四个问题的优秀经验，再开发成四门课程，每门1~2个小时。课程培训的对象是业绩一般的导购。其中有一门课叫作《应对顾客讨价还价的技巧》，这门课程的特点是案例教学、结构化研讨、经验萃取、角色扮演等教学方法综合运用，以下是教学活动设计的过程。

1. 聚焦问题

案例是聚焦问题和激活旧知的法宝，好的案例自带创设情境的魔法属性，能够快速激发大脑顶叶的联想功能，视频案例让人瞬间目不转睛，文字案例也能让人浮想联翩。

2. 激活旧知

为了引导大家对案例进行思考与反思，培训师有必要组织一场MeWeUs的结构化研讨活动，具体安排如下：

（1）启动阶段。

培训师组织各小组完成组长、秘书、发言人的任命工作。

培训师宣布组长、秘书、发言人的职责：组长负责主持本组研讨活动，维持研讨秩序；秘书负责快速、准确记录、整理和分类组员观点；发言人负责在全班分享本组观点。

培训师讲解MeWeUs的操作步骤和注意事项。

（2）发散阶段。

Me：个人观点。针对案例中需要研讨的问题，各位学员在不相互交流的情况下，独立在纸上写下自己的观点，分条阐述，编写序号，每人不超过三个观点。本环节三分钟完成，时间到进入下一环节。

（3）震荡阶段。

We：组内分享。组长组织分轮发言，每轮每人只说一个观点。发言时通常只讲要点，如有人提出疑问再针对性解释。组长维持友好、和谐、有序的发言秩序，避免出现批评和质疑的行为；秘书快速对于观点进行分类整理。

组员按顺序分享观点，直至全部分享完毕，本环节在五分钟内完成，时间到进入下一环节。

（4）收敛阶段。

We：小组观点。组长组织投票，从秘书分类整理的观点中选出5个代表本组意见的观点本环节在两分钟内完成。

Us：全班分享。组长将本组的五个观点拍照发送到微信群中，注意标注清楚组名。培训师在微信群中接收到所有小组观点的照片后，按顺序将照片投影在屏幕上，请相关小组的发言人分享本组观点。分享结束后，其他小组成员如有疑问可以提出，发言人作出相应的解释，若解释有困难可请组员协助。

（5）总结阶段。

在各组分享完毕后，培训师对各组的观点进行点评，发现所有的小组主要有两派观点。培训师分别询问了两派观点背后的考量，探究形成观点的原因，并请两派观点的代表进行了辩论发言。

到这里，学员之间、师生之间的协商与会话已经非常充分，学员们对课程主题的思考已经逐渐走向深入，已然触及到了观念背后的成因。那么，接下来培训师要趁热打铁，阐述自己的观点进一步颠覆部分学员的认知。

听完培训师的观点后，持赞同观点的学员发出一片欢呼，持反对观点的学员在短暂的惊愕之后提出了新的疑问：自己想办法说服客户成功率低，怎么能保证成单率呢？带着这样的疑问，培训师迅速领着大家进入示证新知的阶段。

3.示证新知

现在的状况是一部分学员赞同，一部分学员反对或怀疑，无论何种情况大家的认知平衡已经被打破，这为改变认知奠定了基础。而智慧技能的习得首先要改变认知，即当新知与旧知大同小异时，以旧知同化新知，而当新知与旧知异多同少时，则以旧知顺应新知。认知不改变，程序性知识无法形成，智慧技能也就无法生成。改变认知仅仅依靠说教是行不通的，最有效的方式是亲自实践，但这恰巧与认知未改变构成了悖论。即认知未改变就无法亲自实践；反之，没有经过亲身实践认知很难改变。在课堂之上通过结构化研讨，让学员之间开展社会协商，进行观点的交流碰撞和相互启发，这不失为一个促进学员认知改变的突破口。

培训师首先和大家明确了当前需要解决的问题：遇到顾客讨价还价如何应对才能促进成交，提高成单率？然后，多次使用迷你世界咖啡结构化研讨工具，组织各组围绕这一问题展开研讨。

4.应用新知

智慧技能只有在实际应用中，才能从程序性知识转化为做事的具体行为技巧。从这个角度来讲，模拟真实情境的角色扮演是在培训课堂上应用新知的最佳方式。

在学员演练的过程中，培训师巡视各小组演练的情况，发现问题及时予以指导。演练结束后，培训师就演练过程中大家的整体表现和出现的个别问题，进行点评和反馈。

5.融会贯通

应对顾客讨价还价的技巧，是对10名高绩效导购的优秀经验萃取而得出的，使用的是不完全归纳法，既然是从归纳中提炼出来的，就需要通过演绎、先验逻辑或实践来验证。同时，其自身也需要经过不断的迭代、优化，才能最终走向完善。那么，在课堂总结的融会贯通阶段集合更多人的智慧，通过结构化研讨工具对技巧进行进一步的打磨和完善就很有必要。

（1）课堂总结。运用MeWeUs顾客讨价还价的技巧进行优化和完善，主要从两个方面进行：一是补充情境化处理策略。在角色扮演过程中出现了哪些意料之外的新情况、新问题，将这些新情况、新问题的应对策略和技巧补充进去。除此之外，还有没有可能会出现但未提及的情况，同样需要补充。二是提炼口诀与绘制模型。将原理、步骤和技巧提炼成三字经、顺口溜、打油诗等，知识口诀化；再分析步骤之间、原理之间、技巧之间的逻辑关系，尝试绘制循环、矩阵、关系、流程等模型，以期更加直观地、结构化地呈现技巧。

（2）课后辅导。每位学员在培训结束之后，两周之内提交一份运用课堂所学智慧技能克服价格异议，说服讨价还价的顾客按售价买单的案例报告，要求是必须真实发生，且附带心得感悟。培训师阅读案例报告后，通过电话、语音或在线的方式对学员进行辅导，点评应用效果，反馈改善建议。

到这里，智慧技能的五星教学活动设计案例就分享完了，除了销售技巧之外，沟通、管理、领导力、服务、谈判等智慧技能都可以按照这个模式设计符合3E标准的教学活动。

四、动作技能的五星教学活动设计实例

动作技能也称为操作技能，当然严格意义上讲两者还是有所区别的。动作技能分为粗大动作技能和精细动作技能，前者主要是身体运动，后者主要是肢体运动，操作技能主要是指肢体运动，因此，动作技能其实涵盖了运动技能和操作技能。在企业内部培训领域，一般情况下动作技能与操作技能基本等同。

当流程性知识（程序性知识、产生式规则）同时支配人的认知行为和肌肉协调行为，外化出来就形成了动作技能。从这个意义上讲，动作技能是可以付诸实践的认知。动作技能的习得要分为两个阶段，第一个阶段是由五星教学的前三星来完成，即帮助学员在大脑中建立对动作技能的认知或知觉，也就是对动作技能背后的流程性知识达到理解的水平。理解水平有内在和外在两种表现，内在表现是在意识层面能够通过思维活动想得到，外在表现是在言语层面能够使用自己的话说得出。理解的内在表现一般通过知识的学习可以达到，而外在表现通常要经过亲身实践才能达到，这也符合以行促知的原理。

动作技能教学最高效的方式是一对一或一对多教练式培训，但在企业

实际培训活动中，往往一个班有几十位学员，一对一教练显然是不现实的，这就要求动作技能教学活动的设计需要在有效性和经济性之间寻找平衡。为此，在开设培训班时一定要充分考虑学员的起点技能和最近发展区，起点技能和最近发展区相同的学员开设一个班，使用相同的教学内容、教学策略和教学方法。

以正压式呼吸器使用技巧这项动作技能为例。没有任何使用经验的，想要习得基本使用技巧的学员分为一个班，可称之为普通班；有一定使用经验的，想要增进对动作技能的认知和理解，并进一步提高动作技能熟练程度的学员分为一个班，称之为提高班。

以下是正压式呼吸器使用步骤这项动作技能的教学活动设计过程。

1. 聚焦问题

在聚焦问题之前，需要做几点声明：①已经按照要求对学员进行了合理的分班，每班学员不超过30人；②已经提前拍摄、剪辑，准备好了正压式呼吸器使用步骤的视频教程，分为有配音和无配音两个版本；③已经准备了正压式呼吸器构成介绍的Word文档；④已经准备了一间电脑教室，满足30位学员每人一台电脑。

在满足以上条件下，聚焦问题阶段聚焦的"看视频教程，写操作步骤"的任务。需要注意的是五星教学的聚焦问题可不仅仅是聚焦问题解决，还可以面向完成任务、习得技能和学习知识。

学习的过程是思考的过程，学习的结果是在大脑中建构新知。动作技能的学习路径至少有两种，一是先建立认知，再生成动作，两者有先后顺序；二是边建立认知，边生成动作，两者同步进行。如果教学资源有限，则使用前者，成本可控经济实用；如果教学资源非常丰富，则使用后者，效率高效果好。

2. 激活旧知

激活旧知当然要通过社会协商的方式，以会话的手段来进行，因此，结构化研讨就成为首选工具。在这个环节，培训地点要从电脑教室转移到普通教室，学员们带着自己编写的成果，按照每组5~6人分成5~6组。这个阶段的目的是要通过学员之间的交流对话，激发思考，碰撞观点，在小组共创操作步骤的过程中，进一步建立学员对正压式呼吸器使用步骤的认知。如果教学时间有限，使用 MeWeUs；如果教学时间充分，则使用迷你世界咖啡。

3. 示证新知

技能的学习就是要经过一番折腾，没有折腾就无法建立认知，尤其是几十人共同学习一项动作技能。传统教学模式是培训师直接讲解正压式呼吸器的构成和使用步骤，然后立即进行操作演示，看上去时间短，效率高，但是在学员没有提前建立认知的情况下，能听懂多少又能看懂多少。传统培训模式的效果不佳，与培训师对学习的本质、认知加工过程和教学设计原理的认识不足有关。

在学员们充分思考、交流和分享之后，培训师要示证正压式呼吸器使用步骤的新知了。

在示证新知后，培训师要求各组组长组织本组成员对比本组的使用步骤与培训师提供的使用步骤，找出两者之间的差异，弥补不足，查漏补缺，建立对于正压式呼吸器使用步骤正确的、完整的、详细的认知。

接下来，培训师在教室前方亲自示范穿戴正压式呼吸器的步骤和动作要点，全体学员聚拢到前方围观。需要特别强调和提醒学员：①在观察时一定要结合使用步骤的文字说明，相互印证确保能看懂；②注意观察培训师的动作细节，培训师的个别动作可能太快没看懂，这种情况要记录下来；③观察过程中如有疑问之处，也应记录下来。

培训师展示完毕后，学员们记录的问题可以向培训师提问，培训师给予答疑解惑。至此，对于正压式呼吸器使用这一动作技能建立认知的任务已经完成。由于在这个过程当中采用了看视频写步骤、迷你世界咖啡等强制学员思考的教学手段学，绝大部分学员应该都可以达到前三星理解新知的教学目标，为下一步应用性质打下坚实的基础。

4. 应用新知

在这个阶段，对于动作技能的习得而言，除了模拟练习和实际操练外并没有更好的教学方法。一般根据教学资源的情况安排分组练习，培训部门应该组织协调更多的教学用具，例如协调多套正压式呼吸器供学员操练使用。

当所有学员都演练一遍后,培训师宣布进入复盘总结阶段。

5. 融会贯通

融会贯通就是对知识、技能背后的形成规律、运行规律、应用规律、因果规律等做形而上学的探究和把握,是从经验走向概括,从具体走向抽象的"求道"过程。只有掌握了背后的"道"理,以道驭术,才能使动作技能攀至"得之于心,应之于手"的精熟境界。

在融会贯通阶段,学员们回到各自的小组,培训师通过一场MeWeUs的结构化研讨,带领各组针对正压式呼吸器使用的三个步骤总结操练经验,提炼操作口诀。例如,手提式干粉灭火器使用技巧的"一摇二拔三压把"、立焊打底焊的"熔孔大、加摆宽、少停留;熔孔小、压电弧、多停留",以及正压式呼吸器的"开阀听声看气压、关阀稍顿看压降、缓慢排气听哨声"等。

MeWeUs结构化研讨的详细操作安排,之前已有多次详细描写,此处省略不提。至此,动作技能的五星教学活动设计已全部完成。

五星教学的后两星是为应用而教,第四星应用新知能够帮助学习者达到生成动作技能的水平,第五星融会贯通能够帮助学习者达到外化和精熟的水平。当然若要达到这样的熟练水平,就需要学习者投入大量的时间和精力进行刻意练习。

企业培训要的是结果,没有结果的培训做多少场都没有用,而结果是员工做出来的。因此,只有员工的认知和行为发生改变,培训工作才能"开鲜花,结硕果"。好的培训一定要通过教学活动想方设法引发学员思考,促进学员建构认知、转化能力,从而改变行为、改善绩效。

五、态度的五星教学活动设计实例

态度本质上是附着了情感的认知和被情感支配的行为,因此,态度由三种成分构成,即认知成分、情感成分和行为成分。

人对于某个事物形成一种态度,既有偶然性,也有必然性。偶然性是指态度形成的过程，必然性是指态度形成的结果。也就是说态度的形成可以从认知开始，先有对某个事物有认知，再在这个认知上附着情感；也可以从情感开始，先产生对某种事物的情感，在情感的支配下建立起对这个事物的认知；还可以从行为开始，先发生了某种行为，获得正向的或负向的反馈，在反馈的刺激下产生相应的情感，在情感的影响和理性思考的双重作用下建立了某种认知。态度的内在是认知，态度的本体是情感，态度的外在是行为。

那么，态度的教学从哪里着手更好呢？认知、情感，还是行为？答案是情感。态度教学与知识、技能教学最大的不同在于：

（1）态度教学更强调通过案例创设情境，让学员迅速进入老师创设的情境中，方便直接刺激情感；

（2）态度教学更强调老师引导学员分享自己的亲身经历、深刻感受、真实想法和宝贵观点，摒弃说教模式，让学员卸下心理防备，敞开心扉；

（3）态度教学更强调通过学员之间的情感共鸣，相互影响，共同附着新的情感，建构新的认知；

（4）态度教学过程中培训师更像一个引导师，更加关注流程、规则和节奏，让学员自己在对话和共情中形成态度，因为说教对于态度的形成几乎毫无用处；

（5）态度教学的课堂有两种极端表现，一种表现是热烈兴奋，一种表现是肃静深沉，这两种表现都表明态度教学取得了积极的效果。

企业经常有文化、价值观、核心理念、精神信念、基层党建等方面的培训需求，这些都属于态度类的培训主题。合规是某银行企业文化的四大核心理念之一，会在全行定期开展相关培训，培训的对象既有工作多年的老员工，也有刚入职的新员工。企业希望通过定期实施合规培训，帮助员工在思想上建立牢固的合规意识防火墙，因此要求每期合规培训都让员工切身体会到合规的重要意义与违规的严重后果。

以下是合规管理"十严禁"企业文化教学内容的五星教学活动设计。

1.聚焦问题

"合规是底线，是生命线"，是这家银行企业文化的核心价值观之一。

根据态度教学少说教多引导的原则，培训师以一个违反合规管理规定的反面案例帮助学员聚焦合规问题。

2. 激活旧知

在激活旧知阶段，培训师通过MeWeUs来引导大家思考问题和交流观点。在这个过程当中培训师要特别注意，态度类案例的问题往往没有特别明确的标准答案，因此培训师的主要任务是引导大家思考和分享观点，自己不要轻易输出观点。只要大家没跑偏，就当自己没看见。

3. 示证新知

态度教学与知识教学、技能教学在策略上有所不同。知识和技能的教学需要要先理解新知，再应用新知；而态度教学则需要先附着情感，再理解新知，然后再应用新知。态度教学在示证新知阶段与知识教学和技能教学有一定的不同，态度涉及情感成分，而影响情感的因素非常复杂，其中重要的因素是个人的价值偏好。认知和行为是基于客观事实的判断，因此知识和技能的教学内容能够被精确地描述；而情感则是基于价值偏好的反应，背后是"三观"，无法被准确地、完全地描述，只能做限定性和排除性的描述。例如，社会道德规范无法穷尽所有正面行为和负面的行为，只能给出原则性、方向性的要求，道德规范明确限定和排除的行为是不能做的，否则就不道德；但在此之外的行为则不违背公序良俗。

相对于知识和技能而言，态度教学内容具有一定的不确定性，在教学的过程中，学员很容易"捍卫"自己的价值观和看法，维护自己的情感不受"侵害"。因此，态度教学在示证阶段要避免枯燥的讲解，要通过案例引导学员分享观点，在社会协商和会话的过程中探究态度教学内容的核心要点，潜移默化地促进学员由内产生新的价值偏好。

4. 应用新知

针对态度的教学，应用新知比较有效的教学方法是案例分析，即提供一个典型的、综合的案例或若干非典型案例，请各小组分析和讨论其中存在的问题。在合规管理"十严禁"应用新知阶段，培训师依然采用了案例教学的方式。

5.融会贯通

在融会贯通阶段，态度教学与知识和技能教学一样可以通过提炼口诀，达到进一步增进对态度教学内容的理解，强化认同与信奉，进而实现价值观内化的目的。

培训师组织了一场MeWeUs的结构化研讨，各小组经过研讨后将提炼的合规口诀进行了分享，培训师进行了点评并分享了自己提炼的口诀，如下：

《合规管理"十严禁"顺口溜》

资金掮客不能搞，

严禁替人做担保，

经商兼职是违规，

理财投资警钟敲，

违规放贷假资料，

出卖信息警察找，

私设金库账外账，

党纪国法脑后抛。

假发票，客户报，

参与违法进大牢。

搞侵占，又挪用，

借资金，借账户。

个个如同杀人刀，

不用我这细唠叨，

十条禁令要记牢，

和谐有序环境好。

至此，态度的五星教学活动设计分享完了。需要提醒的是，态度教学在课堂上只是完成了对情感的附着和认知的改变，而真正重要的是体现在日常的行为中。

第六节　课程教学大纲设计

课程教学大纲也被称为教学活动安排表，主要包含了教学内容、教学策略、教学方法、教学工具和教学时间五项要素。

教学内容宏观上是指知识、技能和态度。

教学策略主要使用五星教学模式，梅里尔认为一组（或若干）教学事件构成了教学策略。

教学事件主要是指五星教学模式的每一个单独的教学原理，即聚焦问题、激活旧知、示证新知、应用新知、融会贯通。

一、敏捷课程教学大纲设计

敏捷课程一般是指教学内容只包含一个知识点、一个技能点或一个问题点的课程。如果教学内容包含的知识点、技能点或问题点为两个或两个以上，则为标准课程。

以下是敏捷课程的课程结构：

表22　敏捷课程的课程结构

教学内容	教学策略（教学过程框架）				
开场					
教学内容	聚焦问题	激活旧知	示证新知	应用新知	融会贯通
结尾					

聚焦问题教学事件常用的教学方法是案例教学和提问；激活旧知教学事件常用的教学方法是小组讨论，但本书主张以结构化研讨替代传统的小组讨论；示证新知教学事件常用的教学方法是讲解和展示；应用新知教学事件常用的教学方法是课堂测试和角色扮演；融会贯通教学事件常用的教学方法是提炼口诀和建构模型。

以下是《职场沟通如何避免歧义》教学大纲的案例。

表23 《职场沟通如何避免歧义》教学大纲

教学内容（层级结构）			教学策略（过程框架）				教学工具	教学时间（分钟）
一级标题	二级标题	三级内容	勾：聚焦问题 案例和提问	谈：激活旧知 结构化研讨	学：示证新知 讲解和展示	练：应用新知 演练和测试	察：融会贯通 口诀和模型		
开场		略	【案例教学】1.观看视频案例《温州一家人》影视片段 2.案例问题：(1)为什么阿雨和赵大明的沟通会产生歧义？(2)如沟通才能不产生歧义？3.时长：5分钟					视频案例：《温州一家人》影视片段	5
第一、列出要点	1.明确目的	略		【结构化研讨-迷你世界咖啡】1.第一轮讨论（8分钟）2.第二轮讨论（5分钟）3.第三轮讨论（5分钟）4.全班分享：各小组派代表分享本组观点 5.老师点评反馈 6.时长：25分钟	【讲解】无歧义沟通的三个技巧：1.列出要点 2.逐条沟通 3.达成一致 4.时长：10分钟	【角色扮演】阅读角色扮演：总经理和小张沟通公司年会安排，完成以下演练：1.三人为一组，分别扮演总经理、小张、观察员三个角色，演练总经理和小张沟通公司年会安排的过程 2.演练时间15分钟，每一轮约为5分钟		角色扮演：总经理和小张沟通公司年会安排	55
	2.列出要点	略							
第二、逐条沟通	1.逐条沟通	略							
	2.交换观点	略							
第三、达成一致	1.逐条确认	略							
	2.达成一致	略							
结尾							【总结回顾】1.回顾重要知识点、原则策略、流程方法、行为技巧、注意事项等 2.提炼口诀 3.建构模型 4.时长：10分钟	便利贴、白板纸、笔	10
合计时长									70

二、标准课程教学大纲设计

标准课程的教学内容一般分为三级标题和四级内容，前三级标题为章、节、单元，四级内容为知识点、技能点或问题点。在企业课程开发实践中我们发现，一门课程的章节体系越完整，教学内容越翔实，其培训效果反而越差。这是因为教学内容的信息量严重过载，培训师在教学过程中，没有时间采取更加互动的教学方式，只能依靠讲解这一种教学方法实施教学。

表24　标准课程的课程结构

教学内容		教学策略（教学过程框架）				
开场						
第一章	知识点	聚焦问题	激活旧知	示证新知	应用新知	融会贯通
	知识点	聚焦问题	激活旧知	示证新知	应用新知	融会贯通
	……	聚焦问题	激活旧知	示证新知	应用新知	融会贯通
第二章	技能点	聚焦问题	激活旧知	示证新知	应用新知	融会贯通
	技能点	聚焦问题	激活旧知	示证新知	应用新知	融会贯通
	……	聚焦问题	激活旧知	示证新知	应用新知	融会贯通
第三章	问题点	聚焦问题	激活旧知	示证新知	应用新知	融会贯通
	问题点	聚焦问题	激活旧知	示证新知	应用新知	融会贯通
	……	聚焦问题	激活旧知	示证新知	应用新知	融会贯通
总结						

标准课程的章节体系可以完整，教学内容也可以比敏捷课程多，但是一定要明确重点，分清主次。

通常标准课程的教学时间在2~6个小时，比敏捷课程时间要长得多，如果再做到去粗存精、突出重点，那么每个重点教学内容的教学时长就相对比较充裕。在这种情况下为了充分促进学员的思考，教学策略的运用可以更复杂一些，为此，本书作者结合教学实践经验，在五星教学模式中增加了两个教学事件。

第一个，在激活旧知与示证新知之间增加了萃取旧知的教学事件，隶属于示证新知阶段。是在培训师展示论证新知前，先行组织学员通过结构化研讨展开对新知的探讨和研究，来源于约翰·杜威"探究—发现"教学策略。

第二个，在应用新知和融会贯通之间增加了整合认知的教学事件，隶属于融会贯通阶段。融会贯通体现在两个方面：一是认知上，二是行为上。认知上的融会贯通是要在课堂上对新知进行反思观察，抽象概括，提炼口诀，建构模型，本质上是对新知背后本质规律的洞察，是将新知与旧知进行更深层次的融合。整合认知的目的在于更准确、更高效地指导行为上的融会贯通。

于是，在标准课程教学大纲设计时，五星教学就具有了七个教学事件，分别是：

（1）勾：聚焦问题，通过案例和提问；

（2）谈：激活旧知，通过结构化研讨；

（3）萃：萃取旧知，通过结构化研讨；

（4）学：示证新知，通过讲解和展示；

（5）练：应用新知，通过演练和测试；

（6）察：整合认知，通过口诀和模型；

（7）用：融会贯通，通过实操和辅导。

以下是《厅堂投诉处理技巧》教学大纲的案例。同样，由于篇幅关系教学大纲中对部分详细描述的内容进行了缩减处理。

表25 《厅堂投诉处理技巧》教学大纲

教学内容			教学策略					教学工具	教学时间（分钟）
一级标题	二级内容	三级内容	勾：聚焦问题 案例和提问	说：激活旧知 结构化研讨	萃：萃取旧知 结构化研讨	学：示证新知 讲解和展示	练：应用新知 演练和测试	察：整合认知 口诀和模型	用：融会贯通 实操和辅导		
开场	略									5
一、投诉产生原因	略		【提问】 问题：投诉产生的原因有哪些？ 1.学员回答（抽牌积分） 2.老师点评			【讲解】 投诉产生的原因： 1.期望未满足 2.感觉被忽略 3.承诺未实现 4.解释不到位				5
二、客户心理分析	略		【提问】 问题：客户投诉的目的是什么？ 1.学员回答（抽牌积分） 2.老师点评			【讲解】 客户投诉的目的： 1.被认同 2.求安慰 3.给说法				5
三、投诉处理步骤 第一步，安抚情绪 第二步，隔离客户探询诉求 第三步，化解问题 第四步，解决问题	略 略 略 略		【案例教学】 1.阅读教学案例《取款的孙先生》 2.案例研讨问题 (1)同组法：你认为王组的做法对吗？为什么？ (2)同行动：如果你是大堂经理到客户与柜员争执时，你会怎么做来化解客户的不满？ 3.时长：3分钟	【结构化研讨-MeWeUs】 1.研讨第一个问题 2.个人观点（3分钟） 3.组内分享（7分钟） 4.全班分享（5分钟） 5.老师点评反馈 6.时长：20分钟	【结构化研讨-迷你世界咖啡】 1.研讨第二个问题 2.第一轮讨论（10分钟） 3.第二轮讨论（10分钟） 4.第三轮讨论（10分钟） 5.全班分享 各小组派代表分享本组观点 6.老师点评反馈 7.时长：40分钟	【讲解】 第一步，安抚情绪 第二步，隔离客户了解诉求 第三步， 第四步，解决问题 时长：20分钟	【角色扮演】 阅读角色扮演：大堂经理化解客户不满演练： 1.三人一组，分别扮演大堂经理、客户和观察员，演练大堂经理化解客户不满的过程 2.演练时间15分钟，每轮5分钟		教学案例：取款的孙先生 角色扮演：大堂经理化解客户不满	100

263

续表

教学内容			教学策略							教学工具	教学时间(分钟)
一级标题	二级标题	三级内容	勾:聚焦问题 案例和提问	谈:激活旧知 结构化研讨	萃:萃取旧知 结构化研讨	学:示证新知 讲解和展示	练:应用新知 演练和测试	察:整合认知 口诀和模型	用:融会贯通 实操和辅导		
四、投诉处理原则	略		[提问] 问题:投诉要遵循哪些原则?	[结构化研讨-MeWeUs] 1.个人观点(3分钟) 2.组(队)内分享(7分钟) 3.全班分享(5分钟) 4.老师点评反馈 5.时长:20分钟		[讲解] 投诉处理原则: 1.耐心倾听,避免争辩 2.想方设法,平息抱怨 3.客户立场,将心比心 4.确定方案,迅速行动					20
结尾	略							[总结回顾] 1.回顾重点:原则策略、流程方法、行为技巧、注意事项等 2.提炼口诀,建构模型 3.时间:10分钟	[实操] 1.学员在培训后一个月内应用所学技能,并提交一份报告 2.写清楚处理细节 3.培训师给出反馈和在线辅导	便利贴、白板纸、笔	10
合计时长											145

复杂教学活动设计的唯一目的就是促进学员思考，让学员在活动中通过交流和研讨自行探究解决问题的方案，但这种设计理念对于大多数培训师来说都很有难度，因为之前没有这方面的经验。但我们要认识到，只有这样做才是符合认知加工过程和成人学习原理，才是真正有价值的培训和有意义的学习。以下两个培训项目的效果对比，再次提供了证明。

本章作业任务

1. 为课程教学内容设计教学活动，开发教学大纲

参考敏捷课程和标准课程的两个教学大纲案例，使用以下教学大纲模板。

表26　教学大纲模板

教学内容			教学策略							教学工具	教学时间（分钟）
一级标题	二级标题	三级内容	勾：聚焦问题 案例和提问	谈：激活旧知 结构化研讨	萃：萃取旧知 结构化研讨	学：示证新知 讲解和展示	练：应用新知 演练和测试	察：整合认知 口诀和模型	用：融会贯通 实操和辅导		
开场											
结尾											
合计时长												

2. 相关要求

（1）案例教学贯穿教学活动始终；

（2）互动教学分为提问、结构化研讨、测验、演练等，贯穿教学活动始终；

（3）没有必要在单个教学内容（知识点、技能点、问题点）用上全部的教学事件，尤其是"练、察、用"通常是以单元、章节或整门课为单位进行设计。

第十二章　做教材——开发教辅材料

课程的教辅材料主要包括课程说明、教学案例、练习材料、演示PPT和学员手册等。

课程说明。课程说明包括课程定位表、内容大纲、经验萃取表和教学大纲，其中教学大纲是教学活动的详细安排，也是教学活动的设计成果，起着指导教学的重要作用，是课程说明的核心文件。课程说明能够很好地替代传统的讲师手册，因为讲师手册是将每一页PPT如何讲授全部设计出来，这是典型的以授课技巧为中心的课程开发思路。同时，打印出来的讲师手册不便使用，培训师授课时根本无法参考。有人说这样做是为了保证授课的统一性，但事实是授课不是照本宣科，同一个培训师在同一个时间段讲授同一门课程，其课堂呈现的内容和形式也会有差异。课程说明可以用一两页纸将教学内容、教学策略（教学事件）、教学方法、教学工具、教学时间等核心要素概要性地呈现出来，一览无余，掌控全局。

教学案例。教学案例可以应用在聚焦问题、示证新知、应用新知等教学阶段。案例对于课程的重要性仅次于互动，我们常说"无互动不教学"，同样"无案例也无法教学"。案例的意义体现在具体性、情境性和特殊性等方面，是理解概括性、抽象性和普遍性的概念、原理等教学内容的媒介和桥梁。没有案例的课程，如听天书，味同嚼蜡。

练习材料。练习材料分为测试题目、案例分析、角色扮演和操作练习，测试题目是为了帮助学员回忆和提取知识，案例分析和角色扮演是为了帮助学员应用智慧技能，操作练习是为了帮助学员生成操作技能（动作技能或运动技能）。

演示PPT。演示PPT主要呈现三种页面，即辅助页（包括主题、目标、目录、章节、总结、结尾等）、方法页（包括提问、案例教学、结构化研讨、测验、情景演练、角色扮演、操作练习、实操等与教学方法有关的页面）和内容页（包括对问题的总结、解决问题的对策、概念性知识、原理性知识、流程性知识等课程有价值的干货内容）。

学员手册。学员手册是对演示PPT的简化，保留了演示PPT的辅助页和方法页，删除了内容页的关键文字，以下划线留出空白，保留非关键文字。

第一节 教学案例

案例包含了事件的故事情节和隐含的问题，案例故事非常便于创设情境，问题则有利于激起学员的好奇心和引发学员思考。因此，案例教学能够使学员快速进入培训师所希望的学习状态，即学员从被动听讲的状态转变为主动思考的状态。案例教学的重要环节是结构化研讨，而研讨则能够使学员从个体学习转变为集体学习。集体学习就是要学员之间对话交流、探讨协商，这是建构主义教学的主张之一。由案例而引发的研讨式集体学习非常有利于学习者激活旧知与建构新知，是"效果好、效率高、参与度大"的教学方式。

案例的种类与运用的场景有很多，本节所涉及的案例主要是指在培训课程中用于结构化研讨的微小型案例。此类案例涉及的信息量小、知识范围窄、文字字数少，开发的难度也相对比较低。

一、案例教学的应用范围

案例教学通常以问题为导向，结合案例中生动的实际工作情境，启发学员的深度思考与分析，从而促进学员掌握与课程主题或案例主题相关的专业知识与技能。所以，知识、智慧技能与态度的课程尤其适合采用案例教学。

《顾客讨价还价的应对技巧》这个课程内容就属于智慧技能。在第一章展示的授课过程中，首先用导购小马与顾客姚女士的视频案例研讨，来聚焦问题引发学员的兴趣，然后又使用了导购小兰与顾客姚女士的视频案例研讨让学员主动思考分析应对顾客讨价还价的步骤与方法，最后使用了角色扮演的课堂练习结合视频案例，来让学员进一步加深对处理顾客讨价还价步骤与方法的理解。

正反案例的两轮小组研讨让学员在围绕问题的前提下激活旧知并示证新知，基本实现了课程的第一教学目标：能够概述应对顾客讨价还价的方法与技巧。角色扮演与演练后结合案例的复盘总结，让学员不仅应用新知还达到了融会贯通的程度，基本实现了第二个教学目标：在课堂中能够运用应对顾客讨价还价的方法与技巧。

二、教学案例的开发原则

用于教学的案例在开发时一般需要遵循四项原则：相关性、真实性、典型性、生动性。

1. 相关性

案例是为教学内容服务的，是为了引发学员对案例中的事实（人物、行为）、隐含问题、解决方案、原理原则、本质规律及行动计划的思考与探究。因此，案例必须与教学内容具有高度的相关性、适切性，否则就无法起到应用的作用。

2. 真实性

案例应该是真实事件或基于真实事件的改编，这是为了确保案例符合逻辑，不出现低级错误。对案例的真实性的要求并不是说真实的案例事件一字不可以更改，而是指案例的关键要素，如基本事实、先后顺序、因果关系等不可随意更改；而非关键要素，如人物名称、发生地点等可以根据需要修改。

3. 生动性

生动性是指案例对事件情节的刻画要生动，在行文时通常有描写和叙述两种手法。描写包括环境描写、氛围描写、对话描写、表情描写、动作描写、心理描写等，描写的特点是注重运用文字展现事物的细节。而叙述则是用概括性的文字描述事物，点到即止，线条较粗，缺乏细节，适用于交代不重要的事件经过，快速推进情节向前发展。

在开发教学案例时，要注意生动性原则，提高案例的可读性和吸引力；但也要注意刻画细节的描写不可滥用，应在重点环节使用，对于不重要的环节，则通过叙述快速推进，避免情节冗长，节奏拖沓，浪费时间。

4. 典型性

典型性是指案例本身要具有代表性，体现在以下几个方面：

（1）案例的事件是首次发生，具有较强的借鉴价值。

（2）案例的问题有一定的挑战性，具有学习和推广价值。

（3）问题产生的原因有一定的复杂性，具有风险预防价值。

三、案例教学的实施步骤

案例教学的实施通常可以分为五个步骤：讲师布置任务、学员熟悉案例、围绕问题研讨、分享研讨结果、讲师查漏补缺。

1. 讲师布置任务

由于案例教学流程复杂用时较长，所以讲师要明确地说明任务要求，比如观看的案例内容，需要研讨的问题、研讨的规则、所需的时间、小组的分工等。

2. 学员熟悉案例

在学员熟悉案例之前，就要告知大家需要思考的问题，然后再给予充足的时间、安静的环境观看视频案例或阅读文字案例，这样做的目的就是要让大家带着问题熟悉案例。

3. 围绕问题研讨

围绕课堂需要实现的教学目标，结合案例核心内容，按照ORID的结构设置情境式的研讨问题，比如：

（1）O（问事实）：在以上案例中发生了什么事？

（2）R（问感受）：阅读或观看案例之后，你有什么感受或感想？

（3）I（问想法）：如果你遇到案例中的问题，你会怎么做？为什么？

（4）D（问行动）：学习本案例后，在今后的工作与生活中你计划采取哪些行动？

进行案例讨论时，岛式的桌椅排布有利于促进学员间讨论，排排坐的桌椅布局会对小组讨论造成天然的阻碍。另外，案例教学的小组讨论必须与结构化研讨相结合才能产生最佳的激活旧知与萃取旧知的效果。

4.分享研讨结果

分享小组讨论结果时，有一些要求和建议：

（1）分享时间要有限制。如果小组在分享观点时有明确的时间限制，那么，分享过程会更加聚焦而高效，否则话题容易发散，导致超时和拖慢课程进度。

（2）小组代表亲自发言。各小组将本组观点写在纸上提交给培训师，然后每个小组委派一位代表在全班分享本组观点，这种方式的优点是有利于展示个人演讲才能和小组集体智慧，激发各小组的荣誉感、参与感和积极性；缺点是要求发言人具备一定的演讲能力，同时要花费更长的时间。

（3）老师宣读小组观点。各小组将本组观点写在纸上提交给培训师，或拍照发到班级微信群，由老师按提交顺序宣读各种观点，并给予点评反馈。这种方式的优点是高效快捷，在宣读的过程中能聚集学员目光和注意力，同时会产生各种笑料，活跃课堂气氛；缺点是各小组失去了一次发言和表现的机会。

5.讲师查漏补缺

建构主义课堂提倡学员通过社会协商和会话来实现意义建构，反对培训师直接输出观点和教学内容；引导式培训主张学员通过集体研讨，共创解决问题的方案，培训师所起的作用是抛砖引玉、过程管控和查漏补缺。

这两种观点都非常适合企业培训的需要，企业培训就是为了解决问题、完成任务，而且是由学员来完成。因此，培训师所要做的是汇总、分类和整理学员的观点，然后进行查漏补缺式的点评、反馈和建议。

四、教学案例的两种类型

文字案例和视频案例是最常用的两种类型教学案例，各有优势。一般而言，文字案例更加容易获得，但失去了视觉生动性；视频案例非常容易创设情境，但是难以获得。因此，在课程开发和培训授课的实际应用过程中，两者应该是互为补充和相辅相成的关系。

这里需要特别说明一点，视频案例有两个来源，一是从影视片段中截取，二是自己拍摄视频案例。从影视片段中截取的方式可遇而不可求，所以平时看电影、电视剧的时候要多留意，发现合适的素材立即记录下来，后续再想办法获得。由于智能手机的普及与视频剪辑门槛的降低，自己拍摄视频案例的方式近些年也逐渐在企业内部课程开发中应用开来。但这种方式有两大难点，一是脚本编写难度较大，二是员工表演不够专业。要克服这两个难题，需要专业人士的帮助。

需要注意的是，文字案例的字数尽量控制在2000字以内，视频案例时长尽量控制在8分钟以内，因为案例的信息量过大或者过于复杂，不仅增加学习负荷，还会打乱学习节奏，浪费宝贵的教学时间。

第二节 练习材料

练习材料顾名思义就是课堂做练习的素材和工具，练习具有检验和转化的双重功能。练习可以检验学员对知识、技能的掌握程度，同时也可以促进新知的记忆从短期向长期转化、认知向行为转化、知识向技能转化。在应用新知阶段练习材料分为测试题目、案例分析、角色扮演和操作练习。

一、测试题目

测试是指通过选择、判断、连线、简答等再现性问题，考查学员对知识的记忆情况，比较适合知识类课程，或者技能课程中关于知识的部分。

在准备测试题目时，要注意测试方式与培训目标相匹配，测试内容要与培训内容相匹配，测试题目与实际工作相匹配，测试题量与培训时间相匹配。

二、角色扮演

角色扮演是让学员通过扮演设定的人物角色，在演练过程中完成对新知的应用，从而达到增进理解和转化技能的目的，比较适合智慧技能的教学。

角色扮演的重要标志是全员演练和轮换角色，这是角色扮演与情景演练的主要区别。情景演练通常是2~3人模拟练习，既不是全员演练，也不需要轮换角色。两者在演练内容上基本相同。

三、操作练习

操作练习简称操作，实际操作简称实操，两者字面意思极为相似，但真实含义却有所不同。操作练习一般发生在示证新知和应用新知阶段，实际操作一般发生在融会贯通阶段。操作练习可以分为同步操作练习和异步操作练习两种模式。

1. 同步操作练习

同步操作练习是指培训师边操作边讲解要点，学员边观察边听讲边跟着操作。实施同步操作练习有两种情况：

（1）当有条件让每位学员同时进行操作练习时。例如，银行对柜员实施点钞技能培训，每位学员都可以在使用练功券的同时同步跟着老师操作；软件操作技能培训，每位学员都可以使用自己电脑上安装的软件同时同步跟着老师操作。

（2）当所学的动作技能比较复杂时。当动作技能比较复杂，不仅涉及手脑协调，还涉及肢体小肌肉群的精细化运动时，能够边观察边模仿的同步操作练习更具优势。如果受到条件限制，那就可以转换为异步操作练习。

2.异步操作练习

异步操作练习是指培训师先操作和讲解要点，学员根据记忆和理解进行操作。实施异步操作练习有两种情况：

（1）当条件不允许每位学员同时进行操作练习时。例如，正压式呼吸器穿戴培训，因为该设备比较昂贵，一般无法满足每位学员进行同时同步操作练习，不得不采用异步操作练习。与之类似的还有设备的操作、大型工具的使用，例如轮胎成型机、叉车等。

（2）当所学的动作技能比较简单时。如果所学的动作技能是由若干简单动作组合而成，每一个动作都比较简单，就可以采取异步操作练习。如果条件允许，转换为同步操作练习效果更佳。

3.操作练习指南

实施操作练习还需要为学员配备一份操作练习的说明文件。例如，手提式干粉灭火器操作练习指南。

第一步，摇动灭火器。

即使灭火器在有效期内，但由于空气潮湿等原因，桶内干粉容易结块，因此，在使用前应先将灭火器上下颠倒几次，使桶内干粉松动以便顺利喷出。

第二步，拔下保险销。

保险销是灭火器顶部、压把下方的圆环，是防止干粉误喷出的保险装置，只有拔下保险销压把才能按下去，干粉才能喷出来。

第三步，按下压把。

站在火源风向上风，距离着火点1~3米处，对准火源根部，按下压把，来回扫射，直至着火点熄灭。

第三节　演示PPT

在完成课程说明、教学案例、练习材料、测试题目等主要教辅材料后，就可以动手制作演示PPT了。

一、内容分页：体现结构，文字精练

1. 页面结构

PPT的页面结构应与课程的内容结构、教学活动相对应，因此可以根据教学大纲的内容来规划演示PPT的页面（见图35）。

（1）辅助页。辅助页是没有实际教学内容的PPT页面，所起的作用是为教学内容建立框架结构。辅助页包括课程主题、教学目标、目录、章节、总结和结尾。

（2）方法页。方法页是指呈现教学方法的PPT页面，包括提问、案例教学、结构化研讨、角色扮演、操作练习等。

（3）内容页。内容页是呈现知识、技能、问题解决方案等教学内容的PPT页面。

演示PPT页面一般分为以上三类，每一类页面使用相似的配色和排版。在制作演示PPT时，相同类型的页面版式可以复制粘贴，这样可以大大减少制作演示PPT的工作量。

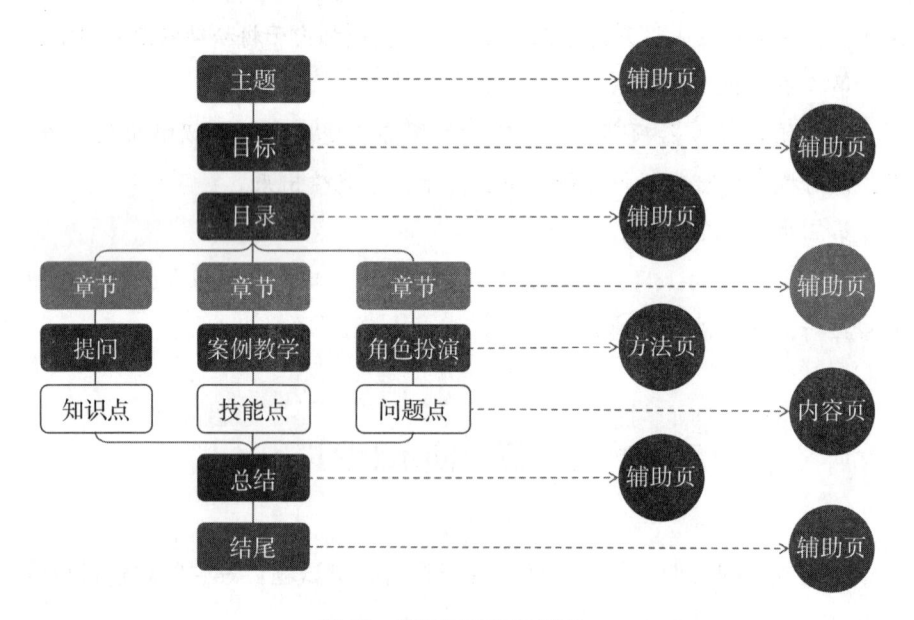

图35 演示PPT页面结构

2.页面文字

大家看一下图36中两个PPT页面，左边是直接将文字内容呈现出来，而右边是将文字精简提炼之后呈现的结果。很显然大家看右边的文字画面时一目了然，因为阅读的线路是从上往下的直线时，阅读速度更快。所以，在进行页面文字呈现之前，有一个不可忽略的工作，就是要将课程的文字内容进行提炼重点、删繁就简。

提炼文字的步骤
首先读懂每句话的含义，接着概括出每句话的大意，然后剥离掉次要信息，最后提炼出关键信息。

→

提炼文字的步骤
- 读懂句子含义；
- 概括句子大意；
- 剥离次要信息；
- 提炼关键信息。

图36　文字内容对比

一套PPT中使用的字体不要超过三种，比如左边这个画面（见图37），只使用了三种字体，因为它本身就包含了中文、英文与数字三种文字，所以中文就只能用微软雅黑一种字体了。而右边的画面，PPT包含了中文与数字两种文字形式，所以中文可以选择两种字体，即康熙字典体与方正清刻本悦宋简体。

中文：	微软雅黑	中文：	康熙字典体
西文：	Arial Narrow	中文：	方正清刻本悦宋简体
数字：	Impact	数字：	方正清刻本悦宋简体

图37　演示PPT中文字字体的使用

3. 文字排版

文字排版的时候需要注意，不同层级的内容是通过字号大小来区别的。比如现在看到的画面（见图38），标题字号是36号，小标题字号是28号，下面正文内容的文字则是20号，不同层级之间的文字至少要相差两个字号。因为相差两个字号能使肉眼明显看到文字的大小，那么文字之间的从属关系就一目了然了。

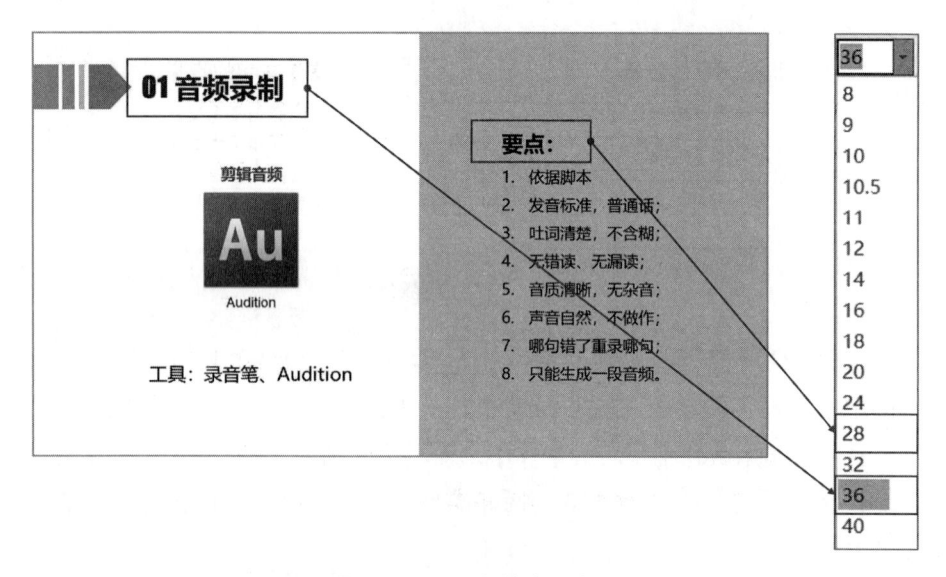

图38 不同层级的字号大小

正文的段落内容排版时请注意要保持一定的行距，这样阅读的时候就不会读错行，通常行距设置为1.2~1.5倍（见图39）。

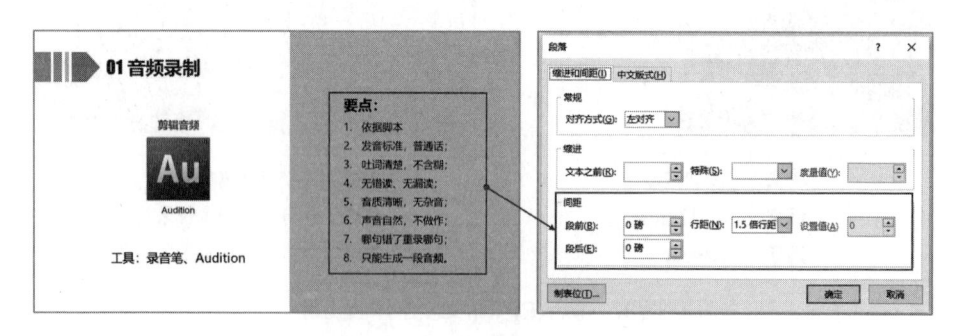

图39 文字段落行距的设置

二、软件准备：软件提效，素材提质

制作PPT会花费我们大量的时间，那么有什么办法可以提高制作的效率呢？其实制作前充分的准备工作就可以让我们事半功倍。

1.软件设置

PowerPoint软件的设置可以提高PPT制作的效率，在这里推荐大家做四个设置：母版设置、分节、参考线、备注。

（1）母版设置。

如果在PPT中有大量重复的版式或元素，单击视图—幻灯片母版（见图40），可以在母版中进行一次性设置。

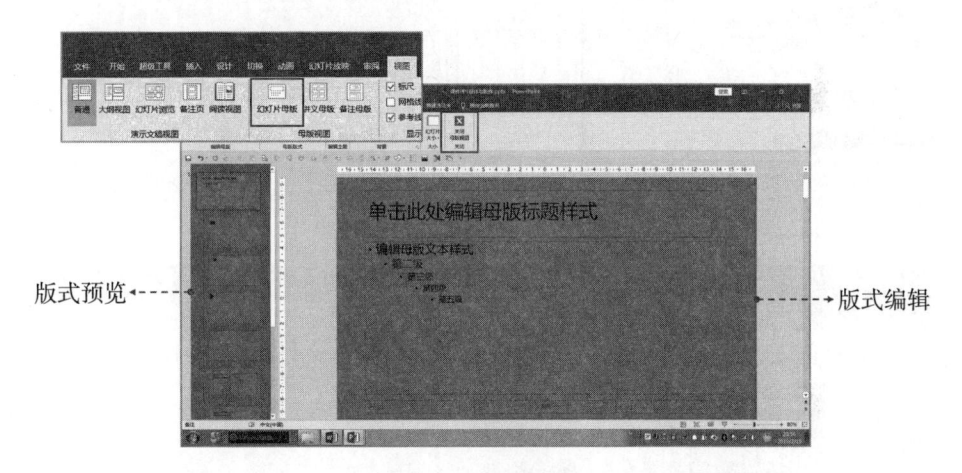

图40 母版设置

退出母版后，选择PPT页面，单击鼠标右键，选择版式，就可以随时更换PPT的页面版式了（见图41）。

（2）分节。

分节相当于将PPT按章节来归类，在需要分节的两个PPT之间单击鼠标右键，选择新增节，完成节命名（见图42）。然后点击右下角的幻灯片浏览状态，每个章节就分开来了。如果需要调整内容之间的顺序，只需要拖动节，就可以将整个一节的内容进行整体调换。

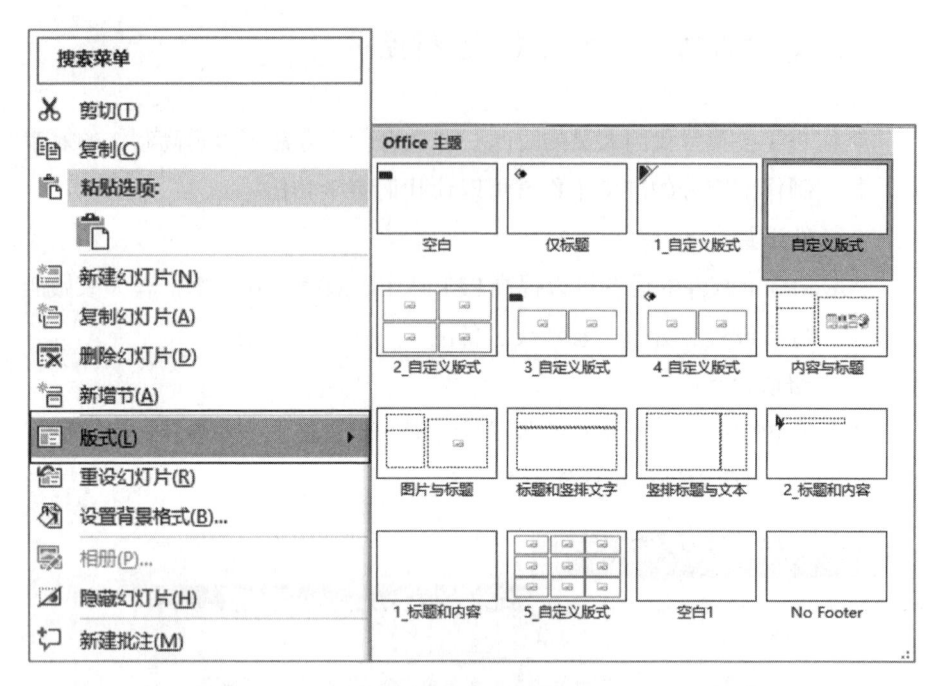

图41 更换页面版式

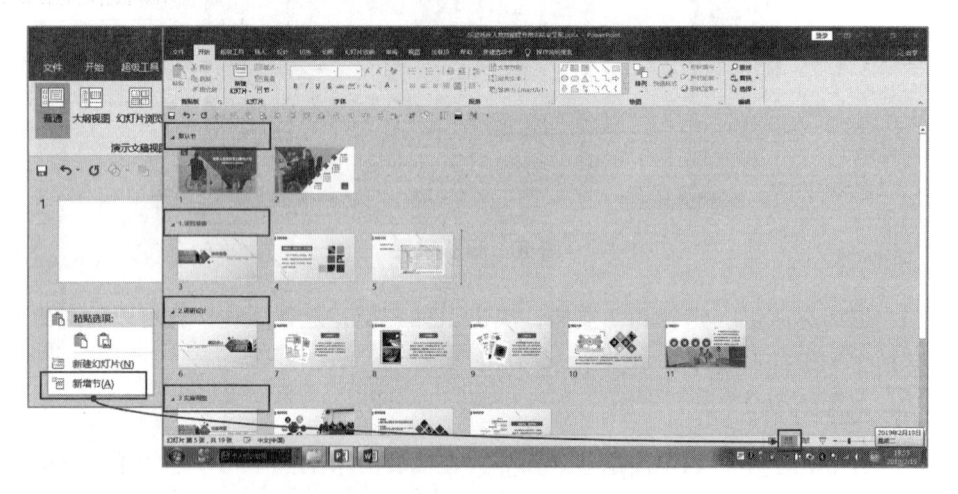

图42 节命名

（3）参考线。

点击视图菜单，将参考线勾选上，PPT页面上就会出现垂直与水平两条参考线（见图43），添加参考线的目的是方便页面上的素材对齐，使版式更美观。如果想添加更多参考线,可以将鼠标放置在参考线上,单击右键,选择添加垂直或水平的参考线。

图43　设置参考线

(4)备注。

在PPT的页面下方有个备注区(见图44),可以在这里输入讲解的内容大纲,并将PPT放映设置成演讲者放映状态。

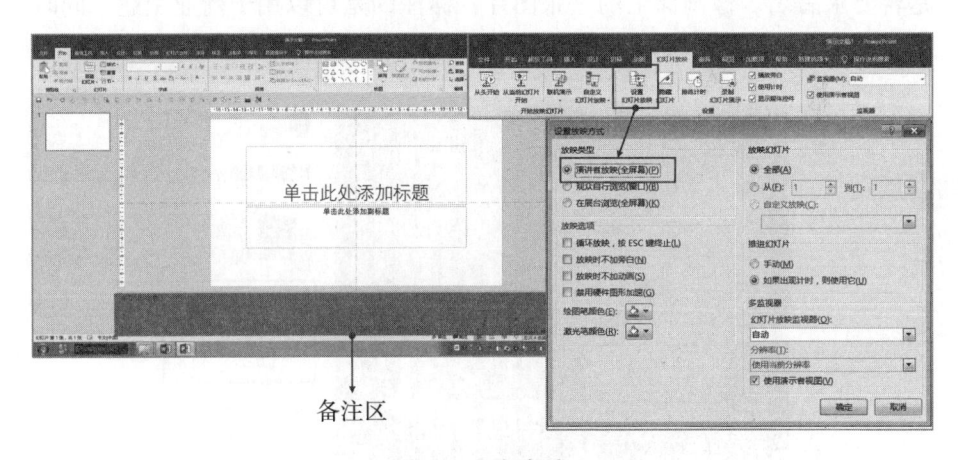

图44　添加备注

当PPT进入放映状态时,备注内容就显示在右下角(见图45),随时提示你接下来该讲什么内容了。

图45 备注内容

2. 素材准备

那么大家搜集素材的时候，会到哪些网站上去下载呢？下面分享四个好用的搜集图片的网站：Pixabay、觅元素、百度图片和360图片。

（1）Pixabay（见图46）。这虽然是一个国外网站，但支持中文搜索，也不需要翻墙软件。在这个网站上可以找到大量精美的、免费的、可商用的高清大图。一般在图片右边，作者会标注是否可以用于商业用途，以及是否要求署名。像画面上的这张图片，标注的是可以用于商业用途，同时不要求署名，那么点击右方的免费下载，就可以使用了。

图46 免费使用的图片下载

（2）觅元素（见图47）。这是一个免抠图网站，如果你想制作MG风格或卡通风格画面的PPT，那就可以直接在这个网站下载png格式的免抠图。免抠图可以提高PPT制作的效率。

图47　免抠图网站

（3）百度图片和360图片（见图48、图49）。专业网站虽然可以找到专业的高清大图，但遇上热点话题，专业网站的更新就没有百度、360那么快了。比如要搜集一些与热搜相关的图片，专业网站上就很少，就可以到百度和360上去找了。如果在百度图片上找素材，首选高清晰度的图片，可以在尺寸选择中，筛选特大尺寸和大尺寸的图片。

图48　百度图片

同样在360中搜索图片，在尺寸选择中筛选大尺寸，这些尺寸的图片基本上可以保证素材的清晰度。

图49　360图片

三、制作PPT：四大原则，美观页面

制作PPT一般都借用模板，修改模板时注意四个原则：

1.图效原则：图文并茂，易于理解

给PPT页面配图需要注意什么呢？最重要的，就是图片和文字一定要意义相关，而且是强相关（见图50）。因为在PPT中配图的目的也是帮助大家更好地理解画面上的文字内容。

如果由于内容的专业性过高，无法在外部网站上找到合适的图片，那也可以自己拍摄素材，使课件PPT的页面图文并茂，易于理解。

2.留白原则：距离留白，简约舒适

留有空白的PPT画面，会给人整洁有序的感受。那么什么是留白呢？最简单一点就是保持素材之间的距离。下面这两个画面对比一下（见图51），哪个画面的阅读感受更好呢，左边的页面字和字之间挨着，让阅读的视线没有落脚点，一不小心就会读错行了。而右边的页面文字少而精练，信息简单，一秒就能读懂。

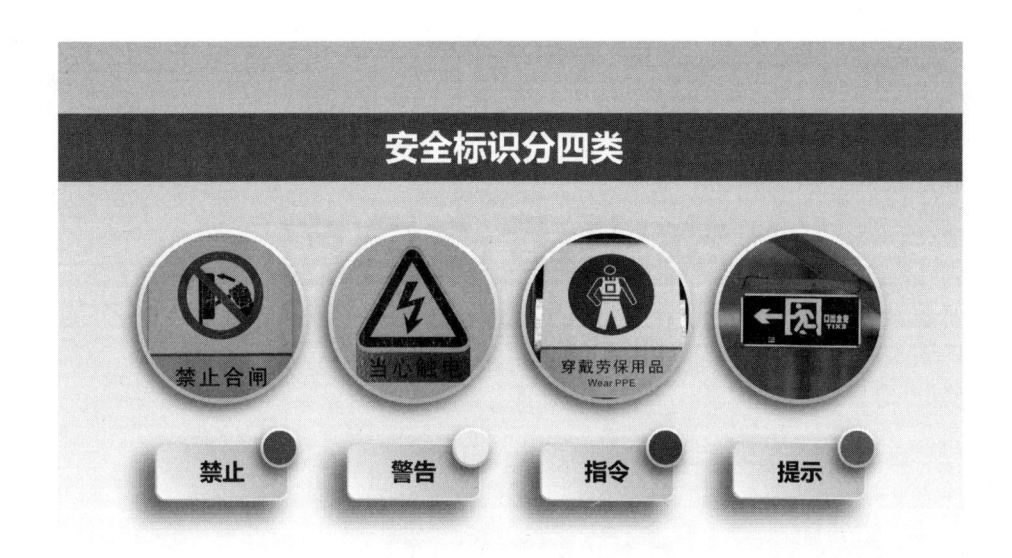

图50　图与文字强相关

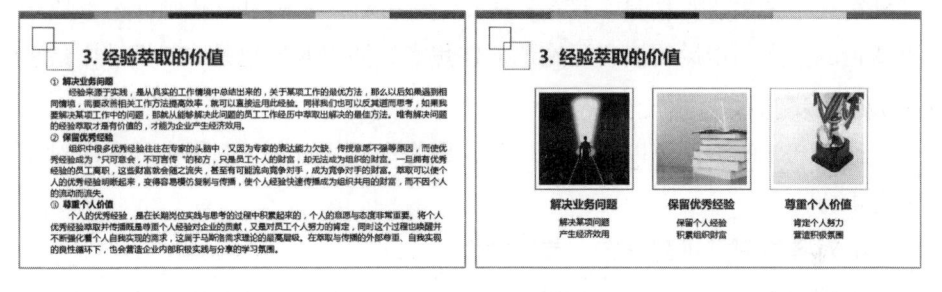

图51　留白对比图

那么这个效果是如何实现的呢？可以通调小字号、调节行距、提炼文字等多种方法来调整页面的排版，从而实现空间的距离感。

3.对比原则：四重对比，增强视效

现在给大家1秒钟的时间观看下面这个画面（见图52），一眼就能看到的内容是什么？绝大多数人看到的是"突出重点信息"这6个大字，那么为什么会达到这样的效果呢？

仔细找寻一下"突出重点信息"这6个字到底有何与众不同。首先是颜色，红色比黑色更醒目；其次是大小，形状大的物体也更吸引人；最后是粗细，粗壮的字体更突出。在红、大、粗的三重对比下，你的视线牢牢地

> # 突出重点信息
> 四重对比、增强视效

图52　效果对比图

被锁定在"突出重点信息"这6个字上。运用对比原则可以在画面上形成一个清晰的焦点，帮助阅读者迅速地抓住焦点，所以对比也是PPT设计中最重要的原则之一。

通常PPT的常用色以红、黄、蓝、黑为主，所以PPT制作中的常用对比色有4组。

4. 对齐原则：排列整齐，美观愉悦

人们天生对秩序敏感，所以PPT的画面也要整齐美观。PPT画面的整齐是指画面上的所有元素要排列整齐，这里有三类对齐的方式：

（1）第一类是文本对齐，这种方式比较简单，大家选中文本框，菜单栏自动会跳出对齐的选项。

（2）第二类是对象对齐，是指页面上的一切元素，包括文本、图形、图片、线条等都要排列整齐。

对象对齐方式容易被大家忽略。一方面是大家会习惯文本和文本之间、图形和图形之间这种同类素材对齐，另一方面大部分人觉得让那么多素材对齐，操作起来比较麻烦。其实在PowerPoint中有快速对齐的快捷键（见图53），大家只需要选中需要对齐的素材，点击形状格式下对齐菜单，这里有一键对齐的所有快捷键。

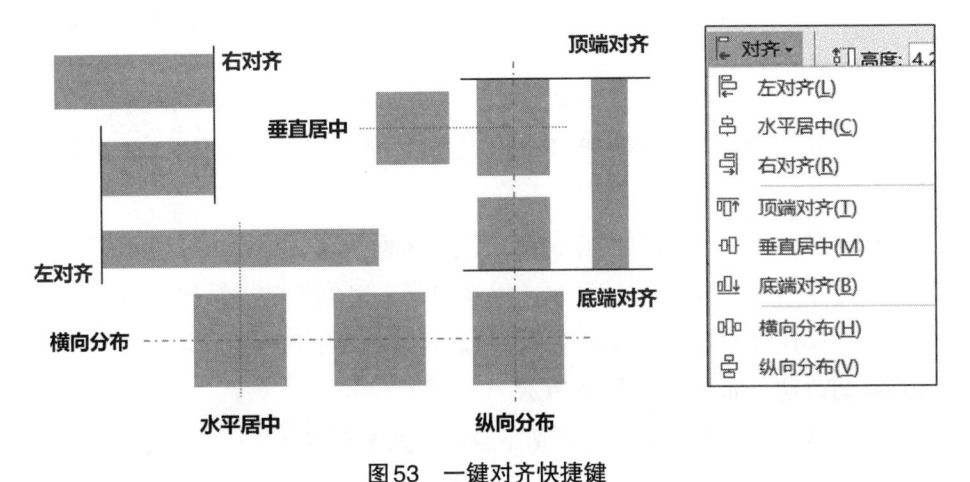

图53 一键对齐快捷键

以下页面是将所有素材以各种方式对齐后获得的效果（见图54），不仅画面整洁美观，而且阅读起来一目了然。

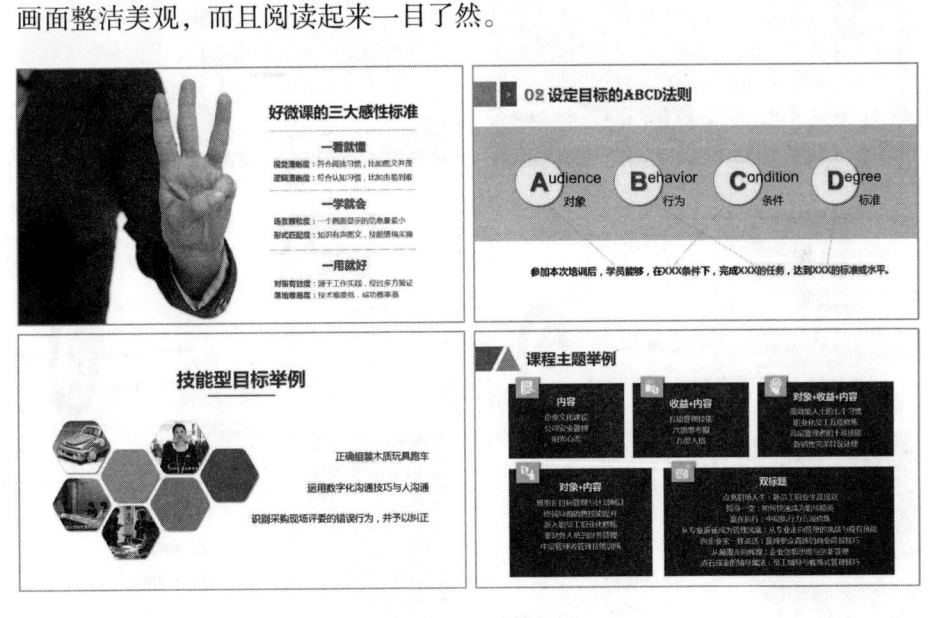

图54 对齐后效果图

（3）第三类是幻灯片对齐，这类对齐方式我们可以借助参考线。

第四节　学员手册

学员手册是在演示PPT的基础上做减法，因此，必须先制作演示PPT，再制作学员手册。根据演示PPT的内容类型不同，三类页面的处理方式稍有区别。

（1）辅助页和方法页完全保留。包括课程主题、目标页、目录页、章节页、总结页、结尾页等辅助页，以及提问、案例教学、结构化研讨、角色扮演、操作练习等方法页，这两类页面直接从演示PPT传到学员手册，无须做任何改动。如图55、图56所示。

（2）内容页删除关键文字，留下空白。如图57所示。

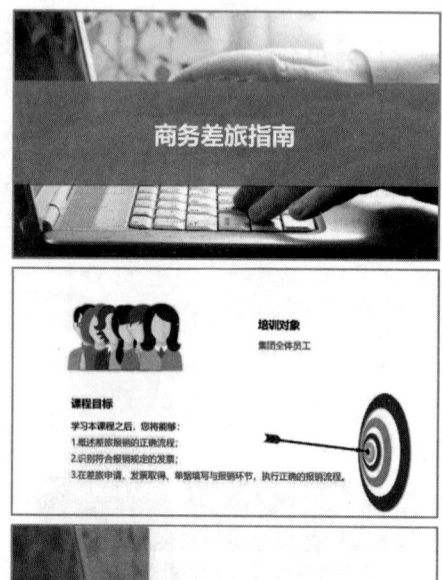

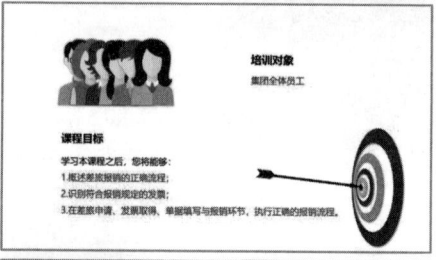

演示PPT辅助页　　　　　　学员手册辅助页

图55　演示PPT辅助页传到学员手册辅助页

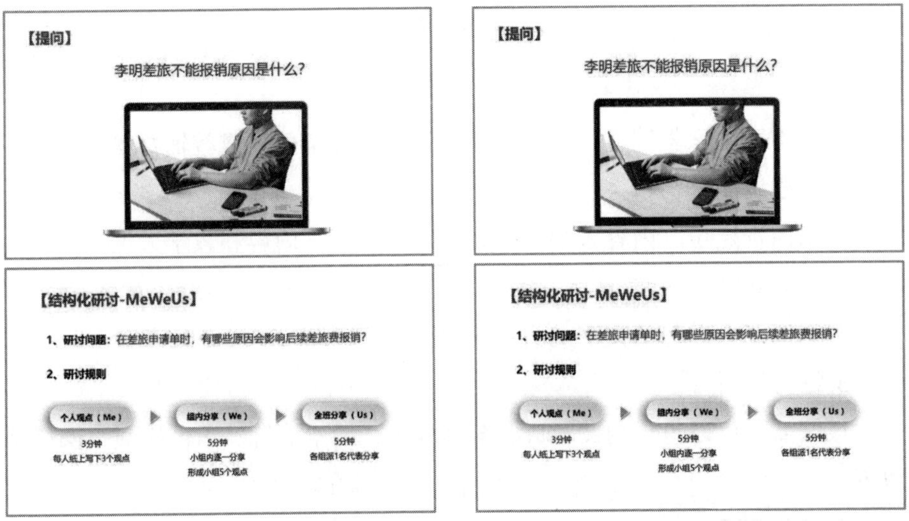

演示PPT方法页　　　　　　　　　　学员手册方法页

图56　演示PPT方法页传到学员手册方法页

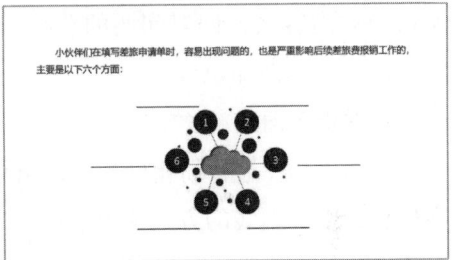

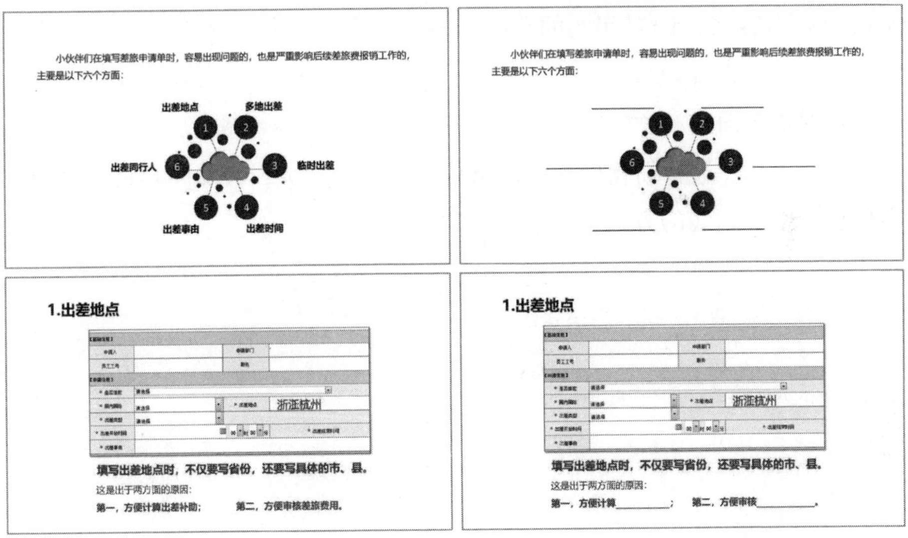

演示PPT内容页　　　　　　　　　　学员手册内容页

图57　演示PPT内容页传到学员手册内容页

本章作业任务

根据本章关于教辅材料的要求和建议，参考范例完成教辅材料的开发：

1.课程说明
包括课程定位、内容大纲、经验萃取表、教学内容和教学大纲。

2.教学案例
根据情况可以包括文字案例和视频案例。

3.练习材料
根据需要可以包含测试题目、案例分析、情景演练、角色扮演、操作练习等。

4.演示PPT
包含辅助页，即主题、目标、目录、章节、总结、结尾；方法页，即提问、案例教学、结构化研讨、测验、情景演练、角色扮演、操作练习、实操等；内容页，即对问题的总结、解决问题的对策、概念性知识、原理性知识、流程性知识等。

5.学员手册
对演示PPT进行简化处理，保留辅助页和方法页，去除内容页的关键文字信息，以下划线的方式留出空白。

参考文献

［1］W.迪克，L.凯瑞，J.凯瑞．系统化教学设计（第六版）［M］．上海：华东师范大学出版社，2007．

［2］L.W.安德森．学习、教学和评估的分类学［M］．上海：华东师范大学出版社，2008．

［3］罗伯特·J．马扎诺，约翰·S．肯德尔．教育目标的新分类学：第2版［M］．北京：教学科学出版社，2012．

［4］田俊国．金课开发15讲［M］．北京：电子工业出版社，2022．

［5］田俊国．讲法［M］．北京：电子工业出版社，2018．

［6］庞涛．华为训战［M］．北京：机械工业出版社，2020．

［7］盛群力．分类教学设计论——罗米索斯基论知能结构、学习模型与教学策略［J］．远程教育杂志，2010（1）：25-35．

［8］皮连生．教学设计（第2版）［M］．北京：高等教育出版社，2009．

［9］何克抗．教学系统设计（第2版）［M］．北京：高等教育出版社，2016．

［10］丁念金．霍恩斯坦教育目标分类与布卢姆教育目标分类的比较［J］．外国教育研究，2004（12）：10-13．

［11］马兰，盛群力．教育目标分类新架构——豪恩斯坦教学系统观与目标分类整合模式述评［J］．中国电化教育，2005（07）：20-24．

［12］丁文龙，刘学政．系统解剖学．第9版［M］．北京：人民卫生出版社，2018．

［13］约翰·安德森．认知心理学及其启示（第7版）［M］．秦裕林，程瑶，周海燕，等译．北京：人民邮电出版社，2012．

［14］凯瑟琳·加洛蒂．认知心理学：认知科学与你的生活［M］．北京：机械工业出版社，2015．

［15］曹殿波．学与教的基本理论［M］．银川：宁夏人民出版社，2014．

［16］刘洪广，刘洁．人类运动技能学习的脑机制［J］．西安体育学院学报，2006（1）：123-126．

［17］朱丹瑶，周加仙．基本动作技能发展的神经机制及其教育促进策略［J］．教育生物学杂志，2021（3）：204-210，238．

［18］杨叶红，王树明．动作技能学习神经生理机制研究［J］．武汉体育学院学报，2018，52（8）：85-89．

［19］斯蒂芬·盖斯．微习惯：简单到不可能失败的自我管理法则［M］．桂君，译．南昌：江西人民出版社，2016．

［20］陈巍，张均华，丁峻．镜像神经元系统与模仿行为的研究进展［J］．中国行为学科学，2008，17（2）：187-188．

［21］戴维·J.林登．进化的大脑：赋予我们爱情、记忆和美梦［M］．沈颖，译．上海：上海科学技术出版社，2009．

［22］罗伯特·索尔所，金伯利·麦克林，奥托·麦克林．认知心理学．（第7版）［M］．邵志芬，李林，徐媛，等译．上海：上海人民出版社．2007．

［23］R.M.加涅．教学设计原理［M］．上海：华东师范大学出版社，2007．

［24］陈洪澜．知识分类与知识资源认识论［M］．北京：人民出版社，2008．

［25］高秉江．西方知识论的超越之路［M］．北京：人民出版社，2012．

［26］朱春雷．知识密码［M］．北京：电子工业出版社，2020．

［27］余文森．个体知识与公共知识：课程变革的知识基础研究［M］．北京：教育科学出版社，2010．

［28］M. 戴维·梅里尔．首要教学原理［M］．盛群力，钟丽佳，译．福州：福建教育出版社，2016．

［29］盛群力，魏戈．聚焦五星教学［M］．福州：福建教育出版社，2015．

［30］王志涛．教学罗盘：基于建构主义的整合教学模式［M］．北京：

中译出版社，2018.

［31］何克抗．建构主义——革新传统教学的理论基础［J］．电化教育研究，1997（3）：3-9.

［32］陈越．建构主义与建构主义学习理论综述［J］．惟存教育，2002.

［33］盛群力．教学设计［M］．北京：高等教育出版社，2005.

［34］康德．康德三大批判精粹［M］．杨祖陶，邓晓芒，译．北京：人民出版社，2018.

［35］邓晓芒.《纯粹理性批判》讲演录［M］．北京：商务印书馆，2013.

［36］史迪芬·E.卢卡斯．演讲的艺术（第8版）［M］．俞振伟，译．上海：复旦大学出版社，2007.

［37］芭芭拉·明托．金字塔原理2［M］．罗若苹，译．海口：南海出版社，2013.

［38］邱昭良．复盘+：把经验转化成能力（第3版）［M］．北京：机械工业出版社，2018.

［39］陈中．复盘：对过去的事情做思维演练［M］．北京：机械工业出版社，2020.

［40］沈磊．复盘［M］．杭州：浙江教育出版社，2023.

［41］帕拉布·耐度，赖美云．SPOT团队引导［M］．唐长军，郝君帅，张庆文，译．南京：江苏人民出版社，2014.

［42］英格里德·本斯．引导：团队群策群力实践指南［M］．任伟，译．北京：电子工业出版社，2019.

［43］韦国兵，施英佳．引导式培训［M］北京：电子工业出版社，2018.

［44］牛培生．点子交换：达成期望成果的超级工作法［M］．王征，译．北京：中华工商联合出版社，2020.

［45］朱安妮塔·布朗，戴维·伊萨克．世界咖啡：创造集体智慧的汇谈方法［M］．郝耀伟，译．北京：电子工业出版社，2019.